权威·前沿·原创

皮书系列为
"十二五""十三五"国家重点图书出版规划项目

南宁蓝皮书

BLUE BOOK OF NANNING

南宁经济发展报告（2018）

REPORT ON ECONOMIC DEVELOPMENT OF NANNING (2018)

主　编／胡建华
副主编／覃洁贞　王水莲

社会科学文献出版社
SOCIAL SCIENCES ACADEMIC PRESS (CHINA)

图书在版编目（CIP）数据

南宁经济发展报告.2018／胡建华主编.--北京：社会科学文献出版社，2018.6

（南宁蓝皮书）

ISBN 978－7－5201－2944－2

Ⅰ.①南… Ⅱ.①胡… Ⅲ.①区域经济发展－研究报告－南宁－2018 Ⅳ.①F127.671

中国版本图书馆CIP数据核字（2018）第134092号

南宁蓝皮书
南宁经济发展报告（2018）

主　　编／胡建华
副 主 编／覃洁贞　王水莲

出 版 人／谢寿光
项目统筹／恽　薇　王玉山
责任编辑／王玉山

出　　版／社会科学文献出版社·经济与管理分社（010）59367226
　　　　　地址：北京市北三环中路甲29号院华龙大厦　邮编：100029
　　　　　网址：www.ssap.com.cn

发　　行／市场营销中心（010）59367081　59367018

印　　装／三河市龙林印务有限公司

规　　格／开本：787mm×1092mm　1/16
　　　　　印张：22.5　字数：338千字

版　　次／2018年6月第1版　2018年6月第1次印刷

书　　号／ISBN 978－7－5201－2944－2

定　　价／89.00元

皮书序列号／PSN B－2016－569－2/3

本书如有印装质量问题，请与读者服务中心（010－59367028）联系

版权所有　翻印必究

南宁蓝皮书编委会

主　　任　周红波

副 主 任　张文军　崔佐钧　陈　颖　唐　斌　刘为民
　　　　　　朱会东　伍　娟

编　　委　黄宗成　蔡志忠　丁　伟　边作新　黄南方
　　　　　　汪东明　韦振豪　胡建华

《南宁经济发展报告（2018）》
编 辑 部

主　　编　胡建华

副 主 编　覃洁贞　王水莲

编　　辑　刘　娴　黄旭文　王　瑶　丁浩芮　庞嘉宜
　　　　　　谢强强　李　杰

主要编撰者简介

胡建华 男,汉族,籍贯河南汤阴,硕士研究生学历,南宁市社会科学院党组副书记、院长,主任记者,《创新》主编。南宁市专业技术拔尖人才。

覃洁贞 女,瑶族,籍贯广西金秀,南宁市社会科学院副院长,研究员,主要研究方向为产业经济、民族文化发展。南宁市专业技术拔尖人才,南宁市新世纪学术和技术带头人。

王水莲 女,汉族,籍贯河南商水,博士研究生学历,南宁市社会科学院经济发展研究所所长,副研究员,研究方向为区域经济和产业经济。南宁市优秀青年专业技术人才,南宁市新世纪学术和技术带头人。

摘　要

《南宁经济发展报告（2018）》（以下简称《报告》）由南宁市社会科学院、南宁市各职能部门共同协作完成。《报告》在全面分析南宁市2017年经济重点领域发展情况的基础上，对其2018年发展形势进行预测和展望，同时提出有针对性和可操作性的对策建议，便于社会各界及时准确地了解南宁市情，为市委、市政府和相关部门决策提供参考服务。

《报告》由总报告、行业专题报告、改革专题报告、研究专题报告四部分组成。总报告主要是对2017年南宁市经济发展整体情况进行分析，对2018年经济发展形势进行预测，并提出相应的对策建议；行业专题报告主要是2017年南宁市工业、农业、商贸流通业、旅游业、金融业、对外贸易和投资促进等领域发展情况分析及2018年预测；改革专题报告主要是五象新区建设发展、南宁市国有企业供给侧结构性改革、南宁市供给侧结构性改革、南宁市实施工业"二次创业"等方面的调查和研究；研究专题报告是经济学者针对南宁市的相关研究成果。

《报告》力求客观公正、实事求是，体现科学性、前瞻性、应用性及可读性，同时又提倡学术上各抒己见，兼收并蓄。本书涉及的大量统计调查数据，由于来源、口径不同，可能存在与统计部门公布的数据不一致的情况，务请读者审慎参考。

关键词： 南宁　经济发展　产业　供给侧

Abstract

The 2018 Report on Economic Development of Nanning, China (hereafter referred to as the Report) is completed by Nanning Social Studies Academy and other functional departments of Nanning. The report, on the basis of a comprehensive analysis of economic development in key sectors of Nanning in 2017, has forecasted the economic development trend of key sectors in 2018. At the same time, it has proposed some targeted and feasible countermeasures for all social sectors to know Nanning conditions in an accurate and timely manner and offered some references for Nanning Municipal Party Committee, Nanning Municipal Government and other relevant departments to make decisions.

The Report consists of thegeneral report, trade-themed report, reform-themed report and research-themed report. The Report mainly analyzes the overall economic development of Nanning in 2017, forecasts the trend of economic development in 2018 and proposed relevant countermeasures. The trade-themed report elaborates the development of areas in 2017, including Nanning industry, agriculture, commercial circulation, tourism, finance, trade, investment and others, forecasts about 2018 and provides development measures.

The reform-themed report makes investigation into the construction and development of Wuxiang New District, the supply-side reform of Nanning SOEs, the supply-side conditions of Nanning, and the research on the "second undertaking" of Nanning industries. The research-themed report compiles achievements by economists on the development of Nanning.

Striving for objectiveness and impartiality, the Report seeks truth from facts and embodies scientificity, foresight, application and readability. Meanwhile, academically it advocates expressing different opinions and drawing on each other's strengths. As the large amount of data in the Report from different sources which may be inconsistent with those released by statistical authority, readers should be cautious and careful when referring to them.

Keywords: Nanning; Econormic Development; Industry; Supply-side

目 录

Ⅰ 总报告

B.1 2017年南宁市经济运行分析与2018年预测 …………………… / 001

Ⅱ 行业专题报告

B.2 2017~2018年南宁市工业运行情况分析及预测 ………………… / 043
B.3 2017~2018年南宁市农业发展情况分析及展望 ………………… / 054
B.4 2017~2018年南宁市商贸流通业发展情况分析与预测 ………… / 068
B.5 2017~2018年南宁市旅游业发展情况分析及预测 ……………… / 083
B.6 2017~2018年南宁市金融业发展情况分析及预测 ……………… / 096
B.7 2017~2018年南宁市对外贸易发展情况分析及展望 …………… / 107
B.8 2017~2018年南宁市投资促进情况分析与预测 ………………… / 118

Ⅲ 改革专题报告

B.9 2017年五象新区建设发展状况及2018年展望 …………………… / 131

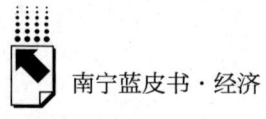

B.10 南宁市国有企业供给侧结构性改革发展路径研究 …………… / 141

B.11 南宁市供给侧结构性改革情况调查研究 ………………………… / 157

B.12 南宁市实施工业"二次创业"对策研究 ………………………… / 167

Ⅳ 研究专题报告

B.13 南宁市房地产市场平稳健康发展长效机制研究 …………… / 183

B.14 南宁市支持实体经济发展的政策有效度研究 ……………… / 205

B.15 南宁市激发民间投资活力研究 ………………………………… / 219

B.16 "两会一节"落户南宁以来产业结构特征研究……………… / 238

B.17 提升南宁市与东盟国家进出口贸易发展水平对策研究 ……… / 259

B.18 "一带一路"背景下南宁市文化、商业、旅游融合发展研究

……………………………………………………………………… / 279

B.19 南宁市推进新能源产业发展对策研究 ………………………… / 293

B.20 南宁市闲置厂房招商运营与南宁园区经济发展研究 ……… / 305

B.21 新时期南宁市提升县域经济发展水平研究 …………………… / 323

CONTENTS

I General Report

B.1 Analysis on the 2017 Economic Operation of Nanning and Prediction for 2018 / 001

II Trade-themed Report

B.2 Analysis and Prediction of Nanning Industrial Operation from 2017 of 2018 / 043

B.3 Analysis and Forecast of Nanning Agricultural Development from 2017 of 2018 / 054

B.4 Analysis and Prediction of Nanning Commercial Circulation Industry from 2017 of 2018 / 068

B.5 Analysis and Prediction of Nanning Tourism Development from 2017 of 2018 / 083

B.6 Analysis and Prediction of Nanning Financial Industry Development from 2017 of 2018 / 096

B.7 Analysis and Forecast of Business & Trade Development from 2017 of 2018 / 107

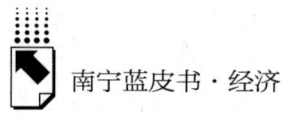

B.8　Analysis and Prediction of Nanning Investment Promotion
　　　from 2017 of 2018　　　　　　　　　　　　　　　　　　／ 118

Ⅲ　Reform-themed Report

B.9　The Construction and Development of Wuxiang New District
　　　in 2017 and the Forecast in 2018　　　　　　　　　　　／ 131
B.10　Study on the Development Path of Supply-side Reform
　　　on Nanning SOEs　　　　　　　　　　　　　　　　　　／ 141
B.11　Probes into and Research on Supply-side Reform Conditions
　　　in Nanning　　　　　　　　　　　　　　　　　　　　　／ 157
B.12　Study on the Countermeasures of "Second Undertaking"
　　　of Nanning Industries　　　　　　　　　　　　　　　　／ 167

Ⅳ　Research-themed Report

B.13　Study on the Long-term Mechanism of Steady and Sound
　　　Development of Nanning Real Estate Market　　　　　　／ 183
B.14　Study on the Policy Validity of Nanning Supporting Real
　　　Economy Development　　　　　　　　　　　　　　　／ 205
B.15　Study on Energizing Private Investment in Nanning　　　／ 219
B.16　Study on Industrial Structure Features since the beginning
　　　of CAEXPO, China-ASEAN Business & Investment Summit,
　　　and Nanning International Folk Song Arts Festival　　　／ 238
B.17　Study on Improving the Development of Import & Export
　　　Trade between Nanning and ASEAN Countries　　　　　／ 259
B.18　Study on the Integrated Development of Nanning Culture,
　　　Commerce and Tourism against the Backdrop of Belt and
　　　Road Initiative　　　　　　　　　　　　　　　　　　　／ 279

CONTENTS

B.19 Study on the Countermeasures of Promoting the Development
of New Energy Industry in Nanning / 293

B.20 Investment Attraction and Operation of the Idle Factory Buidings
in Nanning and Countermrasures of Economic Development in
Nanning Industrial Parks / 305

B.21 Study on Upgrading Nanning County-level Economic
Development for a New Era / 323

总 报 告

General Report

B.1
2017年南宁市经济运行分析与2018年预测

联合课题组*

摘　要： 面对复杂的国内外形势，2017年南宁市经济运行态势良好，经济发展质量进一步提升，产业发展不断向好，固定资产投资规模持续扩大，消费品市场活跃，进出口双双增长，物价平稳，财政收入创新高，供给侧结构性改革成效显著。面对2018年国内外发展形势，南宁市要进一步深化改革，坚持创新驱动发展战略，加快推动产业转型升级，加快重大项目建设，实施乡村振兴战略，推进"南宁渠道"升级，打造衔接"一带一路"的重要枢纽，从而实现经济

---

* 南宁市社会科学院、南宁市统计局联合课题组，课题组组长：王水莲，南宁市社会科学院经济发展研究所所长、副研究员；李朝晖，南宁市统计局国民经济综合统计科科长。课题组成员：王瑶、谢振华、庞嘉宜、邓学龙。

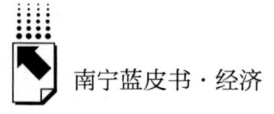

持续快速健康发展。

关键词： 经济运行　工业　服务业　农业

2017年南宁市通过坚决贯彻落实中央、自治区各项决策部署，坚持稳中求进工作总基调，积极推进供给侧结构性改革，以"六大升级"工程、"四个城市"等重大战略部署为抓手，全市经济发展呈现稳中求进、不断向好的良好局面。2018年是贯彻党的十九大精神的开局之年，也是决胜全面建成小康社会、实施"十三五"规划承上启下的关键一年，南宁市应抓住机遇，以中国—东盟自贸区、"南宁渠道"为平台，积极培育新业态、新模式，发展新经济，壮大新动能，着力构建现代化经济体系，实现经济新的跨越。

一　2017年南宁经济运行总体情况分析

表1　2017年南宁市主要经济指标完成情况

指标名称	南宁		增速与上年比 +-百分点	增速与全国比 +-百分点	增速与广西比 +-百分点
	2017年	增速(%)			
地区生产总值(亿元)	4118.83	8.0	1.0	1.1	0.7
农林牧渔业总产值(亿元)	704.72	4.1	0.1	—	—
财政收入(亿元)	687.98	12.0	4.7	4.6	5.9
规模以上工业总产值(亿元)	3989.82	13.9	5.1	—	—
规模以上工业增加值(亿元)	1159.08	9.9	4.2	3.3	2.7
固定资产投资(亿元)	4307.95	12.6	-1.0	5.4	-0.2
社会消费品零售总额(亿元)	2204.16	11.3	0.5	1.1	0.1

资料来源：南宁市统计局。

经济增长态势良好。如表1所示，全年全市GDP总值4118.83亿元，同比增长8.0%，高于全国（6.9%）和全区（7.3%）的增速，GDP增速在多年经济下行压力下成功实现逆转（见图1）。第一产业增加值404.18亿元，第二产业增加值1599.50亿元，第三产业增加值2115.15亿元，分别同比增长4.1%、8.6%和8.4%。从各行业主要指标看，全年除固定资产投资外，其余主要经济指标均不同程度高于2016年、全国及全区水平。其中，财政及工业发展形势较好，全年财政收入、规模以上工业增加值增速分别高于2016年4.7个及4.2个百分点。固定资产投资增速低于2016年1个百分点，也是主要经济指标中唯一低于全区水平的，但高于全国水平5.4个百分点。经济总体仍处于高于全国全区水平的良好态势。

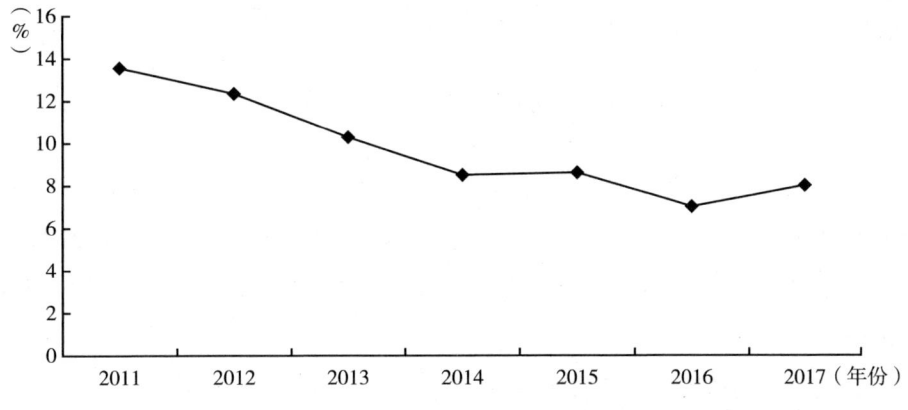

图1 2011~2017年南宁市GDP增速情况

资料来源：根据相关年份南宁统计公报整理得出。

经济发展质量进一步提升。三次产业增加值占GDP比重分别由2016年的10.82∶38.54∶50.64变化为9.81∶38.83∶51.36，第一产业所占比重下降，第二产业、第三产业所占比重提高，产业结构进一步优化。工业结构优化，电子信息、先进装备制造、生物医药三大重点产业规模以上工业总产值占全市的比重达到38.5%，三大国家级开发区对全市工业增长的贡献率达到66%。[①] 财政收入687.98亿元，同比增长12.0%，比全区平均增速6.1%高

---

① 数据来源于《关于南宁市2017年国民经济和社会发展计划执行情况与2018年国民经济和社会发展计划草案的报告》。

出近一倍。

经济增长的主要动力仍然来自第二产业和第三产业。第二产业对经济增长的贡献率从2016年的33%提升到41.8%,拉动经济增长3.3个百分点。第三产业对全市经济增长的贡献率为52.8%,直接拉动经济增长4.2个百分点。第三产业对经济增长的重要性日益增强,2017年全市第三产业增加值(2115.15亿元)占全区的比重为25.8%,稳居全区首位,超过了排在二、三位的柳州(1079亿元)、桂林(871亿元)的总量之和。

二 2017年南宁市经济发展特点

(一)工业发展态势良好

2017年,全市实现规模以上工业总产值3989.82亿元,增长13.9%,增速比2016年高5.1个百分点。全年完成规模以上工业增加值1159.08亿元,增长9.9%,增速比2016年高4.2个百分点,分别高于全国、全区增速3.3个和2.7个百分点。

1. 工业产业转型进一步加快

电子信息、先进装备制造、生物医药三大重点产业完成产值1329.51亿元,同比增长17%,三大产业规模以上工业总产值占全市的比重达到了38.5%。高新技术产业拉动工业增长动力强劲。2017年全市高新技术企业451家,占全区总量的1/3,高新技术产业完成工业总产值为760亿元,同比增长15%。园区支撑作用明显。全年全市工业园区规模工业产值占全市的比重达到86%。亿元企业规模不断壮大,2017年全市产值超亿元的企业660家,同比增加27家。其中,产值超10亿元的企业达到58家,比上年增加5家。超亿元企业完成产值3854.51亿元,占全市规模以上工业产值的96.6%,增速达到15.7%,高于全市规模以上工业产值增速1.8个百分点。规模以上工业能源消费量469.23万吨标准煤,同比下降1.1%。

2. 规模以上工业企业效益趋好

2017年，全市规模以上工业企业产品销售率达到95.8%，全年实现出口交货值316.6亿元，增长37.2%，实现利税总额361.24亿元，增长4.8%，其中利润总额227.92亿元，增长8.2%，增速较2016年提高4个百分点。

（二）现代服务业蓬勃发展

随着服务业供给侧结构性改革的深入推进，南宁市现代服务业实现了较快的发展，服务业占GDP的比重不断提高，带动经济发展能力不断增强。2017年第三产业增加值2115.15亿元，同比增长8.4%，在全市GDP的占比达51.36%，较2016年提升0.72个百分点（见图2）。2017年全市第三产业对经济增长贡献率为52.8%，直接拉动经济增长4.2个百分点。第三产业增加值稳居全区首位，超过柳州（1079亿元）、桂林（871亿元）的总量之和。

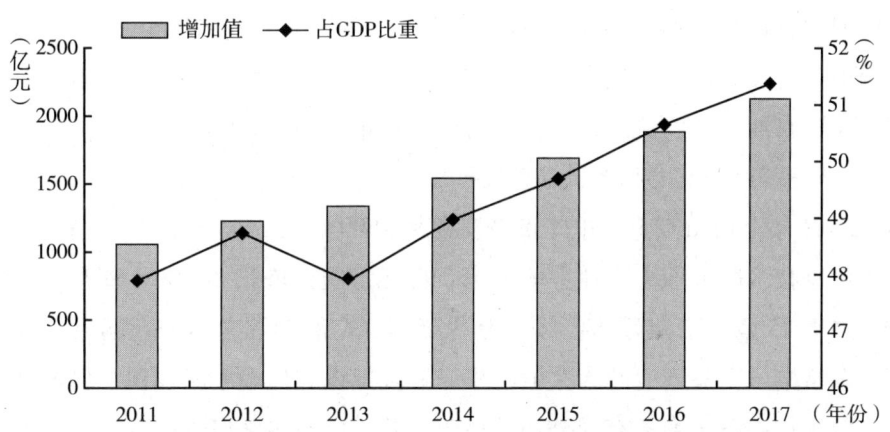

图2 2011~2017年南宁市第三产业增加值及占比情况

资料来源：根据2011~2017年《南宁市国民经济发展统计公报》以及《2017年南宁经济动态月报》整理得出。

1. 金融业稳步增长

2017年，全市共有银行业金融机构41家、保险公司41家、证券分公司23家（含筹建），金融业增加值为450.57亿元，同比增长7.7%，占全区的比重达35%。人民币存款余额9367.53亿元，同比增长5.23%；人民币贷款余额10470.44亿元，同比增长11.11%，其中，新增贷款1046.65亿元，占全区的比重达40.16%。金融业服务实体经济能力增强，新增新三板挂牌企业11家，中国进出口银行广西区分行等金融机构开业，村镇银行实现县域全覆盖，预计金融业增加值达450亿元、对经济增长的贡献率为10.8%。沿边金融综合改革深入推进，跨境人民币业务稳步开展，2017年跨境人民币结算量为170.28亿元。

2. 现代物流业不断发展壮大

2017年全市新增3A级以上物流企业5家，全市3A级以上物流企业增加到17家，其中4A级和5A级企业11家，占3A级以上企业的64.7%。快递业务量增长35%，公路、水路客货运周转量分别增长9%、20.5%。面向东盟的物流大通道初步形成。中新南宁国际物流园正式落户中国—东盟国际物流基地。新开通南宁—香港往返全货机航线，并开通中欧（中国南宁—越南河内）跨境集装箱直通班列。南宁云鸥物流食糖仓储配送中心、苏宁广西地区管理总部及配送中心（一期）等项目建设完成并投入使用，南宁现代化建材加工及物流配送中心项目建设初步成型。

3. 电子商务和信息服务业快速发展

2017年全市重点企业电子商务交易额2500亿元，同比增长13.6%，软件和信息技术服务业主营业务收入130亿元，同比增长8.3%。举办超万平方米展会45场。江南万达广场、万达茂等5个商业综合体开业运营。以中国—东盟电子商务产业园为主的电子商务基础设施建设不断加快，目前已签约广西乐村淘电子商务有限公司、皇氏乳业、广西多蒂湾供应链管理有限公司等54家电商企业和企业电商平台入驻。五象新区总部基地休闲公园电商小镇建成运营。中国—东盟（南宁）跨境电子商务产业园等一批跨境电商项目建成运营。全国首创性地建成集国际邮件、跨境电商、国际快件监管于一体的中国邮政东盟跨境电商监管中心。农村电商建设成效明显。上林县获批2017年全国电子商务进农村示范县。全市已建设县级电商服务中心6个、农村电商产业园6个、完成村级服务点（体验店）超1600个，农村电商覆盖率达65%。全年全市示范县农特产品电商交易额已超1.4亿元，同比增长20%以上。

4. 旅游业增长势头强劲

2017年，南宁入围国家中医药健康旅游示范区创建单位。全年接待旅游总人数11060.21万人次，同比增长15.75%；旅游总消费1127.35亿元，同比增长22.72%。其中，接待国内旅游者11001.08万人次，同比增长15.81%；国内旅游消费1109.8亿元，同比增长22.87%；接待入境旅游者59.13万人次，同比增长6.46%；国际旅游消费2.60亿美元，同比增长11.89%。纳入国家统计的14家规模以上旅行社营业收入达12.81亿元，同比增长29.44%。全市旅游总消费、接待游客总人数在全区地级市中排第一位，分别占全区的21.14%、20.20%；入境游客人数在全区地级市中排名第二，仅次于桂林，占全区的11.54%。

旅游产业体系不断完善。2017年末，全市共有A级景区47个，星级农家乐107家，乡村旅游区44家，旅行社131家，旅游星级饭店49家，其中，五星级饭店2家，四星级饭店14家。

（三）现代农业提质增效明显

农产品供给能力进一步增强。2017年全年完成粮食产量216.81万吨，同比略减；蔬菜产量545.47万吨，同比增长5.48%；水果产量248.326万吨，同比增长6.2%；西甜瓜产量126万吨，同比增长2.02%；桑蚕产量9.3万吨，同比增长1.42%；肉类产量65.817万吨，同比增长1.2%；水产品产量27.45万吨，同比增长5.1%。

1. 特色产业影响力提升

2017年，南宁市在建各类特色农业基地112个，其中高标准"菜篮子"基地65个。南宁成为全国火龙果和沃柑最大生产地。火龙果、晚熟杂交柑橘种植规模和产量位列全区第一。5个农产品入选全国名特优新农产品目录，新增"三品一标"农产品17个、国家地理标志保护产品1个、国家地理标志商标2个、富硒农产品认证15个。5个农产品品牌获批年度广西名牌产品，15个产品获得富硒农产品认证，横县茉莉花茶被授予首届中国国际茶业博览会"中国优秀茶叶区域公用品牌"称号，南宁香蕉获得"2017百强农产品区域公用品牌"称号。上林县成功创建国家有机产品认证示范区。现代特色农业示范区建设再创佳绩。新增广西现代特色农业（核心）示范区8个，西乡塘"美丽南方"休闲农业（核心）示范区入选国家农业综合开发田园综合体建设试点项目。横县被确定为全国糖料蔗生产保护区试点县，横县现代农业产业园入选国家第一批现代农业产业园创建名单；马山县乔利果蔬产业（核心）示范区等8个示范区被评为第四批广西现代特色农业（核心）示范区，南宁市区级示范区总数位列全区第一。

2. 三产融合成效显著

全年新增广西休闲农业与乡村旅游示范点7个，马山县入选全国休闲农业和乡村旅游示范县，西乡塘区忠良村获"中国最美休闲乡村"称号，碧田原农耕文化体验园获全国休闲渔业示范基地称号，隆安县定江村获"广西特色生态农业名村"称号，新增宾阳县"品绿留香"休闲农业示范区、上林县云里湖现代农业示范区、广西金穗生态园等7个广西休闲农业与乡村旅游示范点。上林县成功获批全国电子商务进农村综合示范县。南宁振企、力拓等3家公司获得2017年度全国农业农村信息化示范基地认定。

（四）固定资产投资规模继续扩大

2017年，全市完成固定资产投资4307.95亿元，突破四千亿元大关，再创历史新高，比2016年增长12.6%，高于全国5.4个百分点，处于高于全国水平的良好状态（见图3）。

1. 项目投资快速增长

全市全年完成项目投资3349.86亿元，同比增长12.8%，增速比2016年提高3.2个百分点。其中亿元以上项目866个，比2016年增加了184个，同比增长27.0%，完成投资额1181.7亿元，同比增长18.0%，占全部项目完成投资额的比重为35.3%，有效提高了投资整体质量。5000万元以上在

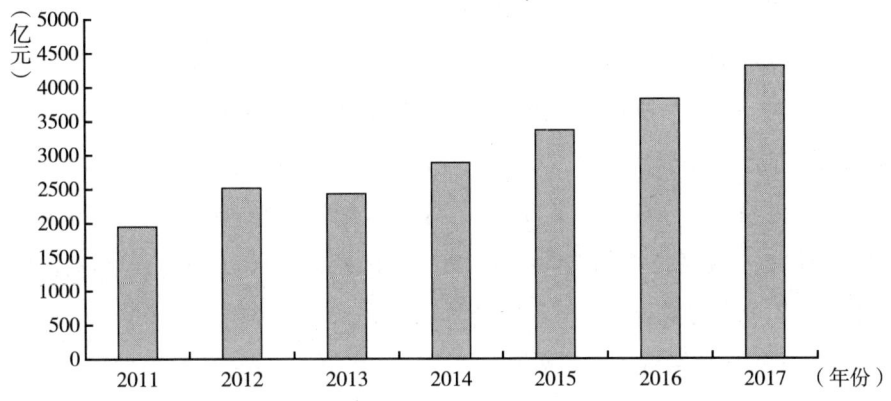

图3 2011~2017年南宁市固定资产投资情况

资料来源：根据2011~2017年《南宁市国民经济发展统计公报》以及《2017年南宁经济动态月报》整理得出。

建项目完成投资额1281.97亿元，同比增长19.6%，直接拉动全市投资增长5.5个百分点。在重大项目带动下，一大批中小项目加快建设，使固定资产投资实现重大突破，对促进全市经济社会发展发挥了重要作用。

2. 重点产业项目大量集中引入

按照"四定"原则打好项目推进服务"组合拳"，成功引进了瑞声科技、东鹏特饮、上海申龙、山东朗进、太平洋船务等重点项目；积极推进深圳美盈森、深圳中意、上海同捷、北京森特、广东泛铝远东铝业等意向项目；强力推动一批与香港经贸交流的合作项目，与华润集团、上实集团、香港企业总会签署了合作协议。

3. 基础设施投资回暖

2017年积极推进轨道交通2号线、3号线、4号线、5号线，邕江综合整治和开发工程，综合管廊项目，中国（南宁）国际园林博览会园博园配套基础设施等一批投资额度大、带动作用强的基础设施项目建设，全市全年基础设施项目共计2179个，完成投资1022.39亿元，同比增长15.9%，增速比2016年提高9.4个百分点，高于全区2.2个百分点，直接拉动全市投资增长3.7个百分点，对投资增长形成强力支撑。

4. 第三产业投资继续引领产业投向

产业投资结构持续优化。分产业看,第一产业投资149.07亿元,同比增长3.2%;第二产业投资1122.15亿元,同比增长8.9%;第三产业投资3036.73亿元,同比增长14.7%,对全市投资增长的贡献率达80.3%,直接拉动全市投资增长10.1个百分点。高技术制造业领域投资进入快车道。2017年全市完成高技术制造业投资196.33亿元,增长10.0%,增速比2016年提高5.2个百分点。

5. 民间投资比重继续稳步提高

2017年着力调动民间投资积极性,全市全年民间投资2801.79亿元,占固定资产投资比重达65.0%,所占比重比2016年提高0.7个百分点,同比增长13.9%,增速高于全市投资平均水平1.2个百分点,分别比全区、全国高5.3个和7.9个百分点。在国家、广西民间投资较低增速的情况下,南宁市民间投资拉动全市投资增长的贡献率高达70.5%,成为全市固定资产投资增长的主要动力。

6. 房地产开发投资趋向理性化

2017年,全市完成房地产开发投资958.09亿元,比2016年增长12.2%,虽然增速分别高于全区、全国0.3个和5.2个百分点,但比2016年下滑了17.8个百分点,增速有所放缓。其中,住宅投资679.13亿元,同比增长16.5%,办公楼投资65.95亿元,同比下降1.9%,商业营业用房投资77.49亿元,同比下降8.4%,总体来看,房地产开发投资回归理性,平稳增长。

(五)消费品市场活跃

2017年6月,出台了《南宁市关于限额以上商贸企业和规模以上其他营利性服务企业发展扶持管理办法》,采取以奖代补等方式予以支持,为全市消费品市场稳健增长创造了良好的政策环境。2017年,进一步整合各行业商家联合推出百货、餐饮、汽车、电商、专题展销、县区特色等12个主题近20项促销活动,全市消费环境不断升级优化,社会消费品零售总额迈上两千亿元台阶，综合实力提升，全年实现社会消费品零售总额2204.16亿元，同比增长11.3%，增速比2016年提高0.5个百分点，高于全区水平0.1个百分点，高于全国水平1.1个百分点（见图4）。

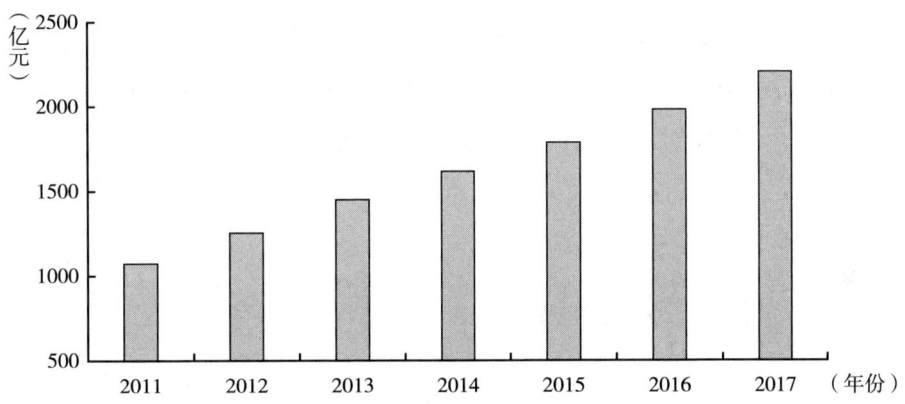

图4　2011～2017年南宁市社会消费品零售总额情况

资料来源：根据2011～2016年《南宁市国民经济发展统计公报》以及《2017年南宁经济动态月报》整理得出。

1. 城乡消费品市场增长速度大致相当

2017年，全市深度挖掘市场潜力，进一步扩大城乡居民消费规模，创新消费模式，打造消费活动品牌，有效地拉动了消费品市场增长。全市全年城镇消费品零售额为2030.84亿元，占全市消费品零售额的92.1%。同时，注重扩大农村消费，引导和支持城市大型商贸企业、现代物流企业向农村领域覆盖，健全农村市场商业网点，促进工业品下乡、农产品进城。全市全年乡村消费品零售额为173.31亿元，增长11.7%，增速快于城镇消费品零售额0.4个百分点。

2. 居民消费品质升级步伐加快

以体育娱乐、传统文化传媒、现代通信为代表的高品质生活消费增长提速显著。全市限额以上体育、娱乐用品类增长14.4%。继2016年南宁市汽车销售市场重新回暖之后，2017年南宁市汽车零售市场仍然保持较好的发展态势，全市全年汽车零售额为417.43亿元，同比增长12.9%，增速虽较2016年下滑0.4个百分点，但略高于限额以上零售额增速2.9个百分点，其销量的增长对推动南宁市社会消费品零售总额增长起到了重要作用。

3. 线上消费增长势头依然强劲

2017年，以网络销售为代表的新业态迅速成长，与传统销售模式加速融合，300家企业在第三方电商平台开设网点，县乡村三级农村电商服务体系不断完善。全市全年限额以上贸易企业通过公共网络实现商品零售额19.09亿元，增长35.2%，远远超过限额以上消费品零售市场的总体增长（10.0%）水平。

（六）进出口双双高速增长

对外贸易规模进一步扩大，进出口双双高速增长。随着国家深入实施"一带一路"倡议，赋予广西"三大定位"新使命，推进珠江—西江经济带建设，加快建设中国—东盟自由贸易区升级版，开放合作发展的区域条件更加优越。2017年，全市外贸进出口总值607.09亿元，首次突破600亿元大关，同比增长48.8%，增速比2016年提高34.5个百分点，分别高于同期全区、全国26.2个和34.6个百分点。其中，进口总值首次突破300亿元大关，达到331.4亿元，同比增长61.6%，增速比2016年提高35.0个百分点；出口总值首次突破250亿元大关，达到275.69亿元，同比增长35.82%，增速比2016年提高31.55个百分点（见图5）。

服务外包产业发展势头强劲。除外贸总体保持良好的增长态势外，贸易方式结构也在不断优化。2017年，南宁市全力推进中国服务外包示范城市建设，组织南宁市企业参加上交会、京交会等大型国际性展会，推动服务外包企业开拓国际市场，全市全年加工贸易进出口额为403.4亿元，规模首次突破400亿元，稳居全区首位，占全市进出口总值逾六成，是全市外贸的主导方式，同比增长55.3%，增速比2016年提高43.5个百分点，高于全区29.8个百分点。服务外包执行额为3.94亿美元，同比增长51.8%，增幅在全国31个示范城市中列第6位。

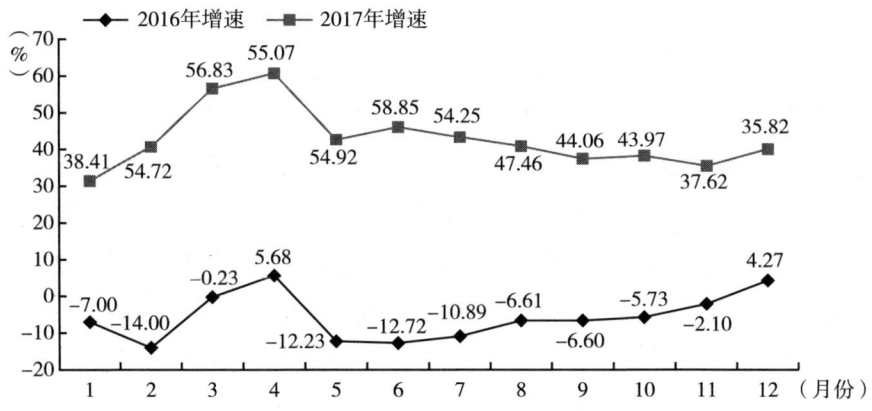

图5 2016年、2017年出口总值增速情况

资料来源：根据《2017年南宁市经济动态月报》整理得出。

着力吸引外贸企业落户南宁。全市新增对外贸易经营者备案企业483家，进出口实绩企业723家，新增进出口实绩企业199家（其中县域新增8家）；进出口值超过1亿元人民币的企业42家，比2016年增加5家。南宁市出口前20名企业出口合计金额为236.49亿元，占全市出口金额的85.8%；进口前20名企业进口合计金额为311.72亿元，占全市进口金额的94.1%。

加强对外投资指导管理和风险防范，规范企业"走出去"活动，引导企业抱团出海参与"一带一路"建设，全市全年新增备案对外投资项目18个，实现对外协议投资4.6亿美元，其中对"一带一路"沿线国家投资1.5亿美元。对外投资形式更加多元化，涌现了一批有影响力的投资合作项目，"走出去"主体进一步扩大，民营企业成为主力军。

（七）价格总体呈现温和上涨态势

2017年，居民消费价格总指数（CPI）同比上涨2.3%，创近5年来新高，涨幅比2016年同期扩大了0.9个百分点，比全区总水平和全国总水平均高0.7个百分点。2017年1~11月，南宁市CPI及增速在全国36个大中城市中位列第5,在西部11个省会城市中排在第2位,在全区14个地级市中排在第4位。

八大类价格"七升一平"。除了食品烟酒类价格与2016年同期持平外,其他七大类价格指数均有不同程度的上涨。其中,医疗保健类价格上涨10.6%,衣着类价格上涨4.2%,是拉动消费价格总水平上涨的主要因素。居住类价格上涨4.2%,其他用品和服务类价格上涨1.5%,交通和通信类价格上涨1.2%,教育文化和娱乐类价格上涨0.9%,生活用品及服务类价格上涨0.1%。

商品房价格涨幅平稳。受调控政策影响,2017年商品房价格涨幅逐渐趋于稳定,全市新建商品房成交均价为7100.07元/平方米,同比增长2.06%,其中商品住房成交均价为6904.02元/平方米,同比增长2.65%。

(八)财政收支平稳增长

财政收入增长平缓。2017年,全市财政收入为687.98亿元,比2016年增长12.0%,增速较2016年提高4.7个百分点,分别高于全区、全国5.9个和4.6个百分点。其中,一般公共预算收入332.15亿元,增长6.2%,一般公共预算支出646.31亿元,增长10.1%。民生领域投入保持大幅增长。2017年与民生相关的教育、文化体育传媒、社会保障和就业、医疗卫生、住房保障、城乡社区等领域支出明显加大,同比增长16.6%,其中城区社区支出增长40.9%,教育支出增长20.2%。

(九)供给侧结构性改革成效显著

化解过剩水泥产能60万吨,全面完成"地条钢"取缔工作,实现99家国有"僵尸企业"停产歇业,其中,完成77家国有"僵尸企业"职工分流安置;从土地供应、信贷政策等方面加强房地产市场监管,保持市场供需平稳,截至2017年12月底,商品房、商品住房库存周期分别为11.5个月、7.97个月,非住宅库存周期为27.39个月,较2016年同期缩短5.7个月;建立健全政府性债务风险应急处置工作机制,全年地方政府置换债券252.41亿元;全面落实自治区、市降成本各项政策措施,预计全年为企业减负超

42亿元；不断扩大教育、卫生、文化领域等社会事业投资，完成投资273亿元，较2016年同期增长25.0%。

三 2017年南宁市经济发展存在的困难和问题

（一）经济发展压力依然存在

南宁市经济总量依然偏小，2017年1~3季度南宁市GDP总量在全国27个省会城市中的排名为第18位，较2016年同期下降1位；全年经济增速虽然高于全国、全区平均水平，但低于贵阳、昆明、南昌等邻近省会城市，2017年南宁市经济增速（8.0%）低于昆明（9.7%）、贵阳（11.3%）、南昌（9.0%）、长沙（9.0%）（见图6）。此外，需要特别注意的是，南宁与昆明、南昌、长沙等邻近省会城市的GDP差距较2016年有逐步拉大的态势。

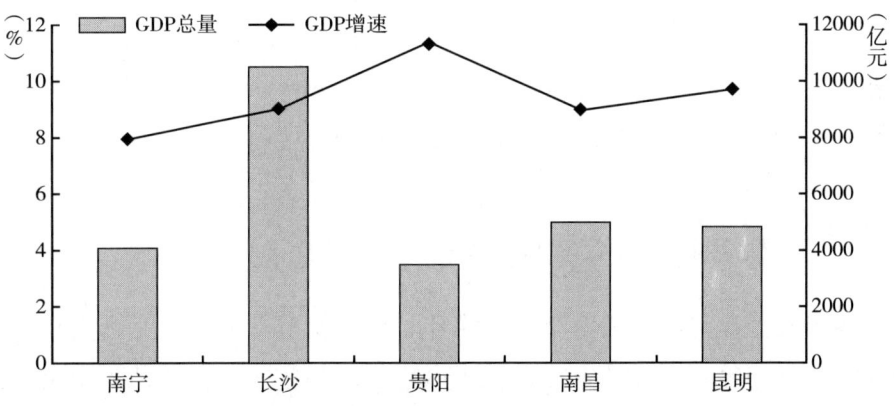

图6 2017年国内部分城市GDP总量及增速情况

资料来源：根据各地统计局数据整理得出。

（二）工业增长后续动力不足

2017年全市工业高开低走，1~12月规模以上工业增加值累计增速不断降低（见图7），后续增长动力不足。工业发展过于依赖个别大企业，随着富士康等部分重点企业增速回落，中烟、南供增长缓慢，工业增长呈现后续乏力。低端产能快速淘汰，2017年全市停产半停产企业达53家，而新增投产项目支撑不足，重大产业项目较少，全年新增企业43家，但规模较小，没有10亿元以上大企业，中恒、斐讯等一批在建项目进展迟缓甚至停滞，也使得未来全市工业发展新动能不足。

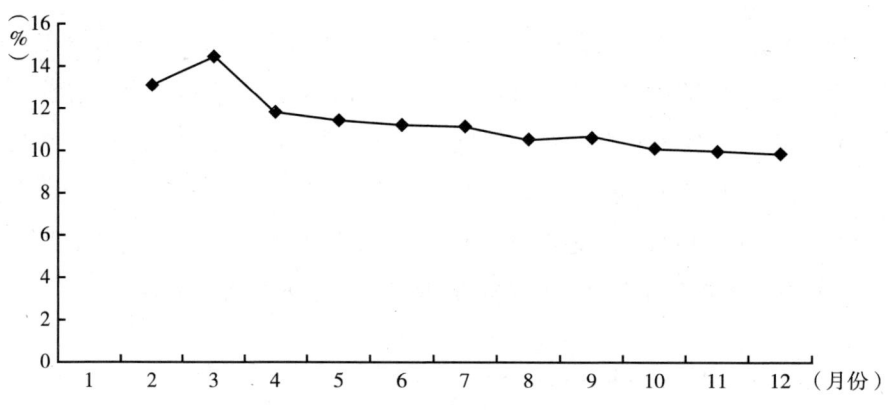

图7　2017年南宁市规模以上工业增加值累计增速

资料来源：根据《2017年南宁经济动态月报》整理得出。

（三）服务业整体竞争力不强

服务业企业整体规模偏小。2017年，全市规模以上服务业企业营业收入超过10亿元的大企业仅12家，营业收入超过1亿元的企业有107家，近八成的企业营业收入规模在全市平均水平以下，未能形成集聚和扩散效应。

规模以上服务业企业区域发展不平衡。青秀区规模以上服务业企业283家，占全市企业数的比重达48.54%，而隆安、马山、上林等5县规模以上服务业企业数合计仅36家，占全市的比重仅为6.33%，不到青秀区的1/7。

传统服务业转型升级压力进一步增大。以"互联网+"为代表的新业态对服务业企业加速渗透,传统的、固化的商业模式受到冲击,最为明显的是仓储业、教育业、新闻和出版业及体育业,其增速普遍较低,分别为 -4.82%、0.28%、2.76%、-7.42%,甚至有负增长,加快转型升级是南宁市传统服务业未来面临的一大挑战。

(四)农业可持续发展能力依然较低

农业基础设施投入相对不足,农田水利和农村机耕道路的建设,特别是高标准农田建设的力度不够大,跟不上现代农业发展的需要。受农业生产要素价格上涨、生产成本持续上升影响,农业生产效益低且不稳,农民积极性下降。各县区农产品生产结构趋同,特色产业种植结构调整及品牌提升力度有待进一步加强,农业生产存在结构性产能过剩风险。农产品库存积压和优质化、多样化、专用化农产品供给不足并存,农业供给侧改革任务艰巨。休闲农业示范区建设存在用地不足、融资渠道不多、宣传力度不够等诸多问题,精品线路包装、推介工作有待加强。由于财政投入农业资金有限,农业重点项目缺乏。农村劳动力老龄化加速,劳动力缺口问题愈加突出,专业型、技术型、创新型人才和青壮年劳动力缺乏,实现农业持续发展任重道远。

(五)固定资产投资后劲乏力

近年来,工业投资增速持续回落(见图8)。2017年,全市工业投资仅增长7.5%,虽然增速较上年同期提高3.5个百分点,但低于规模工业产值增速6.4个百分点,后续有效投入明显不足。面临的问题主要有:一是项目支撑后劲不足。2017年,全市新开工项目7298个,比2016年减少1760个,同比下降19.43%。新开工项目完成投资1963.24亿元,同比下降2.84%,增速比2016年回落11.9个百分点。由于竣工项目较多,2018年可续建的项目仅有1395个,比2016年减少2309个,降幅高达62.3%,新增项目数量跟不上必将对2018年的投资加快发展形成掣肘。二是对房地产开发投资依赖仍然较重。受调控政策影响,房地产开发建设和销售指标增速均有所下

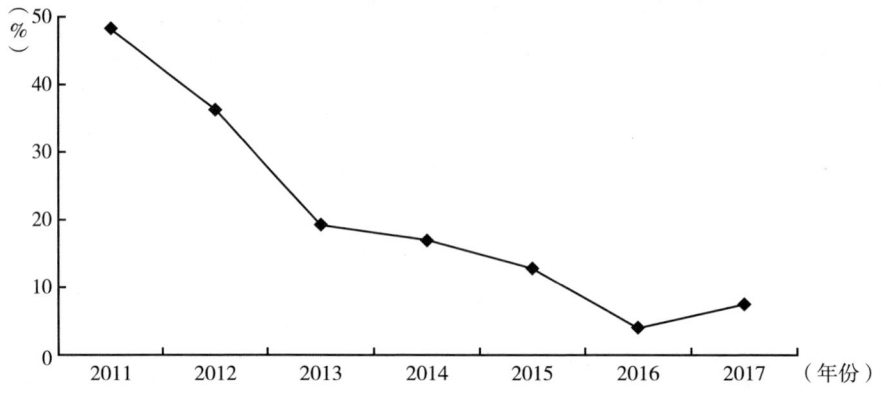

图 8　2011～2017 年南宁市工业投资增速

资料来源：根据 2011～2016 年《南宁市国民经济发展统计公报》以及《2017 年南宁经济动态月报》整理得出。

降，房地产开发投资回归理性。但是在全市固定资产投资中，房地产开发投资占比仍高达 22.24%，分别比全区、全国高 8.8 个和 4.9 个百分点，跃居全区首位，固定资产投资增长对房地产开发投资依赖度仍然较高。在国家强化房地产调控持续深入、信贷政策不断收紧的背景下，房地产投资比重过大将会给后续全市投资的平稳增长带来不可预见的风险（见图 9）。

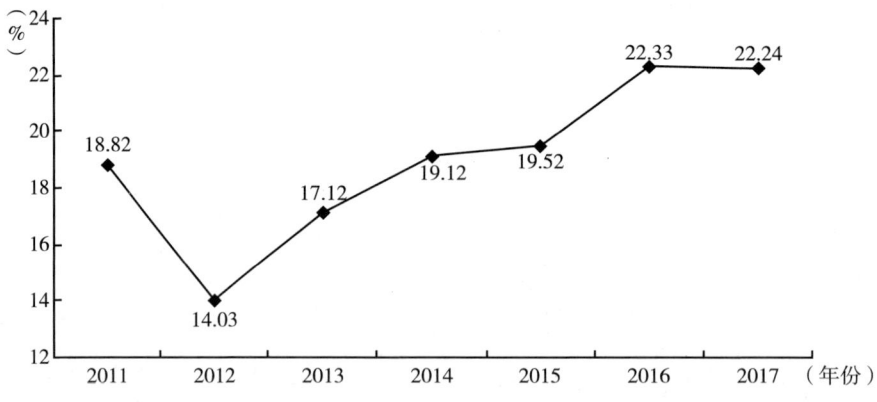

图 9　2011～2017 年南宁市房地产开发投资占固定资产投资比重情况

资料来源：根据 2013～2016 年《南宁市国民经济发展统计公报》以及《2017 年南宁经济动态月报》整理得出。

（六）财政收支压力较为突出

财政收支缺口逐年增大。2017 年，南宁市一般公共预算支出超过一般公共预算收入 314.16 亿元（见图 10），远远超出昆明（215.04 亿元）、贵阳（200.31 亿元）、南昌（237.20 亿元）等邻近省会城市的财政收支缺口规模。2017 年，南宁市财政自给率为 51.39%，远低于昆明（72.29%）、贵阳（65.35%）、南昌（63.75%）、长沙（118.26%）等省会城市的财政自给率，地方政府财力较弱，财政收支压力颇为严峻。

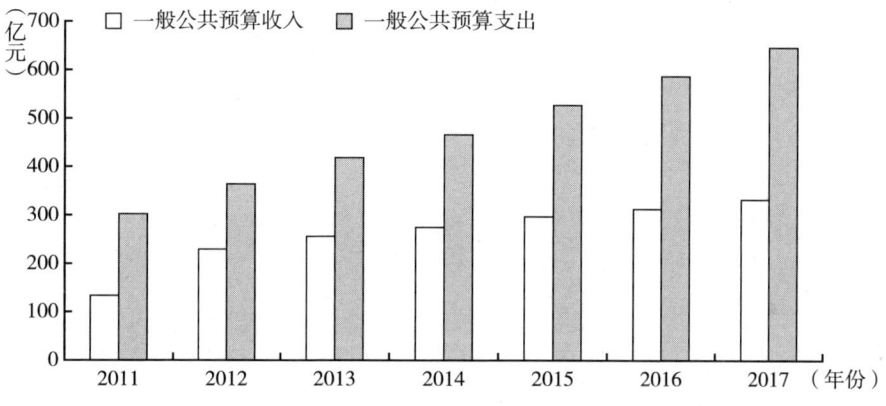

图 10　2011~2017 年南宁市财政收支情况

资料来源：根据 2011~2016 年《南宁市国民经济发展统计公告》以及《2017 年南宁经济动态月报》整理得出。

（七）县域经济发展相对滞后

县域经济总体实力不强。2017 年，南宁市市区、县域 GDP 同比分别增长 8.2%、7.4%，增速较 2016 年分别提高 1.1 个和 1.3 个百分点。但县域 GDP 的增速低于全市平均增速 0.6 个百分点，除宾阳县外，其余 4 县的地区生产总值增速均低于全市平均增速。且 5 县 GDP 仅占全市 GDP 比重的 17.2%，较 2016 年占比下降 0.4 个百分点，排在后三位的隆安县、上林县、马山县完成地区生产总值分别为 73.18 亿元、56.75 亿元、55.18 亿元，与排在前三位的青秀区（913.96亿元）、西乡塘区（888.41亿元）、江南区（602.97亿元）的差距较大（见表2）。

表2 2017年南宁市各区县主要经济指标

区县	GDP 总量（亿元）	GDP 增速（%）	规模以上工业总产值（亿元）	第二产业增加值（亿元）	第三产业增加值（亿元）	财政收入（亿元）	固定资产投资（亿元）
兴宁区	413.55	8.0	35.26	70.19	332.37	41.16	274.62
青秀区	913.96	6.1	50.06	104.78	791.30	184.14	885.21
江南区	602.97	10.0	1339.10	422.89	150.06	22.33	507.68
西乡塘区	888.41	8.5	1111.86	496.39	372.08	36.03	677.81
良庆区	156.21	8.2	158.43	86.36	46.80	38.19	428.39
邕宁区	90.88	12.5	55.12	22.71	40.51	14.35	219.01
武鸣区	353.20	8.7	489.31	162.36	109.67	27.23	386.49
隆安县	73.18	6.6	50.31	19.77	25.46	5.00	57.81
马山县	55.18	5.2	8.16	10.35	24.57	3.42	42.19
上林县	56.75	4.8	19.20	10.73	24.03	4.31	46.25
宾阳县	218.39	9.4	165.65	68.18	99.97	18.43	276.10
横县	304.58	7.0	283.36	120.89	110.82	19.07	270.52
全市	4118.83	8.0	3989.82	1599.50	2115.15	687.98	4307.95

注：表中各区数据不包括南宁市三大国家级开发区数据。
资料来源：《2017年南宁市经济动态月报》。

县域产业结构有待优化。2017年，南宁市利用各县区在土地空间、环境容量、投资成本方面的有利条件，不断优化县区投资环境，促进县区招商引资和产业发展，培育新的经济增长极。得益于三个国家级开发区的有力支撑，城区工业依然是经济增长的主动力，城区工业增加值占全市比重的86.8%，同比增长10.2%，增速高于全市水平0.7个百分点，拉动全市工业增加值增长的贡献率高达92.6%。但5个县规模以上工业总产值占全市比重的13.2%，占比较2016年下降0.6个百分点，此外在第三产业增加值、固定资产投资等方面也和城区存在较大差距。

县级财政运转压力较大。2017年，5县财政总收入仅为50.23亿元，仅占全市财政收入7.3%，占比较2016年减少4.9个百分点。其中马山县、上林县财政收入均低于5亿元，分别为3.42亿元、4.31亿元。从一般公共预算收入看，2017年仍然只有宾阳县、横县公共预算收入超过10亿元，隆安县、马山县、上林县分别仅为2.71亿元、1.95亿元、2.53亿元，县区可用财力十分有限，财政运转压力大。

2017年各城区主体功能区规划更突出，青秀区连续两年获评全国"四个百强区"，兴宁区获评2017年度全国投资潜力百强区，良庆区被认定为第二批广西可持续发展试验区创建单位。除宾阳县、横县相对较好之外，县域经济发展水平普遍不高，税收增长基础薄弱。与全市发展态势相比，县域经济发展相对滞后，这与首府城市地位和南宁市勇当广西营造"三大生态"、实现"两个建成"的排头兵目标极不相称，需要进一步增强县域经济实力，推动县域综合发展。

四 2018年国内外经济环境分析

（一）国际经济发展环境

展望2018年，发达经济体复苏势头强劲，主要新兴经济体增速有望进一步回升，全球经济增长动能仍将持续。但由于美联储继续渐进加息、欧元区退出量化宽松以及全球贸易争端升级，国际金融贸易环境偏紧。

1. 世界经济复苏步伐进一步加快

2018年，全球经济活动将持续保持强劲。发达经济体方面，美国降低企业所得税的政策将有利于改善企业盈利预期，刺激投资活动，强化经济增长动力，推动美国经济在短期内持续保持增长。欧元区2018年1~2月制造业和服务业PMI分别为59.6和57.6，均处于较强扩张区间，显示欧元区经济短期内将维持强势[①]。日本2017年经济增速达到1.7%，且自2015年以来已连续三年实现经济增长，表明日本经济正逐步复苏。新兴和发展中亚洲

---

① https://www.markiteconomics.com/Survey/PressRelease.mvc/78818cb50f5142c08c4026e147e38e26.

经济体方面,"金砖五国"和东盟国家2017年经济增长均有所加快,整体增长态势不变。三大国际机构均向上修正对2018年世界经济增长率的预测值:国际货币基金组织(IMF)、世界银行(World Bank)和经合组织(OECD)对2018年世界经济增速的预测分别为:3.9%、3.7%和3.9%。①

2. 财政政策继续维持积极宽松

自2016年以来,全球主要发达经济体的财政政策逐步从此前的偏紧缩向宽松方向转变。加拿大、英国、美国、德国、法国等国政府相继推出了一系列包括扩大政府支出、为企业提供信贷担保和减税等手段在内的积极财政政策,旨在刺激经济增长。2018年,上述国家的积极财政政策仍将延续或开始实施。同时,新兴市场经济体中的印度、巴西和中国等国家在2018年仍将实施积极的财政政策。在当前财政政策被认为兼具需求管理政策和供给侧结构性政策双重属性的背景下,2018年,全球财政政策环境总体继续维持积极宽松。

3. 消费者和企业家信心上涨

OECD数据显示,2016年以来,经合组织成员国和"金砖五国"消费者信心指数和商业信心指数总体均呈现上升趋势。其中,经合组织35个成员国2018年2月消费者信心指数和商业信心指数分别达到101.10和101.42,均为2016年来最高水平,表明全球主要经济体对于未来经济均保持较为乐观的预期。此外,普华永道(PwC)第二十一期全球CEO调研结果显示,对全球经济增长持乐观态度的CEO比例创下历史新高,他们认为全球经济至少在短期内会保持良好的势头。②

4. 贸易紧张局势升级风险增大

2017年是全球贸易转好的一年,全球贸易总量增速达到4.5%,为

---

① 预计增长率均按PPP计算,数据分别来源于IMF:《世界经济展望》(2018年1月),World Bank:Global Economic Prospect(2018年1月),OECD:OECD Interim Economic outlook(2018年3月)。

② 普华永道:"尽管担心增长受到更大威胁,CEO们仍然更加乐观",https://www.pwccn.com/zh/press-room/press-releases/pr-230118.html。

2011年以来最快增速。但2018年以来，美国不断出台贸易保护主义措施，先后宣布将对进口太阳能电池、太阳能板和大型家用洗衣机征收临时性关税，以及对进口钢铁和铝分别课以25%和10%的重税，全球贸易紧张局势加剧。同时，全球经济规模最大的两大经济体——中国和美国贸易摩擦升级，已分别就价值500亿美元的商品发布加增关税清单，贸易战一触即发。加之当前全球价值链处于重构期，国际贸易格局正继续发生深刻演变，都有可能给已经升级的贸易紧张局势带来更多不确定性，对全球贸易复苏的可持续性构成一定的压制。

5. 国际金融环境逐渐收紧

鉴于美国自2017年10月起已启动资产负债表缩减计划，根据计划，美联储将以每年三次左右的频率加息；加之2018年美国的经济活动有可能好于预期，因此，预计2018年美国将加息至少3次。欧元区方面，考虑到其经济稳步增长，核心通胀水平有可能回升，预计将会逐渐退出货币宽松政策。日本央行2017年12月启动了六年来的首次缩表，意味着日本2018年有可能改变其现有的超宽松货币政策立场。此外，在美联储持续加息缩表的背景下，基于资本流出新兴市场的忧虑，新兴经济体货币政策也面临趋紧的压力。因此，2018年，国际金融环境趋紧。

（二）国内经济发展环境

2018年，世界经济增速有望进一步回升，我国所处的外部经济环境整体有利。但由于贸易摩擦风险加剧、严控资本外流压力增大，经济运行中的不稳定性、不确定性因素仍然较多。

1. 经济增速延续平稳走势

2017年，我国经济稳中有进、增长超预期，自2011年经济增速持续走低以来首次呈现阶段性企稳回升态势，表明我国经济在结构调整、动力转换、风险防控和质量提升方面都取得了重大进展。展望2018年，在我国经济基本面正在发生积极变化的背景下，经济增速有望延续稳中向好态势。但由于宏观政策稳中偏紧、出口压力不降反升，预计2018年增速或将回落。国内外机构对我国2018年经济增速的预测主要集中在6.4%至6.8%之间。如国际货币基金组织、世界银行和经合组织对我国2018经济增速的预测分别为6.6%、6.4%和6.7%①；中国社会科学院"中国经济形势分析与预测"课题组预测为6.7%②；中国银行国际金融研究所预测为6.8%左右③。

2. 新动能持续加强

从消费新动能来看，为确保实现全面建成小康社会战略目标，城乡居民收入仍将继续保持较快增长势头，居民消费信心和消费意愿将得到显著增强。当前消费结构正处于快速升级阶段，新消费有利于进一步提高边际消费倾向。从产业新动能来看，近年来，我国大力实施创新驱动发展战略，传统产业加快转型，装备制造业和高技术产业保持高速增长，新兴产业蓬勃发展，"互联网+"与实体经济加快融合发展，共享经济、网络购物、移动支付等新业态走在世界前列。新产业新业态将推动产业结构不断升级优化。

3. 高质量发展成为经济建设主旋律

2017年中央经济工作会议指出，我国经济已由高速增长阶段转向高质量发展阶段，推动高质量发展是当前和今后一个时期确定发展思路、制定经济政策、实施宏观调控的根本要求，这表明我国政府对经济增速适度放缓的容忍度提高，经济建设的主旋律将是高质量发展，而不再是高速增长。2018年是我国进入高质量发展新时代的起步时期，在此背景下，全面深化改革、强化科技创新、提高全要素生产率将成为推进高质量发展的着力点。

4. 外贸出口压力增大

美国2017年宣布根据"301条款"启动第6次对华贸易调查并于2018

---

① 数据分别来源于IMF：《世界经济展望》（2018年1月），World Bank：Global Economic Prospect（2018年1月），OECD：OECD Interim Economic outlook（2018年3月）。
② 中国社会科学院：《2018年中国经济前景分析》，社会科学文献出版社，2017。
③ 中国银行国际金融研究所：《中国经济金融展望报告》，2018年3月。

年宣布将对至少500亿美元的中国进口商品加征关税。同时，美国又连续出台一系列贸易保护主义措施，并威胁发动贸易战。鉴于美国是我国第二大贸易伙伴和最大的出口市场，中美贸易争端加剧显然将对我国出口产生不利影响。此外，日本也宣布自2018年3月31日起对中国和韩国产的部分钢铁产品征收反倾销关税。美日贸易保护主义的示范效应和竞争效应，有可能引发其他国家甚至全世界的贸易保护主义浪潮，我国外贸出口环境或将更加严峻。

5. 货币政策适度偏紧

2017年12月召开的中央经济工作会议明确将防范化解重大风险列为2018年必须打赢的三大攻坚战之一。打好防范化解重大风险攻坚战，最关键的就是防控金融风险。为此，党的十九大提出的宏观审慎政策将直接和集中作用于金融体系。可以预期，2018年金融去杠杆还将延续。同时，在经济复苏加快的背景下，美国、加拿大、英国等欧美央行2017年已先后收紧货币政策，韩国央行也在2017年11月30日宣布加息。在严控资本外流的巨大压力下，金融政策将易紧难松。

（三）广西经济发展环境

2018年，广西经济发展的外部环境整体趋好，经济增速有望实现小幅回升。同时，受产业结构调整任务艰巨、区域内经济发展不均衡、支柱产业受经济周期影响较大等不利因素制约，广西经济增长潜力仍有待进一步挖掘和提升。

1. 经济运行呈现企稳回升态势

自2010年以来，广西经济增速呈现较为显著的持续放缓迹象，2017年经济增速与2016年持平，经济增速持续回落的不利态势已得到遏制，进入企稳状态。加上2017年糖、铝、冶金、机械等传统产业"二次创业"初显成效，资源型优势产业大幅回升，高技术产业和战略性新兴产业发展势头良好，新动能加快成长，各项主要经济数据都出现了积极变化。2018年，在国内外经济环境整体有利的背景下，预计广西经济运行有望逐步企稳回升。

2. 中央扶持力度不减

2017年1月，国务院批准实施《北部湾城市群发展规划》，为广西发展带来了新动力。2017年5月，国务院印发《兴边富民行动"十三五"规划》，为包括广西边境地区在内的我国陆地边境地区发展特色优势产业和提升沿边开发开放水平做出了全面部署、提供了政策支持，表明中央高度重视边疆民族地区发展。同时，作为"一带一路"的重要门户以及中国面向东盟的桥头堡，重要的战略地位使得广西的发展既关系到自身，也关系到国家整体，未来发展中广西将继续获得国家的政策和资金支持。此外，为确保边境地区与全国同步全面建成小康社会，中央对广西的财政支持力度也将逐渐增加。

3. 发展不平衡不充分的问题突出

从产业结构看，与全国的"三二一"式结构不同，广西产业结构为"二三一"式，第一产业比重偏高，第三产业比重偏低。一方面，广西支柱产业多为周期性行业，受经济周期影响较大；另一方面，在全国工业产能过剩背景下，传统产业占比偏高的广西工业发展空间越来越被压缩。从区域经济发展看，广西地级市之间经济发展差距较大，南部的北湾经济区以及桂林、柳州、玉林、百色等市借助港口区位优势和区域产业优势，发展相对领先；地理条件相对较差的贺州、河池等市，则经济发展相对落后。总的来说，广西发展不平衡不充分的问题相比全国更加突出。

4. 防范化解风险任务依然艰巨

随着宏观经济增速放缓，企业利润、财政收入增速也随之大幅回落，广西财政、金融、房地产领域的潜在风险也逐步暴露出来，如出现部分市县隐性债务增长过快、一些金融机构风控能力薄弱、部分国有企业杠杆率偏高、房地产信贷急速扩张等风险问题。中央经济工作会议提出2018年要打好防范化解重大风险攻坚战，为决胜全面建成小康社会创造条件，时间紧迫、任务艰巨，对广西防范化解重大风险的能力提出了新的挑战。

五 2018年南宁市经济发展主要指标预测①

(一)地区生产总值

地区生产总值预计增长6%左右,总量达到4300亿元左右。从南宁市地区生产总值产业构成来看,第一产业、第三产业增加值增速近年来保持大体平稳、小幅变化趋势,呈现一定的筑底企稳特征,经济增速波动主要由第二产业增速尤其是工业增速决定。2012~2016年,南宁市工业增速持续下滑,拖累经济增长。2017年,全国工业经济形势好于预期,带动南宁市工业实现较快增长,推动经济增速回升。但南宁市工业经济向好基础并不稳固,工业领域的一些长期性、结构性问题仍然突出。因此,在当前全国工业内部各行业增速分化明显、传统工业增长动力减弱的形势下,预计2018年以传统制造业为主的南宁市工业增速上行或将难以持续,进而导致经济增速难以加速上行。此外,南宁市2016~2017年连续两年出现负的产出缺口,有可能进一步拉低自2007年以来持续下跌的潜在增长率,并导致实际增速放缓。结合时间序列预测分析方法,预计2018年南宁市经济增速减缓下行概率很大。

(二)财政收入

财政收入预计增长15%左右。2018年是自治区成立60周年,一批自治区层面统筹推进重大项目即将开工、续建或竣工投产,为南宁市财政收入的持续增长提供了坚实保障。同时,南宁市财政增收也存在一些不利因素:一是全面"营改增"改革后,全行业抵扣链条打通带来的减税效应仍将持续显现;二是现阶段支柱税源中的房地产和土地类税收,受房地产市场调控政

---

① 本节定量预测部分,为与统计年鉴保持一致,地区生产总值和规模以上工业增加值增速为实际增速;财政收入、固定资产投资和社会消费品零售总额均为名义增速。增速预测综合采用线性与非线性回归、ARIMA模型和指数平滑等方法,潜在生产率由HP滤波方法得出。

策影响,增长空间受限;三是工业优质税源项目缺乏、县域经济发展水平不高,税收增长的基础依然薄弱。预计2018年南宁市财政收入保持平稳增长态势。

(三)固定资产投资

固定资产投资预计增长11%左右。近年来,南宁市固定资产投资增速逐年下降,其中外商直接投资和民间投资增速下降较为明显。2017年,受国家调控政策影响,房地产开发投资增速也大幅下降。2018年,国家货币政策趋紧,有可能导致银行信贷供给相对不足。同时,在国家防范化解重大风险背景下,房地产市场升温概率也不大。此外,财政部清查地方政府利用PPP项目、各类投资基金变相举债,可能制约地方政府的融资能力,影响基建投资。综上所述,预计固定资产投资或将进一步回落。

(四)规模以上工业增加值

规模以上工业增加值增幅预计减缓。2018年,南宁市将继续深入实施工业强市战略,通过积极推进工业领域供给侧结构性改革,大力发展电子信息、先进装备制造和生物医药三大重点产业,探索培育战略性新兴产业,着力提升产业园区发展质量,推动工业转型升级。但受近年新投产重大产业项目不多、重点产业产业链条较短及工业增长新动能比重仍然偏低,已有的新动能还不够强大等因素制约,工业经济发展面临严峻挑战。

(五)社会消费品零售总额

社会消费品零售总额增长10%左右。为实现提前全面建成小康社会战略目标,2018年南宁市城乡居民收入仍将继续保持较快增长势头,消费能力进一步增强。同时,城乡居民恩格尔系数大幅下降,消费结构正在由生存型消费转向发展型消费,由产品消费向服务消费转变,消费升级趋势明显。此外,南宁市政府2018年继续推进"诚信经营、放心消费"创建活动,规范和维护市场经济秩序,消费环境的不断优化有利于扩大消费需求,提高消费质量。经测算，社会消费品零售总额对地区生产总值的弹性系数均值为1.03，考虑到价格因素，预测2018年社会消费品零售总额增长10%左右。

六 2018年南宁市加快经济发展的对策建议

2018年是贯彻党的十九大精神的开局之年，同时也是改革开放40周年、实施"十三五"规划承上启下、决胜全面建成小康社会的关键一年。2018年，南宁市将在习近平新时代中国特色社会主义思想的指引下，紧紧围绕党的十九大报告提出的重大决策部署，统筹推进"五位一体"总体布局，协调推进"四个全面"战略布局，深入贯彻落实新发展理念，适应和把握经济发展新常态，全力稳增长、促改革、调结构、惠民生、防风险，实现经济高质量发展，加快推进"六大升级"工程和"四个城市"建设，为南宁市勇当广西营造"三大生态"、实现"两个建成"的排头兵奠定坚实基础。

（一）坚持创新驱动战略，培育经济发展新动能

1. 做好创新平台建设工作

以高新区为核心，联动各特色区域，建设国家"双创"示范基地，充分发挥好南宁·中关村创新示范基地的辐射作用和溢出效应，增强"双创"和"互联网+"集众智汇众力的乘数效应，加快规划建设南宁·中关村产业园，引进和扶持新兴产业和高科技企业发展，以创新打造南宁的新产业、新经济，构建经济发展新的增长极。加强云存储、物联网、移动互联网等新一代关键技术和产品研发及产业化应用，加快中国—东盟新型智慧城市协同创新中心、大数据产业园、电商产业园、中国—东盟B2B跨境电商交易平台等项目建设，打造新型智慧城市产业创新集聚新高地，营造城市级的智慧产业生态圈。

2. 培育新型创新主体

鼓励企业主动参与创新开发、技术创新研究，创新成果的应用，成为研发创新主体。培育"瞪羚企业"，加快实施南宁市高新技术企业的倍增计

划，以新增高新尖技术企业引领带动南宁市的科技创新。落实中小企业的创新扶持政策，促进中小企业的科技创新，尤其是科技型中小企业成为自主研发或技术应用新主体。加快知识产权的示范城市建设，出台知识产权保护规定，健全相关法规，鼓励社会企业申报发明专利，深入实施发明专利的双倍增计划。

3.加速优化创新生态环境

提高科技研究经费占全市生产总值的比重，引进领军创新人才，深化科技创新体制改革，探索适应当前科研需要的经费管理办法，激发科研人员研究热情，建立长效机制。加大投入并以优惠政策支持全市创业平台、创新平台、创业人员。实施重大科技专项和广西科技成果转化大行动，提升自治区级农业科技示范园与农业科技扶贫示范基地。

4.深化科技合作交流

推进与国内著名高校和大院大所的科技合作。进一步加大科技合作资金支持力度，鼓励高层次人才来邕工作和创业，吸引高新技术项目落户南宁。打造新型技术创新体系，加快产学研基地建设，与高校院所共建创新研究工作站，提高科技成果转化效率。加强国际科技创新合作，与东盟国家共建研究中心和研发平台。加快企业创新平台的建设，继续支持南南铝加工研究院和富士康东盟硅谷科技园等创新平台的建设工作。

（二）加快产业转型升级，提高经济发展质量

1.推动工业优化升级

继续实施"工业强市"战略，做好三大重点产业，依托工业园区和重点企业，狠抓项目建设，加快南宁市千亿元集群产业的建设工作，延长延伸产业链条。根据南宁市工业发展的实际情况，制造业是重点，也是发展的难点。要以先进制造业为着力点，推动电子信息、先进装备制造、生物医药三大重点产业的发展。

第一，电子信息产业方面。要以富士康等大型龙头企业为区域核心，打造电子信息产业集群带，在经开区及高新区培育相关的上、中、下游产业链

与配套产业。在经开区培育新型微电子信息产业，让中低端电子信息产业逐步转化为中高端电子信息产业，引进大数据、云计算、物联网以及人工智能产业方面的先进技术，形成新产业集群，加快北斗信息产业园项目的落地运营。第二，先进装备制造产业方面。加快新型的新能源汽车制造项目的落地运营，扩大已有新能源汽车制造的产业规模，打造面向东盟和全国的新能源汽车产业集群基地。推动电子汽车新型材料加工项目落地运营，让材料加工工艺向高精度、高深度发展。打造汽车、电子、航空、铁路领域的先进铝材，打造新材料制造和轨道交通装备产业集群。第三，生物医药产业方面。加快知名药业企业异地扩能的项目落地运营，引进先进生物医药生产技术，以现代化生物制药为发展方向，培育相关上下游产业和配套产业发展，形成生物医药产业集群。第四，振兴传统产业。发挥传统产业优势，探索新型的传统产业增长模式，突破发展瓶颈。可以通过引进新管理模式、新生产技术推动传统产业的转型升级。改造提升化工、造纸、食品加工等产业生产水平，减污染，提质量，创品牌。第五，着眼提升新兴产业。发展装备制造业、高端铝材、石墨烯、互联网、大数据、人工智能、大健康等新型具备巨大发展潜力的新兴产业，推动装配式建筑产业基地项目的落地运营，丰富产业多样性，培育产业多元发展。第六，加强土地工业用地管理。合理规划工业用地，工业区域规划要切合实际，符合城市未来发展方向，开展城区开发区、县区工业园区合作共建，清理旧城区工业闲置土地，搬迁旧城区工业厂房仓房，集中工业产业用地，产生规模效应和集聚效应。第七，加快工业信息化建设。以改造传统产业信息化为重点，突出抓好食品工业、建材、化工等行业的信息技术改造工作，建设中小企业信息化服务平台，突破信息化改造的关键技术。

2. 大力推进现代服务业发展

第一，以三大重点服务产业为着力点，加快建设南宁市现代化服务业产业园区。与工业协同发展，为工农业提供服务支撑，形成服务产业集聚带，辐射覆盖周边地区，带动经济发展。

第二，促进金融行业发展。加快五象新区总部基地金融街及配套基础设施建设，吸引金融机构来邕投资。建立健全金融行业入邕政策，对创新型金融企业入邕给予一定优惠政策，大力引进实力雄厚的金融企业，推进各地大型银行在邕设立分支机构。鼓励高校开设金融专业，培养高端金融人才，增加金融人才输送。加快推进政策性保险的推广工作，与主营政策性保险的企业加强沟通，开展政企合作，争取财政补贴，进一步推进农业政策性保险试点工作。

第三，提升现代物流业发展水平。加快经开区现代化物流工业园、中国东盟国际物流基地等物流产业园区的建设。引进大型物流龙头企业自建物流园区，提升物流水平，促进物流行业升级换代。以东盟物流节点城市为目标加快提升建设城市现代化物流水平。完善物流冷链体系，完善物流功能布局。

第四，加快发展电子商务和信息服务业。以建设南宁市成为东盟电子商务中心城市为目标，加快电子商务和信息服务业的园区建设，深化实施"电商南宁"战略。培育本地电商平台成长，优化电子商务和信息服务业营商环境，大力支持高新区、中国—东盟经开区电子商务基地的项目建设。鼓励大型电子商务和信息服务业企业到农村开设分销渠道，推进县域电商下农村试点工作。

第五，加快旅游业发展。发挥南宁市自然资源优势，进一步开发更优更好的旅游资源。打造"绿城"品牌，争取创建国家旅游示范城市。推进邕江观景带、邕宁区园博园、大明山生态旅游区、青秀山旅游区建设。引进著名文化旅游企业进邕自建文旅产业，促进项目落地运营，带动区域旅游及配套产业发展。促进旅游业与农业融合发展，推进农家乐、生态旅游、养生旅游基地建设。

第六，加快发展健康养老养生产业。按照"低端有保障、中端有支撑、高端有市场"的基本思路，以基地建设、企业培育、品牌打造、项目推进为基本抓手，完善市域健康养老养生规划布局，深化体制机制创新，加快新兴业态培育，促进居家养老、社区服务、集中养老加快发展。坚持政府引导、企业主体、多方参与、市场运作，依托中医药和生态特色，高起点规划、高标准招商,构建"医、护、康、养、住、游"产业生态圈,打造以养生养老、生态养老、智慧养老等高端业态为主的养老基地。

3. 着力发展现代特色农业

第一,深化农业生产结构调整,适应居民消费结构升级的要求,综合考虑市场条件、资源禀赋等因素,大力发展多种形式适度规模经营,进一步调整农业生产结构,突出发展优势特色农业,培育壮大优势特色农产品,提高农业生产效益和竞争力。加快转变农业发展方式,推动粮经饲统筹、农林牧渔结合、种养加一体,走产出高效、产品安全、资源节约、环境友好的现代农业发展道路。

第二,保证优质农产品供给。重点加快粮食主产区、"双高"糖料蔗基地和现代农业示范区高标准农田和水利设施建设。提高农业供给体系质量和效率,使农产品供给数量充足,品种和质量契合消费者需要,真正形成结构合理、保障有力的农产品有效供给。

第三,继续实施现代特色农业产业"10+3"提升行动。着力发展富硒农业、有机循环农业、休闲农业3个新兴产业,做优香蕉、火龙果、晚熟杂交柑橘、优质大米等特色品种,打响一批邕产优质特色农产品品牌。延长茉莉花产业链条,增加高附加值产业。促进肉猪、肉牛、肉羊、渔业从传统生产方式向现代化生产养殖模式转变。

第四,推进现代特色农业龙头企业集群农业生产区建设。创建更多的国家级、自治区级现代农业产业园。加大对现代特色农业产业园区的基础设施的投入,针对农业产业园区的短板,加快农业园区在仓储、冷链物流、精深加工等方面的配套设施建设,提升园区现代化水平。开展"三区三园一体"行动,打造更多现代化农业示范园区。

第五,完善农业科技服务体系。推广有机肥的使用,宣传循环绿色农业,做好病虫防治工作。以优惠政策鼓励农业科技服务企业发展,提高信息服务、流通服务、科技服务、农业机械服务、加工销售服务以及法律咨询服务水平。加大财政投入,支持农村服务体系的建设。

第六,促进三大产业融合发展。积极发展优质田园文化旅游综合体,推进农业与旅游、教育、文化、健康养老等产业深度融合，依托绿水青山、田园风光、乡土文化等资源，积极发展多种形式的休闲农业。实施"互联网+现代农业"行动，推进现代信息技术应用于农业生产、经营、管理和服务。推动农业与二、三产业交叉渗透融合，延伸产业链、提升价值链，促进产业发展由中低端向中高端转型升级。

第七，加强与驻邕各农业科研院所、高校的合作交流，引导农业高校院所面向农业发展重点开展基础研究，搭建高校院所与农业龙头企业联合开展产学研活动的研发合作平台，形成科研—产业联动融合的技术研发体系。重点鼓励农业龙头企业建立技术研发中心和创新中心，提升企业自主创新水平。统筹协调各类农业科技资源，建设现代农业产业科技创新中心，有针对性地谋划一批农业科技项目，组织实施农业科技创新重点专项和工程，开展产业发展关键技术攻关专项。

（三）持续扩大有效投资，稳定经济增长

1. 强化重点领域有效投资

一是纵深推进投资结构调整，着力扩大有效投资。积极谋划、储备、推进一批重大项目，完善领导联系重大项目、服务重点企业制度，建立健全市直部门服务、支持园区重大项目、重点企业的工作机制，全力推进区市层面统筹、推进重大项目建设。以自治区成立60周年以及改革开放40周年为契机，着力推进南宁园博园、邕江综合整治工程等一批社会意义重大、投资体量大和带动作用强的重大项目，力争在区市层面的重大项目完成投资750亿元以上。二是推动产业项目攻坚，以推进产业转型升级为扩大投资的着力点，重点推进农业、工业、服务业、建筑业等投资额排名前30位的重大项目，扩大先进装备制造业、生物医药、电子信息三大产业和现代服务业等能引导产业升级的实体经济投资，扶持一批发展潜力好、对南宁市经济支撑作用明显的产业和企业加速成长，打造新的投资增长点。三是强化对县域基础设施和城市公共服务配套等补短板领域的投资，尤其要加快民生教育、医疗及县（区、开发区）的重点交通基础设施建设。加强产业园区基础设施投

资，针对一些比较有发展潜力的工业园区，加快其路网、水电、排污等基础设施建设，提升园区的设施配套水平。

2. 大力推进产业项目招商

推进实施招商服务提升工程，结合南宁市资源优势和产业配套优势，加快"南宁市投资信息服务中心"建设，构建完善招商引资项目库和政策库，促进招商引资的信息和资源共享。围绕三大重点产业和服务业重点产业，加强招商项目包装策划和招商推介，着力推进产业链招商，积极加大重大招商引资活动在谈和签约项目落地的跟踪服务力度，不断加强招商引资的工作基础。加大产业集聚区整体包装外出招商、商业猎头、外地桂商等综合发力，整合县（区、开发区）和部门的力量，着力提升服务园区和县区招商质量和水平，形成一套有效的系统化招商工作机制，持续改善和提升招商引资环境。重点加快推进上海同捷、北京森特等铝精深加工业项目，科大讯飞、深圳优必选等智能制造项目落地。抓好银江"智慧江南"等20个亿元已签约落地重点工业招商项目新开工。

3. 有效拓宽投融资渠道

突出企业投资主体地位，加快建立投资项目管理负面清单、权力清单、责任清单，缩减企业投资项目核准范围，推进高新区开展企业投资项目承诺制试点工作。引入市场机制，积极探索融资租赁、特许经营、资产证券化等融资模式。发挥南宁产业发展基金、城市发展基金等基金作用，加快推动华润基金等实质性运作。大力培育和发展资本市场，利用好资本市场扶贫绿色通道政策，推动更多优质企业上市挂牌，促进上市挂牌企业的再融资和并购重组；鼓励符合条件的企业利用债券市场、区域性股权市场、私募市场扩大直接融资规模。持续推进"4321"政府性融资担保体系建设，发挥"两台一会"平台优势，推动南宁市中小微企业孵化基金募资和投放，拓宽专利权质押融资渠道，着力解决中小微企业融资难和融资贵的问题。

4. 积极优化营商环境

提升政策环境，努力破除歧视性限制和各种隐性障碍，构建"亲""清"新型政商关系。优化政务环境，持续推进"放管服"改革，加快明确行政许可权的审批与监管职责边界，推进行政审批和监管信息共享，建立健全审管联动制度；持续推进行政审批流程优化再造，简化审批、财评等前期手续，提高项目审批效率；强化政府部门权责清单"两单融合"的后续管理，全面实施"双随机一公开"的监管机制；持续深化商事制度改革，推动国家级开发区开展"证照分离"改革试点。进一步精简行政权力，全面梳理行政权力事项，取消或下放一批制约企业生产经营活动或群众办事不便利的行政权力事项，逐步实现市内设定行政许可事项"零审批"。改善经营环境，加快建成统一规范的市县公共资源电子交易平台；加快信用体系建设，建立健全守信联合激励和失信联合惩戒制度，加快推进在行政管理过程中使用信用记录和信用报告。

5. 激发民间投资活力

激活民间投资，实施投资工程包，通过"捆绑打包"等方式加强政府和社会资本合作，强化项目策划包装和前期工作，推动 PPP 项目落地并规范实施。积极推进政府和社会资本合作，加大基础设施和公用事业领域的开放力度，鼓励和支持民间资本股权占比高的社会资本方参与 PPP 项目。充分挖掘潜在存量改造项目，有序盘活存量资产，丰富民营企业投资机会。完善 PPP 管理政策和相关机制，着力引导民间资本投入基础设施、公用事业、高技术产业等重点领域。

（四）全面深化改革，激发经济活力

1. 继续推进供给侧结构性改革

2018 年，南宁市应当以持续深化供给侧结构性改革为主线，提高供给体系质量，不断推动南宁市经济发展质量变革、效率变革、动力变革。深入推进"三去一降一补"，出台并实施市本级供给侧结构性改革"1+5"政策文件，推动一批新的去产能、去库存、去杠杆、降成本、补短板的政策措施落地，优化存量资源配置，扩大优质增量供给。

一是扎实有效去产能，严格执行环保、能耗、质量、安全等相关法律法规和标准，运用市场化法治手段完成全市国有"僵尸企业"的有效处置工作，推动企业兼并重组、破产清算，坚决淘汰不达标的落后产能，严控过剩行业新上产能。合理调整完善水泥、木薯淀粉、酒精等行业的产业规划，推进三大开发区和中心城区的老旧企业有序向城郊工业集中区以及横县、宾阳等县域进行梯度转移。

二是因城施策去库存，坚持住房的居住属性，引导房地产市场的理性消费，加快建立和完善促进房地产市场平稳健康发展的长效机制，以市场为主体满足多层次需求，以政府为主导提供基本保障。加大力度化解非住宅商品房库存，允许符合条件的非住宅类项目调整转型，向孵化器、众创空间、健康养老、社区服务等公共服务场所转变，加快消化商业办公用房库存。

三是积极稳妥去杠杆，在控制总杠杆率的前提下切实降低企业的杠杆率。促进企业盘活存量资产，推进资产证券化，支持市场化法治化债转股，加大股权融资力度，强化企业特别是国有企业财务杠杆约束，逐步将企业负债降到合理水平。对政府债务实行规模控制和限额管理，加快金融信用体系建设，进一步优化金融发展环境。

四是降成本方面，持续组织开展降低实体经济企业成本专项行动，进一步制定涉及降低企业税费负担、用工负担、融资成本等多个方面的政策措施。用足用好自治区降成本41条、新28条和市本级降成本30条、供给侧改革降成本等新政策，积极有效减轻企业的各类负担。

五是补短板方面，针对严重制约南宁市经济社会发展中的突出问题，加大补短板力度，加快提升公共服务、基础设施、创新发展、资源环境等的支撑能力。统筹抓好县域基础设施、县域公共服务设施建设，积极有效缩小城乡和区域发展差距，推进基本公共服务均等化。

2. 持续加强重点领域改革

一是全面深化国资国企改革。稳妥推进混合所有制改革，改革国有资本授权经营体制，推进国有资本经营公司试点和混合所有制试点。推动国有资本做大做强做优。深化公共资产负债管理智能云平台建设，不断拓展内涵和外延，推进财政、国资、扶贫资金管理等系统一体化建设，确保公共资产"摸得清、来去明、管得住、利用好"。加快完善以管资本为主的国资监管体制，加强事中和事后监管力度。健全完善公司治理体系，推进企业董事会规范化建设。

二是突出抓好财政系统改革。承接并稳步做好中央、自治区、市区在具体领域的财政事权和支出责任划分改革，调整优化市区财政体制，建立财权与事权相匹配的财政体制。深化预算绩效管理改革，继续扩大试点覆盖面。加快政府购买服务改革，支持事业单位和社会组织承接政府购买服务。探索以城市为中心、功能辐射周边的区域性重大基础设施、公共服务项目共建共享模式，建立各级财力保障和分担机制。增强基层财力保障能力，加强专项转移支付项目整合，逐步增加一般性转移支付规模和比重。

三是加快推进金融改革。大力推进滇桂沿边金融综合改革试验区升级版建设，搭建中国—东盟（南宁）金融服务平台，探索加快扩大中国—东盟（南宁）货币指数的应用，进一步提高跨境金融信息服务水平。鼓励和支持金融机构为"一带一路"沿线国家城市和企业提供跨境金融服务。争取开展绿色金融试点，创新发展绿色金融产品，推动绿色企业上市。引导传统金融机构依托"互联网+"、支付终端等技术转型升级，加强互联网金融的规范化管理。

四是推进财政投融资机制改革。财政支持南宁市经济社会发展的方式可以探索转变为：对国有骨干税源企业（国有控股公司）主要采取股权投入、引导基金、贷款贴息、税收优惠等；对中小企业主要采取由政府融资担保体系给予担保、以奖代补、税收优惠、引导基金等；对农村经济组织主要采取以奖代补、先建后补、民办公助、一事一议等方式；对公共基础设施建设主要采取资本金收入、规范的PPP等方式；对公共服务主要采取以奖代补、购买服务、拨款补助等方式。

（五）营造全面开放新格局，打造衔接"一带一路"重要枢纽

1. 加快开放平台建设助推南宁渠道升级

一是加快建设对外开放合作平台。积极配合打造中国—东盟博览会升级版，全力服务好第15届中国—东盟博览会和商务与投资峰会，继续深入中

国—东盟相关高官论坛、泛北部湾区域合作论坛等专题论坛。加快中国—东盟信息港南宁核心基地建设，促进中国与东盟国家的信息交流与共享，以信息港小镇和大数据中心建设为抓手，建设数字经济基地，着力推进中国—东盟检验检测认证高技术服务集聚区、中国电信东盟国际信息园、新型智慧城市协同创新中心等重点项目建设。完善南宁综合保税区服务配套设施，引进一批电商企业和加工贸易企业，加快中新南宁国际物流园建设。积极融入"一带一路"建设，开展中国—中南半岛经济走廊试点示范工作。

二是构建面向东盟的区域性国际交通枢纽，提升通关便利化水平。加快南宁市综合交通枢纽建设，构建面向东盟的陆路、水运、空中大通道。推进广西—东盟区域（南宁）外贸一体化综合体通关提速工程上线运行，进一步提高贸易便利化水平，积极参与全国通关一体化改革，积极推进口岸"单一窗口"建设，有效提高出口退税便利化程度。以传化集团项目落户南宁为节点，构建面向东盟的物流大通道和重要货运枢纽，推动南宁渠道升级改造。

2. 着力增强区域产业合作

加强中新（广西南宁）综合物流产业园等重点项目建设，力争京东亚洲一号南宁物流园开工建设，发挥南宁重要物流节点作用，构建多式联运智慧物流体系，服务好"渝桂新"南向通道建设。积极推进北部湾经济区各市同城化纵深发展，增强南宁在北部湾城市群中的关键地位和功能，进一步提升北部湾经济区的发展活力和核心竞争力。深入实施珠江—西江经济带发展规划，强力推进西江经济带基础设施建设大会战项目实施，深化西江经济带沿线城市的双向合作，重点开展电子信息、生物医药、先进装备制造等产业合作，实现跨区域产业互补和共赢发展。积极参与粤桂黔高铁经济带建设，开启融合发展新篇章。落实粤桂共同行动计划，泛珠、大湄公河次区域（GMS）经济合作等多平台的经济合作，研究建立邕广合作直通平台，加强与粤港澳大湾区的合作，主动承接珠三角产业转移。深化与港澳的重点领域合作，加快CEPA示范城市建设，促进北部湾经济区与粤港澳大湾区融合发展。推进南宁市与西南、中南地区的优势互补，不断深化资源开发、交通

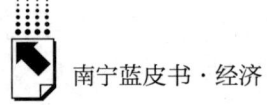

物流、文化旅游等领域的产业合作。

3. 大力提升开放型经济的质量和水平

一是提升对外贸易水平，加快建设内陆开放型经济战略高地，深入实施第二轮加工贸易倍增计划，提升南宁市加工贸易的产业承载能力，引导龙头企业扩能增产及转型升级。实施外经贸发展三年行动计划，加快建设外贸综合服务平台，大力发展跨境电商，支持企业构建海外自主营销体系。主动承接珠三角地区产业转移，大力发展软件和信息技术、金融、文化创意设计等领域的服务外包，打造外贸发展新引擎。支持高新技术产品和机电产品出口，提升出口质量和附加值。

二是坚持"引进来"与"走出去"并重。主动融入珠江—西江经济带建设，围绕重点产业和重点领域着力于建链、补链、延链和强链等，不断加强产业链招商和以商招商，推动市县工业园区联动招商。进一步健全完善招商引资重大项目协调推进工作机制、投资政策认定、服务机制及快速落地机制。鼓励优质企业积极参与国际产能合作，支持南宁铝业、机械、化工、食品、建材、造纸等优势产业资本到东盟国家投资创办企业。鼓励园区博世科环保、百洋食品、鸿盛达科技等企业积极"走出去"。

三是加快培育外向型经济新优势。鼓励有实力、有跨国经营需求的企业参与"一带一路"建设，形成多元化的投资经营主体。鼓励富士康、鸿盛达等龙头企业带动产业链实现整体转移，积极完善上下游产业链配套延伸。推进吴圩空港经济区重点产业发展区域建设，不断推进产业集聚。加快名匠智能制造、哈工大机器人集团北斗无人机等产业项目建设，加快智能制造产业快速发展。

（六）发展壮大县域经济，助推乡村振兴

1. 推动绿色低碳循环经济发展

推动传统产业绿色化改造，积极组织实施重点节能减排工程，开展高风险污染物减量和替代行动计划。推进资源循环利用，加强固体废弃物综合利用，提升再制造产业的持续发展水平，推进生活垃圾强制分类并大力建设垃圾处理

系统，持续完善垃圾回收利用和大件垃圾回收市场。加快推进经开区、东盟经开区的循环化改造。构建绿色制造体系，加快创建绿色设计示范企业。不断加快推进平里静脉产业园、城南垃圾填埋场封场、餐厨垃圾无害化处理扩容升级和推广华润水泥窑协同处理生活垃圾等项目建设，强化绿色交通体系建设。推进"公交都市"构建，继续采购和投放新能源及清洁能源公共交通工具。

2. 积极发展壮大县域经济

一是强化县域产业支撑。依托县域资源优势、区位优势和发展基础，因地制宜，形成分工明确、各具特色的产业发展新格局。大力实施县域经济三年行动计划。突出县域产业集聚发展，加强县域工业园区规划建设，支持六景、黎塘、伶俐等县域工业园区做大做强，引导产业向园区集聚。推动县域产业开放发展，引导各县主动承接发达地区的产业转移，实施农产品加工、园区支柱产业培育、全域旅游、健康产业、生态产业发展等五大工程，打造"一县一拳头产业"。加强县域与南宁市中心城区的产业联动，推进各县围绕市级重点产业大力发展相关配套产业，培育形成一条以上的优势产业链。立足中心城区消费需求，大力促进并发展体育消费、观光农业、农村电商、乡村旅游、民宿经济等新业态，引导农业与运动休闲、旅游、文化、教育、养生养老等产业深度融合。

二是统筹推进新型城镇化。加强跨行政区域和重大区域规划统筹，推进县域扩容提质，加快以县城为中心的重点镇建设，打造一批产业重镇、文化旅游名镇等多类型特色小镇。加快横县六景镇第三批国家新型城镇化试点建设，继续打造宾阳县新型城镇化示范县。深入实施主体功能区规划，健全城乡融合发展体制机制，大力推进城乡建设用地增减挂钩，清除阻碍要素下乡的各种障碍。夯实县域基础设施建设，贯彻落实自治区关于县域基础设施和公共服务设施提升三年行动计划，扎实推进"四好农村路"建设，加快完善能源、农田水利、信息网络等县域基础设施建设，建立和完善基础设施的后续管理工作。

3. 稳步推进农村综合改革

持续贯彻落实关于农村土地所有权、承包权和经营权"三权分置"的政策，争取2018年基本完成土地确权登记颁证工作，稳步推进农村不动产登记。巩固国有林场的改革成果，确保其顺利通过国家和自治区的成果验收，积极做好宾阳县集体林地"三权分置"试点工作。加大力度盘活农村集体资源，科学谋划实施集体产业发展项目，进一步壮大农村集体经济。持续完善财政支农投入机制，深化农村金融改革进程，促进农村农业适度规模经营的多样化发展。

参考文献

［1］韦静：《践行新发展理念 推动工业向更高质量发展》，《南宁日报》2018年3月5日。

［2］《2018年南宁市政府工作报告》。

［3］《南宁市2018年国民经济和社会发展计划》。

［4］莫桦：《新时代新担当新作为 奋力实现全区工业经济稳速提质增效发展》，《广西节能》2018年第1期。

［5］欧阳钢桥、甘晓旭：《打造产业发展新引擎——南宁高新区抓好服务业纪实》，《高科技与产业化》2015年第10期。

［6］胡欢、欧阳钢桥、甘晓旭：《顺应潮流 跨越发展——南宁高新区大力发展现代服务业综述》，《中国高新区》2015年第8期。

［7］《南宁市国民经济发展统计公报》（2011~2017年）。

［8］《2017年南宁经济动态月报》。

［9］《2017年南宁统计年鉴》。

［10］《南宁市农业和农村经济发展"十三五"规划》。

［11］《南宁市工业和信息化发展"十三五"规划》。

［12］《南宁市现代服务业集聚区发展规划》（2016~2020）。

［13］张国成：《"南宁渠道"的新使命——第14届中国—东盟博览会和中国—东盟商务与投资峰会服务"一带一路"综述》，《当代广西》2017年第18期。

［14］喻湘泉：《全区农村工作会议在南宁召开 紧扣农业供给侧结构性改革主线开创广西农业农村工作新局面》，《广西经济》2017年第2期。

［15］李平：《中国经济形势分析与预测》，社会科学文献出版社，2018。

行业专题报告

Trade-themed Report

B.2

2017~2018年南宁市工业运行情况分析及预测

吴保民 王 艳*

摘 要： 2017年，南宁市突出抓好重点产业、重点园区、重点企业和重点项目等工作，加快推进产业转型升级，工业经济保持总体平稳、稳中向好的发展态势。面对工业保持较快增长压力较大、企业生产发展困难、部分项目建设推进较慢等发展问题，南宁市工业坚持新发展理念，以供给侧结构性改革为主线，以提高制造业供给体系质量为主攻方向，深入贯彻"工业强市、产业旺市"战略，加快动能转换，努力推动工业高质量发展，力争实现2018年规模以上工业增加值增长8.5%的目标。

关键词： 工业 转型升级 高质量发展

---

* 吴保民，南宁市工业和信息化委员会综合科科长；王艳，南宁市工业和信息化委员会政策法制科副科长。

2017年，南宁市认真贯彻落实中央、自治区、市的决策部署，突出抓好重点产业、重点园区、重点企业和重点项目等工作，加快推进产业转型升级，工业经济保持总体平稳、稳中向好的发展态势，为全市经济社会持续健康发展做出了突出贡献。

一 2017年南宁市工业经济运行情况

（一）工业经济企稳回升，工业总量实现新突破

2017年，南宁市工业总量跃上新台阶，全部工业总产值首次突破4000亿元，达到4070.88亿元，其中规模以上工业总产值完成3989.82亿元，同比增长13.89%。规模以上工业增加值1159.08亿元，同比增长9.9%，增速比2016年提高4.2个百分点，为三年来最好水平。工业增速好于全国、全区，高于全市GDP及一、三产业增速。工业在全市经济中的主导拉动作用增强，对全市经济增长的贡献率为34.1%，同比提高10.4个百分点。

（二）工业投资稳定增长，重大项目取得新进展

2017年，南宁市工业投资完成1074.13亿元，同比增长7.5%，同比回升3.5个百分点，工业投资回升势头进一步巩固。富士康、南南铝、中车、源正等龙头企业产能持续释放，科天等新建重大项目投产，富士康千亿元电子信息产业园C区等重大项目开工建设，上海申龙、瑞声科技等重大项目落地，为工业积蓄了发展动能。

（三）重点产业引领带动，转型升级迈出新步伐

电子信息、先进装备制造、生物医药三大重点产业快速发展，平均增长17.22%，高于全市3.33个百分点，占全市工业的39.18%，同比提高1.12个百分点。增长动能从传统产业向高技术产业转换，高技术产业产值增长

17.05%，高于全市平均3.16个百分点。产业结构调整、转型升级的效果进一步显现，重点产业引领发展的格局正在形成。

（四）工业园区加快发展，规模质量取得新提升

2017年，南宁市15个工业园区完成规模以上工业总产值占全市的比重超过86%，其中三大开发区规模以上产值占全市的56%，比重同比提高2.03个百分点，平均增长17.51%，高于全市平均3.62个百分点，是全市工业发展的主要支撑。

（五）智能制造加快培育，技术创新实现新跨越

南宁高新区成为广西首个国家"双创"示范基地，南宁·中关村创新示范基地形成智能制造等四个产业微集群，引进高科技企业33家。其中，明匠工业4.0智能制造研发、生产、服务东盟基地项目正式投产，与南南铝业合作的智能工厂第一条生产线投入作业，标志着中关村带动南宁市工业创新迈出坚实一步。南宁先进技术育成中心成立，北斗信息产业园开园。

（六）企业实力发展壮大，质量效益取得新突破

2017年，南宁市产值超亿元的企业有660家，比2016年增加27家。其中，产值超10亿元的企业65家，比2016年增加12家。当年新入规企业43家。规模以上工业企业主营业务收入和利润同比分别增长13.6%和8.2%。

（七）工业能耗持续降低，绿色发展取得新成效

2017年，南宁市规模以上万元工业增加值能耗0.42吨标准煤，同比下降9.98%，远优于全国、自治区的平均水平，绿色制造体系建设稳步推进。

二 2017年南宁市工业主要发展举措

（一）加强组织领导，加大政策扶持力度

一是成立新兴产业发展领导小组，成立由王小东书记、周红波市长为组

长的新兴产业发展领导小组。以新兴产业为重要抓手,统筹全市工业发展。各县(区)把工业发展作为一把手工程抓紧抓实,全市上下发展工业氛围浓厚,形成发展合力。

二是出台和落实产业发展政策,落实三大重点产业及节能环保产业发展政策,出台加快工业转型升级的若干政策意见,为做大做强主导产业、培育发展新兴产业、改造提升传统产业提供政策支持。

三是加大资金扶持,安排工业发展资金8亿元,实施精准扶持,重点支持企业技术改造、技术创新、节能降耗以及开展融资服务。扶持资金重点突出,导向明确,注重长效实效,有力地促进了企业提档提质,发展壮大。

(二)加快园区建设,提升承载支撑能力

一是加强园区基础设施建设,充分发挥工业园区基础设施建设和土地储备滚动资金作用,积极推动园区基础设施和项目建设,大力提升园区产业承载能力。利用3亿元滚动资金支持全市园区24个重点基础设施项目建设,完成基础设施建设投资9.23亿元。

二是加快特色园区建设,按照产业定位,引导工业项目向工业集中区集聚。江南工业园电子信息、铝加工产业规模快速扩大;邕宁新兴产业园新能源汽车、高端装备制造产业蓬勃发展,园区产值增长49.61%,成为全市增长最快的区域。

(三)抓大扶小,助力企业发展

一是加强要素保障,及时帮助企业解决劳动用工、市场开拓、技改扩能等问题,重点协调解决好富士康用工、铝加工流动资金等问题,促使重点企业为全年的工业增长多做贡献。推荐551种南宁市工业产品纳入《2017广西工业产品目录》,组织42家企业参加2017年广西工业和信息化产品展示会。

二是推进降本减负,继续贯彻降本减负政策,全年为企业减轻负担约47.5亿元。推进53家企业参加电力直接交易,降低企业用电成本7700

万元。

三是加强企业人才服务,实施高层次人才创业创新项目资助,对24支高层次人才(团队)资助3050万元。开展"企业选聘高管""百名工科博士硕士入邕企"等重大人才项目,共引进8名高级经营管理人才和113名工科博士、硕士。开展产业骨干人才培养提升、企业管理提升等项目,培养企业经营管理人员13700多人次。

(四)抓好项目建设,带动投资增长

一是市领导亲自抓重大项目,南宁市四家班子领导带队成立20多个服务队,服务重点企业、重点项目。主要领导每月召开重大项目现场办公会,分管市领导每周召开项目例会;市工信委每周定期与开发区、城区及项目业主共同检查项目进度研究推进问题。

二是精准服务推进项目建设,挑选一批成长性强、市场前景良好的重点企业,在技改、创新、人才引进等方面给予精准扶持。市级重点抓10亿元以上项目,按照"定人员、定职责、定时间、定进度"的要求,实行一个项目、一个推进工作组、一套具体推进方案,开展精准服务。开发区重点抓5亿元项目,县、城区主要抓亿元以上项目。

三是重大项目取得新进展,南宁市千亿元电子信息产业园C区开工建设;科天水性环保材料项目定制家具车间、地板/家具车间正式开工建设,板材深加工六条生产线全部投产。上海申龙客车收购重组源正新能源汽车,原生产基地已完成改扩建并恢复生产,源正汽车产值同比增长464%。

四是推进产业招商,引进上海申龙客车重组源正新能源汽车,总投资30亿元人民币,建成后将形成年产1万辆新能源客车、3万辆新能源物流车的生产能力。瑞声科技入驻经开区,为南宁市电子信息产业再添新动力,项目建成达产后将形成年销售收入约50亿元、年税收约2亿元。一批在谈项目顺利推进。全市园区共引进106个工业项目,计划总投资108亿元,标准厂房出租(售)面积155万平方米。

（五）完善融资服务，缓解资金紧张

一是加强企业融资服务，召开16场银企座谈会，"两台一会"贷款平台实现贷款余额40.3亿元。设立广西首只中小企业发展基金——"南宁市中小微企业孵化基金"，基金一号（3亿元）组建完毕，完成6个项目共1.38亿元的投放。

二是探索建立产业发展引导基金，推动南宁明匠智能制造产业基金、科天基金、富士康东盟硅谷高科技"双创"基金的筹建和实施。

（六）加大创新发展力度，推进两化深度融合

一是推进工业技术创新和品牌建设，2017年新增1家国家技术创新示范企业、1家国家认可实验室、12家自治区级企业技术中心、广西名牌产品38个、广西质量管理标杆企业6家。南南铝加工公司产品成功应用于"复兴号"动车组。博世科环保"造纸与发酵典型废水资源化和超低排放关键技术及应用"获国家科学技术进步二等奖。农垦糖业成功开发出具有国际领先水平的葡聚糖定量检测单抗试剂盒及相应快速测定技术，应用于制糖生产，显著提高制糖生产效率。

二是工业化信息化加速融合，组织实施两化融合重点项目13项，推动全市4家国家贯标试点企业启动贯标。新增富桂精密、田园生化、燎旺车灯、八菱科技4家国家两化融合贯标试点企业。完成30家企业两化融合专家诊断评估、204家企业两化融合对标引导。

（七）抓好节能降耗，实现绿色发展

一是化解过剩产能，研究出台供给侧改革去产能方案，严格执行国家产业政策及行业准入标准，淘汰水泥产能60万吨，关闭整合2家木薯淀粉企业，拆除8台炼钢中频炉。

二是构建绿色制造体系，加快高新区绿色园区建设，鼓励南宁糖业、丰林人造板等7家企业创建自治区绿色示范工厂，推动经开区、东盟经开区、

六景、江南等工业园区循环化改造。

三是做好工业领域环境保护,实施"煤改气"工程,全年共整治燃煤小锅炉127台。加强市区混凝土搅拌站管理,全面推广使用预拌砂浆,预拌混凝土搅拌站(车)100%落实扬尘污染防治。全面开展工业污染源治理,加强工业园区污水处理设施建设整治。

三 南宁市工业经济运行存在的问题

一是南宁市工业保持较快增长压力较大。2017年全市工业高开低走,全年增速较高,基数不断加大,新增投产项目支撑不足,2018年要保持较高增速难度很大。

二是企业生产存在不少困难。富士康、铝加工等部分重点企业增速回落,中烟、南供增长缓慢;2017年全市停产半停产企业达53家;2017年新增企业43家,但规模都不大,没有10亿元以上大企业,拉动力微弱。

三是部分项目建设推进放慢。南宁市工业投资以民间投资为主,部分项目业主资金压力较大。影响项目落地的土地指标、土地调规、征地等关键问题仍未根本解决,影响项目进度。

四 2018年南宁市工业发展思路

2018年,从发展环境看,市场供求关系得到一定改善,PPI、PMI、工业利润和非制造业商务活动指数向好,企业信心有所增强,预计工业市场延续向好态势。但同时,国际环境依然复杂多变,实体经济仍较困难,工业投资意愿仍不强,"稳"的压力较大,"进"的动力不足。南宁市工业将坚持稳中求进工作总基调,坚持新发展理念,以供给侧结构性改革为主线,以提高制造业供给体系质量为主攻方向,深入实施《中国制造2025》,深入贯彻"工业强市、产业旺市"战略,加快动能转换,努力推动工业高质量发展,力争全年规模以上工业增加值增长8.5%。

（一）以目标任务为导向，全力确保工业稳增长

提升工业经济发展的稳定性、协调性和可持续性，持续提高工业运行质量，确保工业稳定增长。优化营商环境，加强企业服务，帮助企业解决建设、生产经营中的问题，营造良好的企业发展环境，增强企业发展信心。大力实施中小企业新动能工程，建立"产业+先进技术+资本+人才+大数据+市场"的面向东盟的中小企业公共服务体系，以7个服务平台的协同服务，实现企业生产经营过程中各类生产要素的有机聚合，打造服务中小企业的"南宁模式"。研究出台更精准的产业引导和差异化扶持政策，推动制造业高质量发展。推动降本减负，深入贯彻落实国家、自治区出台的降本减负政策，及时补充完善南宁市本级的减负政策措施。

（二）以重点产业为支点，全力加快产业转型升级

1. 突出发展重点产业

把推动工业高质量发展作为根本要求，做深拉长产业链，加快打造千亿元产业集群。加快发展三大重点产业，三大重点产业产值占全市规模以上工业的比重进一步提高。电子信息产业。加快打造以富士康、瑞声科技为龙头企业的产业集群，加快广西北斗综合位置服务平台建设，力争南宁北斗信息产业园等项目投入运营，推进瑞声科技项目建成投产。先进装备制造业。落实《广西机械工业二次创业实施方案》，推进自治区"两企三城"中的南宁市高端装备制造城建设。新能源汽车产业重点推动申龙客车、同捷乘用车、白马环卫车项目开工建设，扶持玉柴专汽扩大新能源物流车规模，大力引进上下游配套企业，打造面向西南和东盟的新能源汽车生产基地。铝精深加工业重点依托南南铝集团，重点推进南南电子汽车新材料精深加工项目建设，促成南南铝加工公司达产达效，建成产业链完整的国内领先、西南最大的铝深加工制造基地。轨道交通装备产业重点支持中车轨道、中车精密、中铁广发公司发展壮大，建设面向东盟的城轨、高铁车辆制造、出口基地。生物医药产业。加快经开区生物医药产业园、高新区生物工程技术中心等平台建

设,推进百会药业、葫芦娃、医大仙晟、鸿博原生药业等项目投产。

2. 大力培育新兴产业

积极培育发展以高端铝材及应用、新能源汽车为重点的新材料、新能源、节能环保等新兴产业,加快科天水性科技产业园、装配式建筑产业基地等项目建设,培育工业发展新动能。

3. 推动传统产业优化升级

持续改造提升食品、化工、建材等传统优势产业,推动传统产业"二次创业"纵深发展,鼓励企业调整优化产品结构,用高新技术和先进适用技术进行改造,焕发传统动能新活力。

(三)以重大项目为抓手,全力推动工业高质量增长

1. 狠抓重大项目建设

抓好三个一批项目推进,力争项目早日建成投产形成效益。即加快一批新项目开工:重点推进申龙新能源汽车、同捷乘用车、瑞声电子南宁产业园、白马新能源汽车产业园等重点项目新开工。加快一批在建项目建设提速:推进千亿元电子信息产业园、科天水性科技产业园、南南电子汽车新材料等一批在建项目建设提速。推进一批项目增产达效:重点推进源正新能源汽车、海王保健品产业园等一批重大项目达产达效。

2. 推进招大引强

抓紧一批项目谈判和选址工作,加快项目签约落地。加强项目策划,围绕重点产业,谋划一批招商项目,建立重点产业项目策划储备库,积极开展项目前期工作,为招大引强提供项目支撑。围绕主导产业开展精准招商,积极发挥富士康、南南铝、中车、申龙等骨干企业的引领带动作用和资源整合作用,以商招商,吸引产业链上下游龙头和配套企业在南宁市投资落户。

(四)以平台建设为支撑,全力提升园区发展质量

1. 完善园区发展规划

引导三大开发区和重点园区做好规划,依托龙头企业的进驻完善园区产

业定位，优化产业布局，形成产业集聚。利用张村至六景工业大道做好新兴、伶俐、六景、黎塘东部产业带的统筹协调发展。继续用好园区基础设施滚动资金带动社会资金投入，支持园区完善基础设施和工业项目用地储备，提升产业承载能力。

2. 推进园区机制体制创新

通过"飞地园区"建设，加快国家级开发区统筹县（区）工业发展。鼓励具备条件的开发区、工业园区围绕主导产业创建"特色小镇"，开展城市功能区转型试点，加速产城融合发展。创新园区管理和服务方式，完善园区发展的政策措施，提升产业平台承载能力。

（五）以创新驱动为引领，全力推动工业发展动力转换

1. 推动技术创新与研发

通过南宁·中关村平台高位嫁接，引入高技术企业和南宁市企业深入合作，引领工业创新发展。创新产学研用协同机制，引入区外高等院校、科研院所与南宁市企业合作创建广西新能源汽车轻量化研究院、先进铝加工国家级创新中心等一批高水平研究院。全年新增市级以上企业技术中心、研发中心8家，培育3家自治区级以上质量管理标杆企业，25个广西名牌产品。

2. 推进"互联网+"智能制造

推进制造业与互联网融合发展，加快建设工业互联网、工业云服务平台、工业大数据平台。支持企业运用新一代信息技术对研发设计、生产制造、运营管理、售后服务等环节实施全过程、全产业链改造提升。培育一批智能工厂、智能车间、智能生产线示范典型，推动南宁制造向南宁智造发展。完成200家企业的评估诊断和对标引导，组织实施10项互联网+先进制造重点示范项目，实施工业软件服务普及工程和"企业上云"工程。

（六）以节能降耗为切入点，全力推动工业绿色发展

构建绿色制造体系，推进传统制造业绿色化改造，重点在化工、建材、

食品等传统产业实施能效提升、清洁生产、低碳化、节水治污、循环利用；依法依规淘汰落后和化解过剩产能；推进工业园区循环化改造，建设绿色低碳园区，发展壮大节能环保产业、清洁能源产业；全面推行清洁生产，加强节能环保技术、工艺、装备推广应用，支持物联网、大数据等信息技术在能耗监测领域的应用。

B.3
2017~2018年南宁市农业发展情况分析及展望

梁克非*

摘　要： 2017年，南宁市坚持以推进农业供给侧结构性改革为工作主线，重点抓好粮食生产，促进现代特色农业提档升级，全市农业农村发展呈现稳中有进的良好态势。面对稳粮增产难度加大、特色产业种植结构调整及品牌提升有待加强、农业重点项目缺乏、休闲农业发展水平有待提高等发展难题，南宁市以实施乡村振兴战略为重要抓手，持续深入推进农业供给侧结构性改革，采取多项举措，力争实现2018年全年全市农林牧渔业总产值同比增长4%，第一产业增加值同比增长4%的目标。

关键词： 农业　提档升级　农业现代化　绿色发展

2017年，南宁市全面贯彻党的十八大和十九大精神，落实中央、自治区和全市农村工作会议部署，结合习近平总书记视察广西重要讲话精神，坚持以推进农业供给侧结构性改革为工作主线，重点抓好粮食生产，促进现代特色农业提档升级，全面推进农村综合改革工作，扎实推动一二三产业融合发展，全力提升农产品质量安全水平，着力促进农民脱贫增收，全市农业农

---

* 梁克非，南宁市农业委员会办公室副主任。

村发展呈现稳中有进的良好态势，全年全市农林牧渔及服务业总产值为704.72亿元，同比增长4.1%，第一产业增加值同比增长4.1%，全年农业经济工作目标全面完成。

一 2017年南宁市农业发展情况

（一）主要农产品供给充足

2017年，南宁市全年完成粮食产量216.81万吨，同比略减；蔬菜产量545.47万吨，同比增长5.48%；水果产量248.326万吨，同比增长6.2%；西甜瓜产量126万吨，同比增长2.02%；桑蚕产量9.3万吨，同比增长1.42%；肉类产量65.817万吨，同比增长1.2%；水产品产量27.45万吨，同比增长5.1%。

（二）特色产业影响力提升

火龙果、晚熟杂交柑橘种植规模和产量全区第一，火龙果种植面积占全国种植面积的近1/5，南宁市成为全国最大的火龙果生产基地。"上林八角""上林大米"获颁国家地理标志商标，5个农产品品牌获批年度广西名牌产品，15个产品获得富硒农产品认证，横县茉莉花茶被授予首届中国国际茶业博览会"中国优秀茶叶区域公用品牌"称号，南宁香蕉获得"2017百强农产品区域公用品牌"称号。上林县成功创建国家有机产品认证示范区。

（三）建设一批现代特色农业示范区

横县入选全国糖料蔗生产保护区试点县，横县现代农业产业园成功入选国家首批现代农业产业园创建名单；西乡塘区"美丽南方"获得国家级田园综合体建设试点。马山县乔利果蔬产业等8个示范区被评为第四批广西现代特色农业（核心）示范区。2017年，南宁市的自治区级示范区总数位居全区第一。

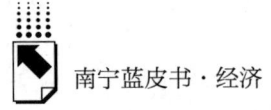

（四）一二三产融合扎实推进

马山县入选全国休闲农业和乡村旅游示范县，西乡塘区忠良村获"中国最美休闲乡村"称号，碧田原农耕文化体验园获全国休闲渔业示范基地称号，隆安县定江村获"广西特色生态农业名村"称号，新增宾阳县"品绿留香"休闲农业示范区、上林县云里湖现代农业示范区、广西金穗生态园等7个广西休闲农业与乡村旅游示范点。上林县成功获批全国电子商务进农村综合示范县。南宁振企、力拓等3家公司获得2017年度全国农业农村信息化示范基地认定。

（五）农产品质量安全持续稳定

2017年南宁市定性监测蔬菜水果样品合格率为99.96%，定量监测合格率预计为97%。有序推进"三品一标"认证工作，新增"三品一标"农产品17个。7家无公害养殖企业建成企业质量安全追溯管理系统。横县获批成为国家级出口食品农产品质量安全示范区。农业绿色发展加快推进，上林县成为第一批国家生态文明建设示范县。

（六）农村综合改革成效显著

农村土地承包经营权确权登记颁证工作加速推进，可颁证率达96.1%。新增农民合作社817家、家庭农场226家，新增市级农业产业化重点龙头企业15家，新增自治区级重点龙头企业6家。农村金融改革深入推进，2017年新增行政村"三农金融服务室"105个。供销合作社综合改革全面铺开，为农综合服务平台建设稳步推进，新增乡镇为农综合服务站13个，新增村级综合服务社26个。

二 2017年南宁市促进农业发展主要举措

（一）推动藏粮于地藏粮于技战略落地，粮食生产持续稳定

2017年，南宁市严格落实粮食安全行政首长责任制，全年完成粮食作

物播种面积650万亩，粮食产量为216.81万吨。大力培育大型粮食生产主体，全年安排粮食安全保障资金1800万元，实施项目24个，扶持粮食生产新型经营主体22家。稳步推进粮食现代农业示范区建设，推动全市粮食生产持续稳步发展。不断提高宾阳县古辣香米、横县朝阳大垌和隆安县雁江优质稻米现代农业示范区建设水平。

（二）加强特色集聚，农业产业提档升级

全市现代特色农业发展步伐加快，一批特色产业不断发展壮大。全面实施"10+3"特色优势产业提升行动，农业产业结构不断优化。糖料蔗恢复性增长，全市糖料蔗种植面积205.25万亩，同比增长0.8%，火龙果、晚熟柑橘等优势特色水果发展迅速，南宁市成为全国最大的火龙果生产地，蔬菜、食用菌生产规模日益扩大，肉牛、肉羊等草食畜牧业比重持续提高。全市全年水果种植面积206.58万亩，产量248.326万吨；蔬菜播种面积365.85万亩，蔬菜产量545.47万吨；肉牛出栏26.09万头，肉羊出栏28.19万只。标准化示范基地规模持续扩大。市本级财政投入1.3亿元，用于扶持农产品标准化及特色经济作物产业提升、蔬菜基地建设、畜禽标准化生态养殖等农业产业发展。全市在建各类基地建设项目112个，落实完成"双高"糖料蔗基地17.34万亩。品牌建设不断加强。5个农产品入选全国名特优新农产品目录，15个产品获得富硒农产品认证。持续推进"三品一标"建设，不断强化农产品质量安全监管，全市新增"三品一标"农产品17个，"三品一标"总数达157个。大力打造特色农产品品牌，重点培育、大力提升优质大米、香蕉、茉莉花、火龙果等区域公用品牌，茉莉花品牌价值达到180.5亿元。相继召开香蕉、火龙果产业品牌大会和推介会，进一步提升南宁香蕉、南宁火龙果等品牌在全国的影响力。

（三）坚持示范引领，农业园区建设扩面提质

2017年，南宁市积极开展"三区三园一体"创建。农业科技园持续升级，广西—东盟经开区、青秀区、江南区、武鸣区申报自治区级农业科技园

区创建。全市现代特色农业示范区发展格局不断扩大，逐步形成由乡级向县级、市级、自治区级、国家级梯次发展的新模式。2017年共新建市级示范区11个，申报自治区级考评的示范区11个，组织60个示范区参加第二批自治区县乡级考评。全市启动创建自治区、市、县、乡四级示范区总数累计169个。其中，35个示范区通过市级考评，18个示范区被认定为广西现代特色农业（核心）示范区，36个示范区被认定为广西第一批县乡级示范区。全市102个乡镇创建乡级示范区103个，提前实现每个县（区）有1个自治区级示范区、2个市县级示范区、每个乡镇有1个乡级示范区的目标。

（四）力促产业融合，不断拓展发展空间

2017年，南宁市大力发展休闲农业和乡村旅游，重点建设首府南宁都市休闲农业示范区，完成《南宁市休闲农业示范区专项规划》编写工作。为建设环首府休闲农业产业带，配套制定了《南宁市休闲农业示范区（2017~2019年）实施方案》，加快推进休闲农业示范区建设。着力打造精品村落，创建一批休闲农业"新农村"，马山县古零镇乔老村获得"全国美丽乡村百佳范例"称号。积极争创休闲农业示范典型，马山县入选全国休闲农业和乡村旅游示范县，新创建7个广西休闲农业与乡村旅游示范点，南宁市的休闲农业逐步向区域集中发展迈进。大力发展农产品加工。周顺来牌茉莉花茶等8个产品获得2017年新认定广西名牌产品奖励。加强农产品流通和市场建设，加快农村电子商务发展。全市已建设县级电商服务中心6个，农村电商产业园7个，完成村级服务点（体验店）约1600个，农村电商覆盖率达65%。农业信息化创新发展能力稳步提升。深入实施农村产业融合发展试点示范工程，切实推进农村一二三产业融合发展，宾阳县成功申报国家农村产业融合发展试点示范县。

（五）注重质量监管，农业安全保障提升

完成春秋两季集中免疫工作，应免动物免疫密度达到100%，抗体合格率达到85%，各项指标任务均达到国家标准，全年无重大动物疫情发生。

大力开展农产品质量安全监测。全市定性监测蔬菜水果样品合格率为99.96%，定量监测合格率预计为97%。强化种子质量监管，保障农业用种安全。加大力度宣传新《种子法》，增强种子质量抽检，全年共抽检种子样品139个，抽检转基因样品35个，鉴定水稻品种120个，确保全市农业生产用种安全。加强信息化建设，开展农产品可追溯管理试点。率先在获得无公害产品认证养殖企业推广安装使用养殖环节动态监管平台，7家无公害养殖企业质量安全追溯管理系统"带标上市"项目通过验收。深化"平安农机"创建工作。全年全市辖区内无立案农机事故发生，农机安全生产态势平稳。

（六）坚持以市场为导向，促进农产品流通

借助农业展会平台拓宽农产品产销渠道，举办2017东南亚（南宁）香蕉全产业链峰会暨香蕉产业品牌大会、中国（南宁）柑橘全产业链品牌博览会，全面展示南宁特色水果产业最新发展成果；先后在北京、西安、上海等地举办品牌推介会，推介南宁沃柑、南宁火龙果等品牌，不断开拓中国华北、华东和西北地区的市场。强化农业招商引资，成功举办南宁市特色农业开放合作与投资推介会，200多名东南亚国家及国内企业的代表参加会议，现场签约总额超过10亿元；组织南宁市35家重点龙头企业、100多个特色农产品参加2017年广西农业项目投资合作对接洽谈会，并就南宁火龙果品牌、富硒农产品产业进行重点项目专场推介。创建南宁火龙果品牌，加大南宁火龙果品牌的宣传力度。南宁是全国最大的火龙果产区，2017年7月6日，由南宁市人民政府、中国果品流通协会主办的第二届中国（南宁）火龙果品牌大会在南宁召开，会上发布南宁火龙果品牌，宣告2017年南宁火龙果品牌创建工作正式启动，标志着南宁火龙果产业正向标准化、规模化、产业化方向大步迈进。

（七）强化科技支撑，农业现代化进程加快

组织和指导横县、宾阳县、上林县、马山县、隆安县、武鸣区、邕宁区

等7个县（区）实施2017年种植业、水产畜牧业基层农技推广体系改革与建设补助项目。全年全市共引进水稻、玉米等农作物新品种102个，实施推广测土配方施肥691.32万亩次，推广各项节水技术248.52万亩次，实施农作物病虫害专业化统防统治212万亩次，绿色防控技术推广面积620万亩次。大力推广农业机械作业，全市农机总动力达到492.9万千瓦，新增主要农机装备3000多台，完成机耕面积1296万亩，机播（插）面积378.8万亩，机械深耕深松面积254.8万亩，协助农业部农机鉴定总站在宾阳县举办"亚太农机检测网（ANTAM）标准培训班"。大力开展农业科技培训，全年实地培训1180场次，培训人员达59200人次，举办电视培训25期。新型职业农民培育工作稳步推进，培育认定新型职业农民773人，其中，认定新型职业农民高级7人、中级127人、初级639人。

（八）持续纵深推进，农村综合改革不断深化

南宁市农村土地承包经营权的确权登记颁证工作持续加速推进。截至2017年12月，南宁市完成确权耕地面积达565.72万亩，可颁证农户共计101.76万户，可颁证率高达96.05%。全年新增农村土地流转面积11.26万亩，全市流转面积达161.86万亩，流转耕地占农户承包地的32.56%。武鸣区农村承包土地经营权抵押贷款试点工作顺利推进，制定了抵押贷款管理制度，并累计发放贷款26笔、金额5278万元，抵押登记面积达20970亩。新型农业经营主体不断增强。2017年新增农民合作社817家、新增家庭农场226家，全市共有农民合作社4306家、家庭农场829家。6家企业被评定为2017年度广西水产畜牧业产业化重点龙头企业。政策性农业保险的范围进一步扩大。农村金融组织体系进一步完善。新型农村金融机构加快培育，2017年全市新增3家村镇银行、157个"三农金融服务室"，打通农村普惠金融"最后一公里"。

（九）聚力绿色发展，美丽乡村建设喜见成效

大力发展生态养殖，推进畜禽现代生态养殖认证工作。2017年全市畜

禽现代生态养殖场认证任务数为210家,至12月底,已完成初验收上报畜禽规模生态养殖场308家,其中已完成市级验收299家,超额完成年度生态养殖认证工作任务。强化清洁生产,建设美丽乡村。全年累计清洁田园面积644.57万亩,推广清洁技术面积864.88万亩,建立清洁田园示范点271个,回收农药瓶513.82万个,清捡废弃物(秧盘、薄膜等)953.43吨。深入开展农作物秸秆综合利用。制定《南宁市秸秆禁烧和综合利用方案》,引导农户转变传统的秸秆处理方式,秸秆综合利用率显著提高,全市共完成秸秆还田633.43万亩。着力开展农产品产地重金属监测与综合防治。在武鸣区、横县、宾阳县、上林县开展农产品及产地土壤重金属污染情况调查,共采集化验水稻样品2050个,土壤样品700个,并在宾阳县土壤重金属综合防控试验示范项目中完成效果监测点5个。

(十)推进产业富民工作,大力培育扶贫产业

2017年,南宁市积极开展"产业富民"的"五个一"及"十项进村"活动。截至2017年12月,制订村级经济发展计划的完成率达到了100%,发展村级集体经济项目的完成率高达110.97%,培育现代农业生产示范基地的完成率实现100.22%,打造带动农户增收的各类新型农业经营主体完成率达到了111.58%,建设农村电子商务服务点的完成率达97.46%。持续推进种养业发展与南宁市产业扶贫相结合,积极整合市本级财政农业专项项目资金共计1.06亿元,主要用于支持上林、马山、隆安、邕宁等四个贫困县重点发展产业扶贫项目。持续拓宽产业扶贫渠道。举办了三场企业与贫困村的产业扶贫洽谈对接会,共动员了280多家(次)企业和全市的421个贫困村洽谈产业发展项目,其中,达成帮扶合作意向1758项。促成南宁市与全国知名企业中信国安长期合作,为南宁贫困地区的农产品打入北京市场打开了稳定的销售渠道。大力扶持村集体经济。培育和引导1239个农民合作社、149个龙头企业参与了产业扶贫,带动22.92万贫困人口增加家庭收入。

（十一）明确职责权限，依法行政水平不断提高

严格规范公正文明执法。不断加强执法队伍建设，组织农业系统执法人员27人参加了全区统一行政执法人员资格（续职）考试，及时更新持有执法资格证人员名单公示，保证所有执法人员均持证上岗，亮证执法。在开展对农业各行业市场主体监管行动中，严格依法履行职责，扎实有效地开展农业领域行政执法专项监督检查工作。强化对行政权力的制约和监督。完成农业部门权责清单和权力运行流程编制，扎实推进行政复议规范化建设，落实行政机关负责人出庭应诉制度。坚持为民办实事，农业支持保护补贴资金的发放工作，共发放补贴资金45173.1万元（含2016年结余资金65.5万元），补贴农户103.4万户，完成率为100%。发放"双高"基地良种补贴资金7387万元，至2017年12月25日基本完成发放任务。发放农机购置补贴资金5331万元，受益2428户，完成率为100%，拉动社会资金购买机具近1.44亿元。

三 2017年南宁市农业发展存在的问题

（一）稳粮增产难度加大

2017年晚稻病虫害发生程度比上年偏高，对粮食生产造成不利影响。农田水利和农村机耕道路的建设，特别是高标准农田建设的力度不够大，跟不上现代农业发展的需要，制约粮食生产的发展和单产的提高。农村农业劳动力不足，粮食生产规模化、机械化、标准化和产业化程度不够高，社会化服务体系还不够完善，种粮效益较低，农民积极性下降，玉米等旱粮改种柑橘等水果类作物面积较大，稳粮保面积压力增大。

（二）特色产业种植结构调整及品牌提升有待加强

南宁市水果种植结构不够合理，品种品质有待进一步提升，影响全市水

果业整体效益提高。香蕉枯萎病和柑橘黄龙病综合防治难度大，水果保鲜贮藏能力和加工技术水平滞后，水果采后商品化处理和品牌经营不足。蔬菜规模化、产业化、标准化生产程度有待进一步加强，蔬菜产品深加工能力仍然较低，蔬菜卖难买贵现象依然存在。糖料蔗生产设施化程度低，机械化应用普及面积少，种植收益低。虽然开展了特色农业品质品种品牌提升行动，但是由于面广，农业品种多，投入需求大，在有限的资金和物力的前提下，难以在短时间内把全市的农业品牌和影响力提升到新的高度。

（三）休闲农业发展水平有待提高

全市休闲农业示范区建设虽然取得了一定成效，但依然存在不少的困难和问题，主要表现为休闲农业示范区建设面积大，配套设施多，需要的用地指标多，设施建设用地不足；融资渠道不多；在宣传层面上过于依赖市级传统媒体，未能充分运用自治区级媒体影响力和新型媒体在中青年等旅游消费主力军中的影响力，宣传力度不够，精品线路包装、推介工作有待加强等。

（四）农业重点项目缺乏

财政投入农业资金有限，加上脱贫攻坚任务重，农业生产面广任务多，有效的资金难以开展重大项目布局，也缺乏可以进入全区统筹推进的重大项目，亟须进一步完善农业投入机制，加强社会资本投入，有效改善全市农业基础设施相对落后、资金不足的困境。

四 2018年南宁市农业发展展望

（一）2018年农业发展形势分析

2018年，南宁市农业发展仍然面临着诸多挑战。农业和农村的自我发展能力及其整体效益仍然偏低，农村各项投入相对不足，农业基础设施相对落后，农村劳动力素质不高，农业社会化服务体系有待健全，农村贫困人口多、基数大，农民增收速度放缓，等等。但是机遇大于挑战，从当前形势来看，2018年全市农业将继续保持稳健发展态势。

一是各级党委、政府高度重视农业发展。农业发展始终是我们国家经济社会发展的基础，"三农"工作始终是各级党委、政府工作的"重中之重"。党的十九大提出了"乡村振兴战略"，要求全国上下必须始终坚持农业农村优先发展的原则，朝着"产业兴旺、生态宜居、乡风文明、治理有效、生活富裕"的美好愿景奋斗。另外，2017年4月，习近平总书记视察广西，专门就农业工作发表重要讲话，从国家的角度提出广西农业发展的方向，这一重要讲话将有力提升全社会对农业工作的重视，为全市农业发展带来坚强的组织保障。

二是从全国和全区来看，总体经济形势不断回暖，为农业发展带来了强大的信心和动力。社会资本投资农业的积极性不断高涨，市场对优质绿色农产品需求旺盛，有利于南宁市充分利用外部良好环境，做大做强现代特色农业。

三是从南宁市来看，农业发展形势不断好转。随着全市转变农业发展方式力度不断加大，结构调整优化措施不断增强，深化改革力度不断提升，持续实施的"10+3"特色产业提升工程和现代特色农业示范区建设将不断释放全市农业发展潜力，有力促进全市农业持续发展。

（二）2018年南宁市农业发展基本思路和目标

2018年，南宁市将全面贯彻落实党的十九大精神及习近平总书记视察广西重要讲话精神，持续坚持农业农村优先发展的原则，以实施乡村振兴战略为重要抓手，深化农业供给侧结构性改革，将绿色优质的农产品供给摆在突出位置，集中力量发展现代特色农业，继续实施"10+3"特色农业提升行动，积极开展"三园三区一体"的创建和提升，持之以恒推进农村改革，强化一二三产业融合发展，大力开展农业产业扶贫，不断增强全市农业的整体效益和竞争力，做好现代特色农业文章，力争实现2018年全年全市农林牧渔业总产值同比增长4%，第一产业增加值同比增长4%。

（三）2018年南宁市农业发展重点

1. 继续抓好粮食安全生产

严格落实粮食安全行政首长责任制，确保粮食播种面积稳定在632万亩以上。实施粮食安全保障及产业提升行动，扶持发展壮大粮食生产新型经营主体15家以上，扶持建设育秧中心、统防统治中心、烘干中心、加工销售中心等社会化服务主体10家以上。大力实施种子工程，建设高标准良种繁育基地6个。启动粮食生产功能区和重要农产品生产保护区划定工作，争取到2019年完成196万亩水稻、59万亩玉米的生产功能区划定任务，不断巩固和提高粮食综合生产能力。加大农田整治建设力度，巩固粮食生产基础。加强粮食类"三品一标"登记保护，争取在2018年启动隆安雁江香米、横县茉莉香米、宾阳古辣香米等优质大米的农产品地理标志登记申请工作，提高南宁市优质稻米的知名度，提高粮食附加值。

2. 加快现代特色农业提档升级

立足南宁市地域特点和产业基础，继续调整优化全市特色农业产业布局和种养结构，打好生态牌、绿色牌、富硒牌。深入实施南宁市"10+3"特色农业提升行动，持续推进标准化和规模化的种养殖基地建设，开展80个标准化、规模化种养殖基地建设，完成23万亩"双高"基地建设和139万亩糖料蔗保护区划定，推进生猪、渔业转型升级，加快肉牛羊产业发展，进一步扩大富硒农业产业的发展规模，做强做大南宁香蕉、火龙果、茉莉花、优质大米等优势农业产业，重点打造一批"邕系"农产品知名品牌。不断提升农业科技应用水平，力争2018年农作物耕种收综合机械化率达到61%以上，水稻耕种收综合机械化率达到83%以上。

3. 深入开展现代特色农业示范区建设

进一步优化示范区产业结构布局，推动形成城郊、远郊、山区等多层次特色农业示范区协同发展格局；加快完善示范区要素配置、资源条件、公共服务、基础设施配套建设，延伸农业观光旅游等产业链，着力补齐种植业、仓储冷库物流和深加工等建设短板。积极创建国家农业产业园、科技园、创业园和田园综合体，指导各县（区）按照创建"三区三园一体"的要求加快示范区建设进度，重点做好横县作为国家现代农业产业园和全国糖料蔗生产保护区的建设工作，加快推进西乡塘区"美丽南方"田园综合体试点进程。2018年计划新建市级示范区6个，组织6个示范区参加自治区核心示范区考评，组织120个示范区参加自治区县乡级示范园区考评，在每个涉农行政村（社区）中全面启动现代特色农业示范点创建。力争到2020年，全市建成自治区核心示范区30个、县级示范区60个、乡级示范园300个，每个行政村至少有一个示范点。

4. 力促一二三产业融合发展

持续发力，深入推进休闲农业与乡村旅游业融合发展，探索推进农业与旅游、教育、文化、健康养老等产业的深度融合，继续创建一批休闲农业示范区，打响南宁休闲农业品牌。2018年继续建设15个南宁农业休闲示范区，串点成线、连线成面，初步形成节点特色明显、品牌形象突出、产业基础完善的环首府休闲农业产业带。扶持和促进农产品加工业快速发展，不断健全农产品流通体系，持续加快农村电子商务的发展，有效延伸农业产业链和价值链。

5. 拓宽农产品流通渠道

继续加强农产品信息收集、报送、预警监测及农情调度、信息综合分析与开发利用工作，及时发布香蕉、蔬菜、生猪等大宗农产品产销信息，引导种养户适时销售，避免农民增产不增收。加强农商联动，农业部门联合商务部门推动涉农产业电商化，促进各类新型经营主体同大型电商平台的合作，推进农产品网上交易。大力发展"互联网＋"现代农业，稳步推广农业物联网应用，推进信息化进村入户工程，加快提升农村信息化服务的覆盖面，通过信息化的引领，有效驱动农业现代化加快发展。

6. 强化农业绿色发展

2018年，南宁市将以"三品一标"为重点，积极推进农业标准化建设，打造农产品质量安全从田头到餐桌的可追溯管理模式。大力推进畜禽现代生态养殖，重点推广异位发酵床粪污处理模式，建设5~8个异位发酵床示范点；继续加快畜禽现代生态养殖认证工作，完成2018年60%的认证任务。

加强农业面源污染治理和土壤重金属的污染防治，开展作物秸秆、畜禽粪便资源化利用和病死动物无害化处理以及农田残膜回收工作，继续推进实施化肥农药零增长行动。深入开展"美丽南宁"乡村活动，建设一批综合示范村，有效改善农村居住环境。

7. 不断深化农村改革

一是全面推进并完成土地确权工作，确保南宁市各县（区）的确权工作顺利通过自治区验收，实现颁证到户。二是持续稳步推进农村产权制度改革工作，建立完善财政支农投入机制，扩大农村金融改革的覆盖面。规范和引导农村土地经营权的有序流转，促进农业农村农户的适度规模经营和健康发展。着力构建新型农业经营体系，持续加大扶持力度，培育新型农业经营主体，探索农业产业化联合体生产经营模式，加快培育新型职业农民。2018年，力争新增认定市级以上农业产业化龙头企业10家，新增农民合作社400家，新增家庭农场150家。

8. 着力抓好产业扶贫和产业富民工作

科学指导各县（区）结合实际情况发展特色产业，确保脱贫摘帽贫困村特色产业覆盖率达到60%以上。积极培育和引进扶贫龙头企业，发展农民专业合作社，推动龙头企业和贫困村的产业合作，着力盘活村集体资源，发展贫困村集体经济。在全面完成"产业富民"专项活动"五个一"目标和"十项进村"行动的基础上，积极开展"产业富民"示范创建，创建马山县、邕宁区、良庆区3个"产业富民"专项活动示范县（区），创建9个示范片区，创建12个示范乡镇、48个示范村屯。

9. 持续推进农业综合执法

严格按照权责清单及权力运行流程开展行政执法工作，明确落实岗位责任制，建立职能职责体系，明确问责办法，严格落实考评，提高行政执行力。加强执法队伍建设和规范化管理，提高执法水平。推广运用"互联网＋"思维开展执法监管，努力建立动物卫生监督、农资产品监督、兽药监管等多种数据库，实现行业监管网络化、信息化，提升农业综合行政执法水平和工作效率。

B.4
2017～2018年南宁市商贸流通业发展情况分析与预测

潘贤新　石敏洁　潘丽娜*

摘　要： 2017～2018年，全球经济持续回暖，南宁市实施"互联网+商贸流通"发展战略，以供给侧结构性改革为动力，以项目建设为载体，突出供应链、现代物流、电子商务、加工贸易等行业发展，大力培育对外开放的市场体系，进一步推动流通现代化，促进商贸服务业增量提质、转型升级，南宁建设面向东盟区域性消费中心城市步伐加快。

关键词： 商贸　流通业　供给侧改革

2017年以来，南宁市坚持"稳中有进"的总基调，着力优化内外贸发展环境，以推动供给侧结构性改革为主线，以提高发展质量和效益为中心，大力实施产业转型升级、"南宁渠道"升级、绿城品质升级、深化改革升级、法治南宁升级、民生福祉升级"六大升级"工程，为新时代商贸流通行业高质量发展集聚新动能，进一步构建南宁现代流通体系，更好地满足人民群众对美好生活的向往和需求。

---

* 潘贤新，南宁市商务局市场体系建设科科长；石敏洁，南宁市商务局综合业务科科长；潘丽娜，南宁市商务局物流科副科长。

一 南宁市商贸流通业发展的基本态势

2017年,各级商务部门紧紧抓住国家扩大消费、拉动内需的有利条件,加快实施供给侧结构性改革,整合各产业优势资源,从"补短板"入手,不断加大招商引资力度,稳定和扩大商贸业社会资金投入,突出供应链、现代物流、电子商务、加工贸易等商贸平台建设,加快培育大市场、大平台、大流通,全面推动流通行业信息化、现代化,促进面向东盟的商贸物流国际化、内外贸市场一体化、传统商贸现代化,不断完善商贸流通业的服务生产、促进就业、改善民生等功能,对经济发展的贡献率逐年提高。2017年,全市社会消费品零售总额完成2204.16亿元,同比增长11.3%;全市外贸进出口总值达607.09亿元人民币,同比增长48.8%;全市重点电商企业全年电子商务交易额达2500亿元,同比增长13.6%。

(一)商贸流通业营商环境进一步优化

随着商贸流通体制改革的深化实施,出台的一系列改革举措较好地营造了商贸流通业发展生态环境。

一是深化商务领域"放管服"改革。梳理市本级商务权责清单、优化行政权力运行流程47项并向社会公布。通过深化"多规合一"改革,将《南宁市(城区)商业网点规划(2014~2020)》等相关行业规划纳入城市总体发展规划中,促进城乡商贸基础设施的合理布局和有序发展。

二是制定地方性流通领域扶持政策。出台《关于加快推进限额以上商贸企业和规模以上其他营利性服务业企业发展的扶持办法》《2017年南宁市商业综合体和专业市场转型升级工作实施方案》等政策,扶持商贸企业发展,全年新增限额以上商贸企业401家。

三是设立中小微企业孵化基金,充分发挥"两台一会"中小企业贷款平台作用,全年给予中小商贸流通企业助保金52笔,贷款余额3.42亿元,

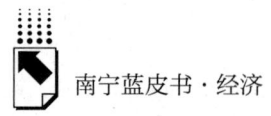

有效缓解了中小商贸流通企业融资难的问题。通过扎实推进商务领域行业管理体制改革，采取"双随机一公开"方式对成品油市场、汽车销售市场、单用途商业预付卡、特许经营等领域实施日常监督检查，加大管理力度。

（二）各具特色的商贸集聚区加快形成

通过实施《南宁市城市商业网点规划》，完善"一轴三核、多组团、多中心"的商业网点空间规划布局，推动轨道交通沿线商业、城市商业中心区、专业市场、农贸市场、加油站等合理布局和集聚发展，加快传统商圈升级改造和智慧商圈打造。

一是科学编制"三街两巷"控制性详细规划和设计，促进城市商业中心区服务功能区重新划分，打造朝阳商圈传统购物旅游街区。

二是实施南宁国际会展中心升级改造以及相关配套建设，增强城市商贸会展核心区人流、物流、车流等智能化组织能力，优化凤岭商圈等发展环境，强化"南宁服务"对区域的影响力。

三是依托五象新区总部经济基地的发展，引进银行分支机构、城市商业综合体和文化体育项目，集聚人气、营造氛围，加快培育五象新区商圈。

四是着力推进一批商贸重大项目建设，相继有江南万达广场、万达茂等5个商业综合体投入运行，并迅速成为分布于各城区的城市副商业中心区，使市民就近享受到环境优美、便捷上档次的消费服务街区。

五是南宁农产品交易中心、广西海吉星农产品国际物流中心、金桥农产品批发市场等大型仓储式农产品流通平台规划建设，为下一步构建全新的面向东盟的区域性农产品供应链模式奠定了基础。

（三）商贸流通业实现消费升级和扩张发展

近年来，南宁市围绕建设区域性消费中心城市目标，加大品牌打造，推动消费升级和规模上台阶，2017年，全市社会消费品零售总额首次突破2000亿元，同比增长11.3%，高于全国平均增速1.1个百分点。

一是各级商务部门充分发挥南宁"消费购物节"和"欢乐消费季"促消费品牌活动的社会影响力和辐射力,组织企业开展形式多样的促消费活动,支持实体店与互联网企业合作,推动线上交流互动、引客聚客、精准营销优势和线下真实体验、品牌信誉、物流配送优势相融合,拓展促消费活动受众面。

二是精准施策,助力商贸流通企业发展。做好分类指导服务,对销售增长较快的企业进行扶持奖励,2017年共落实扶持奖励资金2889万元,促进企业保持销售增长,进一步提高企业对经济增长的贡献率;对销售负增长的企业,深入企业开展服务,协调解决企业经营存在的问题,帮助企业扭亏为盈;对银海铝业等龙头企业实施"一对一"扶持。

三是借力节庆活动和电商平台,大力发展农村消费。南宁市促消费活动的影响逐步由城市推向农村,各县、区借助举办县区特色节庆活动带来大量人流,开展商品展销会,持续保持商业氛围和市场活跃度。

四是引入淘宝、京东、乐村淘等电商企业,搭建涉农产品电商产销平台,推动工业品下乡、农产品上行,优化农村消费环境,促进农村消费品市场发展。

(四)面向东盟的物流大通道初见雏形

2017年,南宁市以着力打造面向东盟的国际大通道和国家"一带一路"倡议的重要物流节点城市为目标,加快推进物流集聚区建设和重大项目建设,培育现代化物流龙头企业,全市现代物流业发展稳步推进。

一是物流集聚区建设初显成效。中新南宁国际物流园正式落户中国—东盟国际物流基地,作为物流"双核"之一的该基地引进企业已达14家,计划总投资约220亿元,基地已初具规模。

二是物流通道建设成效显著。跨境物流实现新突破,年内新开通南宁—香港往返全货机航线,并开通中欧(中国南宁—越南河内)跨境集装箱直通班列。

三是重点物流项目建设有序推进。南宁云鸥物流食糖仓储配送中心、苏宁广西地区管理总部及配送中心（一期）等项目建设完成并投入使用，南宁现代化建材加工及物流配送中心项目建设初步成型。

四是政策支持打造物流品牌和龙头企业。2017年，南宁共新增3A级以上物流企业5家，全市3A级以上物流企业增加到17家，其中4A级和5A级企业11家，占3A级以上企业的64.7%。随着越来越多代表南宁市物流业发展水平的优质物流企业进入3A级以上物流企业行列，必将促进和引导全市物流行业创新、规范、健康可持续发展。

（五）"互联网+"助推商贸流通业跨越时空发展

电子商务作为战略性新型产业，在转变经济增长方式、推动产业转型升级、促进流通现代化中发挥着越来越重要的作用，是扩大内需、促进消费、实现内外贸转型发展的重要途径。近年来，通过实施"电商南宁"战略，整合各产业优势资源，推动流通行业信息化、现代化，建设南宁成为面向东盟的区域性电商总部。

一是优化电子商务发展政策环境。2017年相继出台《南宁市关于进一步促进跨境电子商务发展的若干意见》《南宁市跨境电子商务发展规划（2016~2020）》，从资金、物流、税费、人才等方面加大对跨境电子商务产业的政策支持，助推南宁电子商务实现跨越式发展。

二是强化以中国—东盟电子商务产业园为主的电子商务基础设施建设。中国—东盟电子商务产业园先导区总部休闲公园电商小镇设置众创空间、电商企业基地、展示大厅、会议培训（路演）中心、一站式服务中心、创咖、书吧等功能板块，目前已签约广西乐村淘电子商务有限公司、皇氏乳业、广西多蒂湾供应链管理有限公司等54家电商企业和企业电商平台入驻。中国—东盟电子商务产业园集聚区定位为电子商务示范基地，打造以科技示范、技术创新、大数据、信息交流、跨境电商等为核心，集现代物流、综合配套等功能于一体的新型综合园区。

三是创新发展跨境电商。中国—东盟（南宁）跨境电子商务产业园等一批跨境电商项目建成运营。全国首创性地建成集国际邮件、跨境电商、国际快件监管于一体的中国邮政东盟跨境电商监管中心。目前，全市共有跨境电子商务相关企业200余家，大型跨境电子商务线下体验店5家。正在积极创造条件，申报设立中国（南宁）跨境电子商务综合试验区。

四是深入推进"电商南宁"战略。实施"万企千店"电商提升工程，全年共扶持50家中型企业利用电子商务扩大销售，成功举办广西"三月三"电商节南宁分会场、2017年南宁市电子商务创业大赛、2017年南宁市电商促销助推扶贫活动月等活动。开展"党旗领航 电商扶贫"系列培训活动，组织各县、区、开发区及市直相关部门业务负责人赴杭州淘宝大学参加电商扶贫专题培训班；全年开办15期基层电子商务培训班，共计培训人员3000人次。

五是大力发展农村电商。横县、宾阳全国电子商务进农村示范县建设工作进度加快，上林县获批2017年全国电子商务进农村示范县。全市已建设县级电商服务中心6个、农村电商产业园6个，完成村级服务点（体验店）超1600个，农村电商覆盖率达65%。全年全市示范县农特产品电商交易额已超1.4亿元，同比增长20%以上。

（六）商贸外向型经济开放度大幅度提高

2017年，南宁市在全区率先规划建设广西—东盟区域（南宁）外贸一体化综合服务平台，深入实施《南宁市加快外经贸发展三年行动计划（2016~2018）》，明确责任，层层分解任务，加快培育外贸新业态，引导和服务企业巩固老市场，开拓新市场，扎实推进外贸转型升级，推动全市外贸进出口持续高速增长并创历史新高。

一是外贸主体培育卓有成效。全市新增对外贸易经营者备案企业483家，新增进出口实绩企业199家；进出口值超过1亿元人民币的企业42家，比2016年增加5家。

二是贸易伙伴更趋多元化。全市同全球约175个国家和地区开展贸易往来，比2016年增加11个；其中，对"一带一路"沿线国家进出口92.07亿元，同比增长41.9%；对东盟进出口78.64亿元，同比增长35.7%。

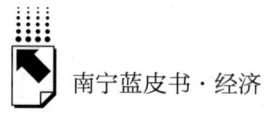

三是培育外贸新业态。"广西—东盟区域（南宁）外贸一体化综合体通关提速工程"项目初步设计获批，全市外贸综合服务试点企业累计实现出口3.37亿元人民币。

四是落实加工贸易产业创新发展"五大利好"政策，全年共引进加工贸易新项目12个，实现南宁综合保税区加工贸易零的突破。依托建设富士康千亿元产业园、高新区电子信息产业基地，引导企业扩能增产。

五是出口商品结构不断优化，机电产品出口突破200亿元、高新技术产品出口突破190亿元，占全市出口比重稳步提高。

六是县域外贸发展取得新突破。上林县和马山县实现"十三五"期间进出口"零"的突破，横县（生猪、茉莉花茶、食用菌、甜玉米）获批国家级出口食品农产品质量安全示范区。

七是引导企业"走出去"。2017年，南宁市新增备案对外投资项目18个，实现中方对外协议投资额4.58亿美元，其中对"一带一路"沿线5个国家投资9个项目，中方协议投资总额为1.52亿美元。深化与港澳在投资金融、加工贸易、商贸会展等领域的合作。

八是大力培育CEPA先行先试示范基地。目前，南宁市已有香港农本方中医药诊疗中心、CGV希届维影城2个CEPA先行先试项目成功落地南宁市。第一家农本方中医门诊部正式运营，成为首家运用CEPA政策在广西落地的"港式服务"医疗服务机构。

九是推动口岸开放发展。实施海关通关一体化改革，广西首个进境食用水生动物指定口岸在南宁吴圩国际机场正式启用，进境冰鲜水产品指定口岸获批；办理进境动植物检疫许可证的时间由原来的20个工作日缩减至15个工作日，检疫许可证有效期从原来的6个月延长至12个月，边检启用自助通关模式。南宁综合保税区封关运营，入驻企业34家，与广西区内沿边、沿海口岸实现"区区联动""区港联动"。

（七）建设和完善市场监管体系

2017年，各级商务部门自觉践行商务为民理念，结合开展商务诚信建设、重要产品追溯体系建设、打击走私综合治理等工作,全面提高商贸保障和改善服务民生总体水平。

一是加强商务诚信建设,打造良好营商环境。出台《南宁市商务诚信"红黑名单"管理办法(试行)》。组织开展"诚信兴商"主题宣传、食品安全宣传周"商务主题日"等商务诚信宣传活动。"信用消费进万家"主题日活动当日,典型商贸企业信用消费发生额超过6000万元,同比增长17.3%。积极开展商务诚信示范单位创建活动。

二是基本建成南宁市肉菜流通追溯体系。目前,市区运行追溯系统的节点134个,实现市区生猪定点屠宰企业和大型连锁超市全覆盖,标准化农贸市场覆盖率达50%以上。各试点节点向商务部中央追溯平台上传追溯数据超过1.6亿条,形成了完整真实的流通追溯链。

三是加大对侵权假冒行为的打击力度。出台《南宁市新形势下加强打击侵犯知识产权和制假冒伪劣商品工作实施方案》,开展专项整治。2017年,全市各有关行政执法部门办结侵权假冒类案件1468件。

四是抓好商务领域安全生产工作。开展规模以上商贸服务业安全生产标准化建设摸底工作,组织安全生产标准化建设培训。全年共召开安全生产工作例会4次,开展6次安全生产大检查及督察,出动人员31人次,检查企业62家次。

五是深入开展打击走私综合治理工作,全年全市共查处违法案件292起,案值2972万元,查扣涉嫌走私冻品1220吨、大米435吨、食糖50.2吨、卷烟5215.8万支,有效地打击、遏制了辖区走私违法行为,南宁市反走私综合治理工作平稳可控、持续向好。

二 2018年南宁市商贸流通业发展态势展望

(一)有利因素

近年来,世界经济缓慢复苏,经济全球化势不可挡,新一轮科技革命和产业变革方兴未艾，新业态不断催生；国家"一带一路"倡议深入实施，中国—东盟自贸区升级版加快建设，供给侧结构性改革政策体系正在形成，现代服务业在电商和互联网的推动下加速转型升级；自治区"三大定位"作用凸显，"双核驱动、三区统筹"持续发力，首府南宁作为自治区"双核之核"的支撑带动作用更加突出；从南宁市实际看，随着"四个城市"建设加快、"六大升级"工程深入实施，全面深化改革和全方位扩大开放的红利逐步释放，基础设施建设支撑作用不断增强，系列稳增长政策效应逐步显现，要素集聚功能进一步发挥，区位、政策、交通、资源等优势更加突出，为未来发展积累了动能、创造了条件，同时也为商务发展创造了重大战略机遇。

（二）不利因素

2018年，南宁市商贸流通业发展问题既有内因，也有外因，从宏观经济环境上看，当前全球经济与国际贸易将延续恢复性增长态势，但贸易与投资不旺的格局尚未根本扭转，债务风险、美国税改以及中美经贸关系摩擦升级等不确定因素增多，国际贸易保护主义不断抬头，公平竞争受到挑战；经济发展新常态下，国内产能过剩和需求结构升级的矛盾仍然突出，经济稳增长的压力持续加大，区域竞争日趋激烈，东部地区在产业结构转型升级中已占得先机，中西部部分地区也在云计算、大数据等新产业方面形成了新动力、新优势，国内经济的不稳定性增加；房地产调控、去产能与环保政策趋严、融资环境趋紧、高基数等因素对消费加快增长形成制约。

从南宁市实际来看，商贸流通行业固定资产投资进入低增长周期，当前民间投资信心普遍不足，加上电子商务在服务业的融合快速发展，对商业实体投资带来一定的冲击，全市商贸流通业新开工项目不多，亿元以上重大项目支撑力度不强，致使2017年以社会资金投资为主的商贸及其他服务业项目建设资金到位率不高，全年全市商贸及其他服务业项目固定资产投资负增长。消费增长提速支撑不足，商贸流通业升级速度与居民消费升级速度不相匹配、龙头企业增长放缓、居民消费需求和消费习惯的转变等因素将在未来一段时期内对南宁市消费品市场的发展形成严峻挑战。受企业转型升级调结构、税费负担过重等因素影响，南宁市批发业行业龙头企业销售下滑，稳增长压力大，其他营利性服务业新增入库企业少，规模小，拉动力不强，发展质量有待提升。现有内贸流通基础设施需进一步完善，传统服务业要加快转型升级，物流业发展专业程度仍需提高。外贸发展新的增长点不多，外贸传统增长动力逐步减弱，装备制造、清洁能源等一些战略性新兴产业对外贸增长的拉动力有待增强。外贸企业经营成本上涨，利润空间缩减，出口产品渠道单一；大宗资源性商品进口增速预计将有所放缓。加工贸易大项目大企业招商引资难度大，吸引和承接东部外向型工业转移的政策优势不明显，物流成本偏高，产业配套有待完善；广西区内港口费用偏高，中小外贸企业融资难问题普遍存在。

总体看来，面临的机遇大于挑战，有利条件多于不利因素，预测2017年全市社会消费品零售总额增长10%~10.5%，外贸进出口总额增长10%~11%，电子商务交易额增长13%~15%。

三 2018年南宁市商贸流通业发展思路

2018年商务工作的总体思路是：全面贯彻党的十九大精神，以习近平新时代中国特色社会主义思想为指导，深入贯彻落实全国、全区商务工作会议和市委十二届四次、五次全会精神，牢固树立创新、协调、绿色、开放、共享五大发展理念，适应经济发展新时代要求，紧紧围绕加快建设"四个城市"、加快推进"六大升级"工程的决策部署，坚持稳中求进总基调，深化实施供给侧结构性改革，加快构建开放型经济新体制，突出内贸创新发展，突出"一带一路"平台建设，突出外贸优化升级，着力推进面向东盟的开放合作、着力提升消费对经济的推动作用，以建设一批供应链基地、电商平台、大型仓储式批发市场以及出口采购市场为载体，构建现代商贸流通业服务体系，完善"南宁服务"功能，提高商贸流通对区域的辐射能力，增强商贸流通业高质量发展内生动力，加快南宁建成面向东盟的区域性商贸物流基地和消费中心城市。

四 2018年南宁商贸流通业发展重点

2018年，是贯彻党的十九大精神的开局之年，是改革开放40周年，是实施"十三五"规划承上启下的关键一年，做好商务工作对推动全市经济高质量发展举足轻重。为此，全市各级商务部门要以建设"三中心一高地"为重点，全面推进商务各项工作。

（一）促进消费升级，建设区域性国际消费中心城市

一是完善提升消费动能。积极培育和壮大品质消费、服务消费、信息消费、绿色消费、时尚消费等热点，将新型促销方式和传统促销方式结合，以"消费购物节"为载体，以全市各大商圈为核心举办各类促销活动，激发消费市场活力。大力发展旅游消费，实现商旅融合，带动南宁市住宿业、餐饮业向品牌化、连锁化、特色化转型升级，进一步释放南宁市住宿业和餐饮业的消费潜力。落实相关扶持奖励和降本减负政策措施，服务和扶持限额以上商贸企业和规模以上服务业企业做大做强，协调解决企业经营存在的问题。

二是着力商圈的发展培育。强化轨道交通沿线站点与城市商业中心区之间人流、物流、商流组织的有机连接，促进城市轨道交通与商贸经济的互动发展。按照"一轴三核多组团多中心"的规划布局开展商圈改造提升工程。实施朝阳商圈提升改造，完善"三街两巷"控制性详细规划和设计，促进朝阳商圈传统街区文化保护和商业融合发展，打造具有南宁特色和浓郁壮乡风情的特色商圈。提升埌东凤岭商圈，结合会展中心的综合提升改造，完善配套服务，使之建成面向东盟、具有东南亚风情的商贸会展中心。建设五象新区商圈，加快推进宜家、新航洋城等大型商业设施、综合体落地建设，使之建成区域性商贸总部基地。

三是完善专业市场建设。推进专业市场合理规划布局,做大做强各类专业市场,重点推进中国—东盟商品交易中心、南宁农产品交易中心等项目建设,强化金桥农产品批发市场、广西海吉星农产品物流中心、广西金穗农产品物流中心等服务功能。加大商贸与其他服务业投资力度,以市场为导向,引导每个城区、开发区各选择打造一条特色街区,促进南宁餐饮美食、通信设备、家居建材、汽车交易、东盟商品等行业有序、集聚发展。依托南宁农产品交易中心和广西(中国—东盟)粮食物流产业园,规划建设县域农产品集散交易平台,构建南宁农产品供应链体系。

四是优化营商环境。加强商贸行业信用体系制度建设,结合全国文明城创建活动,开展诚信兴商宣传和商务诚信示范创建活动,营造诚信兴商的良好氛围;充分发挥打击侵权假冒协调机制作用,严厉打击侵犯知识产权、制售假冒伪劣商品、扰乱市场经济秩序行为;建设肉菜流通追溯体系升级及牛羊肉追溯试点项目,推广主体二维码等追溯方式的运用,建设南宁农产品交易中心和农产品流通追溯系统,完善海吉星、金桥等蔬菜批发节点,加强大数据分析运用,改善消费者使用体验,为政府决策提供依据。全面开展中小商贸流通企业公共服务。进一步深化反走私综合治理,深入开展"国门利剑2018"联合专项行动,重点整治走私货物集散地、营销场所、转运通道和市场、冻库等场所。加快"无走私示范村(社区)"的建设步伐,全市11个有创建试点任务的县(区)、开发区在2018年8月底前高标准完成试点任务,实现"四无"目标。

(二)依托南向通道,建设连接东盟的重要物流中心节点城市

一是优化现有物流通道。发展"公铁""水铁""陆空"等多式联运方式,在跨境物流方面重点拓展南宁机场国际物流渠道,完善国际空港口岸货运功能,打造面向东盟的空港国际物流通道,重点拓展南宁机场国际货运航线。

二是加快国际物流大通道建设。主动参与中新互联互通南向通道建设,全力推进中新南宁国际物流园项目,发挥南宁重要物流节点作用,构建多式

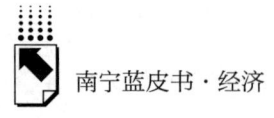

联运智慧物流体系。

三是加快货运枢纽场站建设。加快推进伶俐、玉洞物流中心建设，配合铁路部门加快推进沙井物流中心建设，配合广西机场集团加快推进南宁吴圩机场货运海关监管国际仓建设。

四是加速打造物流集聚区。按照"双核一环一路"物流园区布局，着力增强中国—东盟国际物流基地集聚功能；重点加快推进南宁现代化建材加工及物流配送中心、南宁港牛湾物流园、广西桂储物流有限公司仓储物流（一期）等项目建设，力促京东、圆通等重点物流项目落地。

五是加大力度培育龙头物流企业。对首次获评3A级以上的物流企业给予一次性奖励，支持物流企业参加国家级物流企业评估。支持有能力的企业开展多式联运经营，支持铁路、水路运输企业加快向多式联运经营人转变，鼓励多式联运企业推进规模化、集约化经营。

（三）推动产业升级，建设辐射东盟的电子商务中心城市

一是深入推进"电商南宁"工程，培育壮大本地电子商务龙头企业。继续举办南宁市电子商务创业大赛，推动电子商务创业创新工作开展，挖掘一批优秀电商项目。举办"三月三"电商节，完善京东、淘宝南宁特产馆，帮助中小企业打造南宁电子商务品牌。

二是推动传统商贸企业转型升级。引导和扶持一批销售能力强、电商应用效果好的传统企业向电商转型，带动南宁市企业利用电子商务手段扩大销售。

三是加快跨境电子商务产业发展。落实跨境电子商务相关政策，重点做好南宁高新区国家电子商务示范基地、中国—东盟电子商务产业园、中国—东盟（南宁）跨境电子商务产业园、青秀区南宁市跨贸中心、五象新区电商小镇等重点电子商务产业集聚区建设。

四是发展农村电商，扩大农村消费。根据习近平总书记提出的"要推动乡村产业振兴，把产业发展落到促进农民增收上来"的基本要求，结合宾阳、横县、上林全国电子商务进农村综合示范县推进工作，打造网销品

牌，进一步完善农村物流配送体系，重点做好"县到村"的商品配送工作。开办"党旗领航·电商扶贫"系列培训班，加大电商扶贫产业协作力度，进一步促进电商精准扶贫工作，助力脱贫攻坚。

（四）拓展"南宁渠道"功能，加快建设内陆开放型经济战略高地

一是促进一般贸易提质增量。推动传统优势出口产业向中高端转型升级，继续支持重要资源性产品和先进技术装备进口，推动县域外贸加快发展，引导具有竞争优势的内贸企业开拓国际市场。

二是深入实施"第二轮加工贸易倍增计划"。抓招商引龙头，主动承接珠三角地区产业转移，力争一批新企业落地发展；抓服务优政策，推动桂芯半导体、瑞声科技等新落户项目投产和富桂精密、丰达电机等龙头企业扩能增产；抓园区筑平台，推动加工贸易产业向产业园区集聚发展，争取经开区、江南工业园区列入自治区加工贸易重点园区。

三是加快培育新业态新模式。推动广西—东盟区域（南宁）外贸一体化综合体通关提速工程年内完成一期建设并投入运营；支持外贸综合服务试点企业健康可持续发展，带动中小企业扩大出口；引导各类商品流通市场优势资源互补、内外联动开展出口采购市场培育工作；提升南宁市跨境电商综合服务平台服务能力，拓展进口贸易服务平台，积极申请设立中国（南宁）跨境电子商务综合试验区。

四是推进中国服务外包示范城市建设。培育服务贸易展会平台，大力发展离岸服务外包产业。积极申报国家文化出口基地，促进文化出口龙头企业集聚发展，助推文化企业"走出去"。

五是促进对外经济合作规模和质量同步提升。落实"走出去"鼓励政策，统筹对外投资合作专项资金，鼓励有实力的企业及优势产业到"一带一路"沿线国家和东盟国家投资，稳步推进海外产业园建设。引导企业审慎决策、精准投资、理性投资，促进南宁市对外投资持续健康发展。利用先行先试政策推进与港澳在CEPA项下的合作，争取新增1个到2个CEPA项目，推动已落地项目加快实施进度。

六是不断提升口岸服务功能。积极参与全国通关一体化改革,配合自治区推进空港口岸"单一窗口"建设,推动海关监管仓建设,优化检验检疫流程,提高出口退税便利化水平。加快南宁机场新航站区海关、检验检疫、边防检查三个单位备勤楼建设,并组织开展南宁铁路口岸规划的前期调研和南宁水运口岸转新开的前期工作。

B.5
2017~2018年南宁市旅游业发展情况分析及预测

周碧红 陈思莹*

摘　要： 2017年，南宁市坚持改革创新，努力推动旅游业提质增效、转型升级，国内旅游增长势头强劲、入境旅游持续升温、旅游产业体系不断完善。同时也面临着旅游产品层次不高、旅游基础设施不够完善、旅游企业竞争力不强、旅游行业管理体制机制不顺等问题。2018年，南宁市将采取一系列促进旅游业发展的重要举措，促进南宁旅游向全景、全业、全时、全民方向纵深发展，凸显全域旅游对经济的带动作用。

关键词： 旅游业　全域旅游　产业融合

2017年，南宁市突出抓好全域发展，全力推动国家中医药健康旅游示范区创建，坚持改革创新，努力推动旅游业提质增效、转型升级。2017年南宁市入围国家中医药健康旅游示范区创建单位。

一　2017年南宁市旅游业发展情况

（一）旅游总消费突破千亿元大关

2017年，南宁市接待旅游总人数11060.21万人次，同比增长15.75%；

---

* 周碧红，南宁市旅游发展委员会法制科科长；陈思莹，南宁市旅游发展委员会法制科科员。

旅游总消费 1127.35 亿元，同比增长 22.72%。其中，接待国内游客总计 11001.08 万人次，同比增长 15.81%；国内旅游消费达 1109.8 亿元，同比增长 22.87%；接待入境游客约 59.13 万人次，同比增长 6.46%；国际旅游消费达到 2.60 亿美元，同比增长 11.89%。纳入国家统计的 14 家规模以上旅行社营业收入达 12.81 亿元，同比增长 29.44%。

（二）国内旅游增长势头强劲

1. 国内游客人数快速增长，消费质量进一步提升

2017 年，南宁市接待过夜游客 3862.17 万人次，同比增长 14.93%，所占比重为 35.11%；接待一日游游客（不过夜）7138.91 万人次，同比增长 16.28%，所占比重为 64.89%，其中，外地一日游游客占 21.20%，本地一日游游客占 43.69%。从游客停留时间来看，国内过夜游客平均停留时间为 1.53 天。从旅游的方式来看，主要以旅行社组织以及自驾车为主，其中旅行社组织占 31.97%，自驾车占 33.89%，其他方式占 34.14%。从游客旅游目的来看，来邕国内游客主要以观光游览、休闲度假、商务、会议、探亲访友交流为主，所占比例分别为 37.91%、17.87%、13.03%、8.08% 和 7.31%。

从旅游消费情况来看，国内过夜游客总消费达 553.16 亿元，同比增长 19.60%；一日游游客（不过夜）总消费为 556.64 亿元，同比增长 26.3%。国内游客人均花费 1008.81 元，与 2016 年同期相比增加了 57.99 元，增长 6.1%；其中，国内过夜游客人均花费为 1432.25 元，同比增长 4.1%；国内一日游游客人均花费为 779.72 元，同比增长 8.6%。其中，国内游客花费投向购物（22.78%）、餐饮（16.75%）、长途交通（12.24%）、旅游景区游览（12.20%）的比例相对较高（见图 1）。

2. 旅游客源格局持续优化

旅游客源方面，国内旅游客源半径逐步扩大，本地游持续活跃，外省入邕游增长强劲，特别是湖南、贵州、重庆、四川、云南、湖北、广东、北京等省市的来邕旅游人数增长较快。据统计，2017 年南宁市区外游客占 46.26%，比 2016 年增加 5.4 个百分点；其中湖南省来邕游客比例增长 1.72 个

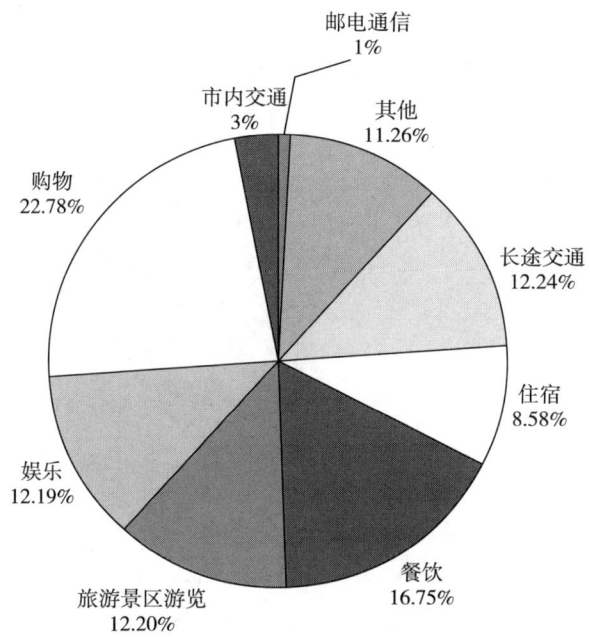

图 1　2017 年南宁市游客花费构成分布

资料来源：根据南宁市旅游发展委员会调研整理得出。

百分点，贵州省来邕游客比例增长 1.05 个百分点。来邕的区外游客主要来自广东省、湖南省、贵州省、四川省、重庆市等省市（见图 2、表 1）。

（三）入境旅游市场热度不减

2017 年，南宁市入境旅游稳中有进，入境人数、旅游外汇消费同比增长分别为 6.46%、11.89%。

入境旅游者按四种人划分，其中外国旅游者所占比例最大，人数达407692 人次，占入境旅游者总数的 68.95%，比重较 2016 年下降 7.14 个百分点；我国台湾旅游者 70998 人次，占总数的 12.01%，比重较 2016 年增长1.53 个百分点；我国香港旅游者 67269 人次，占总数的 11.38%，比重较2016 年上升 3.31 个百分点；我国澳门旅游者 45329 人次，占总数的7.67%，比重较 2016 年上升 2.31 个百分点（见表 2、图 3）。

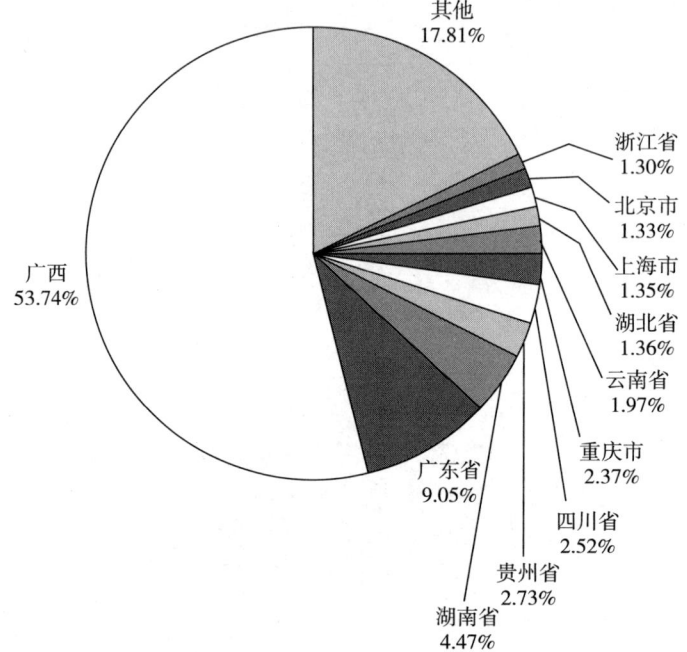

图 2　2017 年南宁市接待国内游客按客源地划分

资料来源：根据南宁市旅游发展委员会调研整理得出。

表 1　2016～2017 年南宁区外客源地前十位变化情况

2016 年	2017 年	2016 年	2017 年
广东省	广东省	重庆市	云南省
湖南省	湖南省	河南省	湖北省
贵州省	贵州省	上海市	上海市
四川省	四川省	浙江省	北京市
云南省	重庆市	北京市	浙江省

表 2　2017 年全市入境旅游者按四种人划分

	人数（人次）	同比增长（%）	人天数（人天）	同比增长（%）	人均停留天数（天）
台湾同胞	70998	21.96	148007	23.36	2.08
澳门同胞	45329	52.31	94849	52.48	2.09
香港同胞	67269	49.99	139330	43.74	2.07
外国人	407692	-3.53	897141	8.36	2.20
合　计	591288	6.46	1279327	15.56	2.16

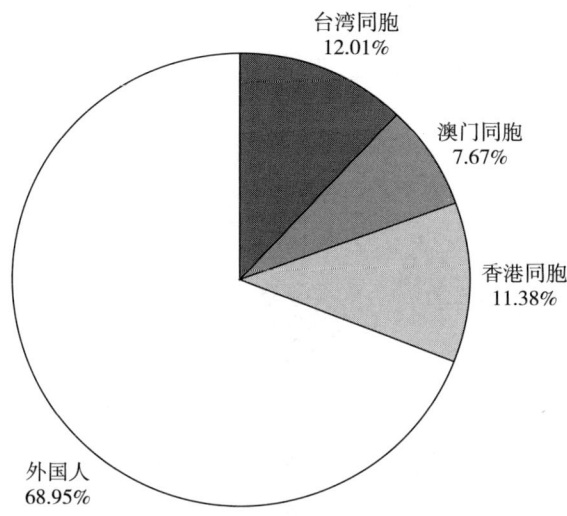

图3 2017年全市入境旅游者按四种人划分占比

资料来源：根据南宁市旅游发展委员会调研整理得出。

从客源地分布情况来看，来邕外国游客排名前三位的分别是泰国、新加坡和马来西亚，游客量排在前十五位的国家及其所占比例与增幅见表3。

表3 2017年南宁市接待入境游客按国籍排序前十五位

序号	国籍	人数（人次）	同比增幅（%）	占比（%）
1	泰国	34587	-14.93	5.85
2	新加坡	34148	-13.03	5.78
3	马来西亚	33896	11.76	5.73
4	越南	32623	28.3	5.52
5	印度尼西亚	30678	10.2	5.19
6	菲律宾	30182	14.4	5.10
7	韩国	28574	-47.42	4.83
8	印度	20751	2.57	3.51
9	蒙古国	13461	17.38	2.28
10	日本	13283	-0.4	2.25
11	缅甸	10266	5.21	1.74
12	美国	6801	8.33	1.15
13	法国	6760	-1.66	1.14
14	英国	6449	9.51	1.09
15	朝鲜	6409	11.34	1.08

从游客花费情况来看，南宁市入境游客花费投向长途交通、购物、住宿、餐饮和娱乐的比例相对较高（见图4）。

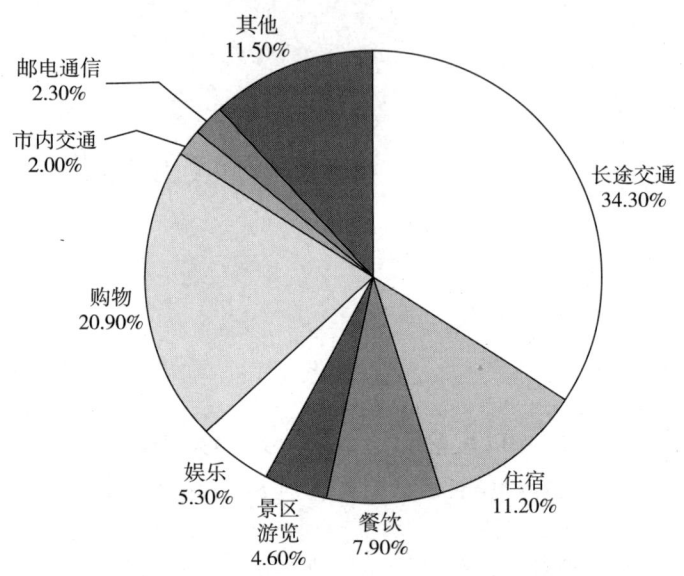

图4 2017年南宁市入境游客花费构成分布

资料来源：根据南宁市旅游发展委员会调研整理得出。

（四）旅游产业体系不断完善

经过多年的扎实推进，南宁市旅游产业体系逐步完善。2017年末，全市共有A级景区47个，其中，5A级景区1个，4A级景区24个，3A级景区22个。星级农家乐107家，其中，五星级1家，四星级11家。乡村旅游区共44家，其中，五星级4家，四星级17家。旅行社131家，其中，出境社38家，一般社93家。旅游星级饭店49家，其中，五星级饭店2家，四星级饭店14家。

（五）发展优势日益凸显

2017年，南宁市旅游总消费、接待游客总人数在全区地级市中排第一位，分别占全区的21.14%、20.20%；入境游客人数在全区地级市中排名第二,仅次于桂林,占全区的11.54%。南宁市在全区"首位城市"的地位进一步巩固。

二 2017年南宁市旅游业主要工作举措

(一)加快推进"三创"工作

2017年,南宁市委、市政府印发《南宁市创建国家全域旅游示范区工作实施方案》,成立了以自治区党委常委、市委书记王小东和市长周红波为组长的创建工作领导小组,召开了全市动员大会,举全市之力加快推进国家全域旅游示范区创建工作。2017年,全国共有15个市、县被评为国家中医药健康旅游示范区创建单位,南宁市成为华南地区唯一的入选城市。加大力度创建广西特色旅游名县,上林县被评为广西特色旅游名县,邕宁区成功入选广西特色旅游名县创建县,马山县获评全国休闲农业与乡村旅游示范县。

(二)重点旅游项目扎实推进

云里湖项目完成投资4100万元,鼓鸣寨项目完成投资4000万元,广西壮都完成投资1.55亿元,花雨湖项目完成投资5136万元,南宁东盟文化旅游项目完成投资7.02亿元。2017年,马山弄拉生态旅游景区、南宁圣名岭东盟文化旅游区被纳入全国优选旅游项目名录。南宁园博园、百里秀美邕江等项目加快推进,南宁万达茂旅游文化综合体项目正式开业。2017年1~11月完成固定资产投资44.26亿元,同比增长50.37%。

(三)旅游基础设施进一步完善

2017年,南宁市积极推进国际旅游中心建设,主体工程部分已完成。深入开展市内旅游厕所革命,2017年共新建、改建旅游厕所85座。借助环广西公路自行车世界巡回赛南宁赛段筹备的契机,不断完善南宁市旅游景区、景点指示牌的设置。建立智慧旅游基础数据库,已完成旅游产品电子数

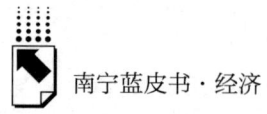

据库建设，游客可以通过旅游咨询服务平台了解旅游信息。建立智慧旅游营销系统，加强企业与互联网平台的信息整合，实现线上、线下旅游体验服务融合，为游客提供一站式旅游服务。

（四）农旅融合，扶贫攻坚见成效

继续加大旅游扶贫支持力度，打造旅游扶贫精品线路，指导和扶持贫困县（区）开发建设广西星级乡村旅游区（农家乐）33家、广西休闲农业与乡村旅游示范点7家。举办旅游扶贫招聘活动16场，提供10000多个就业岗位，3000多人达成就业意向。完成第二批20个旅游扶贫村旅游规划编制和评审，扶持旅游扶贫村发展。

（五）打造精品线路，新媒体营销成效显著

打造、推出环大明山旅游专线车、环青秀山都市休闲线路，辐射带动周边旅游发展。南宁市旅发委微博荣获"全国市级旅游局十大官微"称号，"南宁旅游"微信公众号获"广西旅游最受欢迎十大公号""广西旅游十大口碑公号"两项殊荣。月月旅游节丰富多彩，推出25个旅游节庆活动，成功举办购游节，打造旅游与体育融合发展平台，马山县攀岩小镇入选首批全国"运动休闲特色小镇"，极大地活跃了旅游市场。

（六）区域旅游合作不断加强

组织联盟城市赴西安、银川等开展旅游宣传促销活动，有效提升北部湾旅游的知名度和影响力。组织实施"2017美丽中国行·聚焦北部湾（广西）"旅游宣传推广活动，深入报道、展现南宁市在北部湾地区的旅游业发展成就，提升与东盟合作交流中的核心地位和影响力。参加粤桂黔高铁经济带旅游产业联盟，积极开展旅游联盟互动交流，向12个高铁沿线市（州）推介旅游资源，展示南宁市独特的城市风采。

（七）积极做好航线开发培育工作

推动南宁机场旅客吞吐量高速增长，达到1391.6万人次，同比增长

20.4%,成为全国千万级吞吐量机场中增速最快的机场,全年共培育国际(地区)航线29条,其中东盟航线有22条,数量仅次于广州、昆明,位居全国第三。开通南宁—开罗、南宁—阿斯旺两条非洲包机航线,实现洲际航线历史性突破。

(八)重拳整治旅游市场秩序

实施旅游行业"双随机一公开"抽查工作,实现旅游企业和执法人员双随机,全年共开展旅游市场随机抽查3次,出动检查人员50人次,抽查旅游企业30家次。强化旅游联合执法机制,全年分4个时段有序深入推进"不合理低价游"专项整治行动,共开展专项检查18次,出动检查人员60多人次,检查旅行社30多家次,进一步规范南宁市旅游市场竞争秩序。促进旅游行业信用体系建设,逐步建立联合惩戒机制。加大对违法违规案件处理力度,审理投诉案件175起,得到游客和旅游企业的一致认可。

(九)扎实做好安全生产和精神文明建设工作

认真研判重要节点旅游安全形势,对重点星级酒店、A级景区、旅行社进行安全生产大检查。抓好景区、景点等重点场所文明旅游宣传,营造文明旅游浓厚氛围。重点围绕南宁文明创城、服务窗口行业文明测评工作,在重点节假日开展文明旅游宣传和专项督察、检查。

(十)加强旅游行业队伍和人才建设

南宁全面启动电子导游证换发及出境领队备案工作,完成全市2600名导游的电子导游证换发工作,有效地规范了导游人员的从业行为。举办南宁乡村致富带头人、农村党员等培训示范班,指导县(区)完成3000人的培训任务。举办旅游饭店服务技能大赛,在2017年广西旅游饭店服务技能大赛中,南宁市选拔的8名优秀选手获得工装展示第一名、西餐宴会摆台第一名等多项优异成绩,真正实现了以赛促训的目的,有效提升了南宁市旅游饭店的总体服务质量和水平。

三 存在的问题

2017年,南宁市的旅游工作取得了长足的进步。但是仍存在许多不足和困难,一是旅游产品层次不高。有国际影响力的旅游资源开发不够,缺乏大的游乐项目和竞争力强的旅游产品。二是旅游基础设施不够完善。尤其是景区、景点及旅游交通建设仍显不足。三是旅游企业竞争力不强。旅游企业多以中小企业为主,缺乏团队合作的精神和理念,难以形成规模效应。四是旅游行业管理体制机制不顺。基层旅游行政管理机构不健全,发展旅游业合力不强。在创建国家全域旅游示范区,推进旅游发展综合执法改革工作中,建立旅游警察、旅游巡回法庭、工商旅游分局还有待进一步理顺等。

四 2018年南宁旅游业发展形势分析

(一)有利因素

1. 全域旅游助推南宁旅游提质增效

2016年南宁入围国家全域旅游示范区创建市,2017年南宁市委、市政府印发了《南宁市创建国家全域旅游示范区工作实施方案》以及《关于成立南宁市创建国家全域旅游示范区工作领导小组的通知》。在良好的政策环境以及顶层设计的推动下,2018年南宁旅游将向全景、全业、全时、全民方向纵深发展。旅游综合管理体制机制改革将进一步深化,旅游公共服务能力将进一步增强,旅游信息化进程将进一步加快,以旅游业为引领的产业集群将初步形成。全域旅游对经济的带动作用将进一步凸显。

2. 新时代赋予旅游业发展新的历史使命

新时代社会主要矛盾的变化给旅游业发展提出新的历史性要求。旅游业作为生态产业、幸福产业,在服务新时代中国特色社会主义建设中发挥了良好的作用。走优质发展之路推动旅游业从高速增长转向高质量发展,需要持续提供更加物美质优、更加丰富多样的旅游产品，需要不断营造更加舒心便利的旅游环境，以满足人民日益增长的美好生活需要。

3."旅游+"产业融合强有力地推进产业发展

在适应新常态、把握新机遇、破解新难题、实现新发展的过程中，南宁市出台了《关于促进旅游与相关产业融合发展的实施意见》《南宁市旅游业发展"十三五"规划》《南宁市创建国家全域旅游示范区工作实施方案》等一系列促进旅游业发展的新政策新文件，旅游与工、农、科、教、文、卫、体等诸多产业跨界发展、融合发展，为旅游业发展赢得了越来越多的合作者和同盟军，在优化产业发展环境中获得诸多领域的支持和补充。

4.旅游将朝"主题化""私人订制"方向发展

2018年，旅游景区将进一步朝"主题化、品牌化"方向发展，文艺游、亲子游和养生游等多种主题游将继续成为未来旅游市场的热点。景区之间的差异化竞争也将会在主题的选择方面愈加明显。随着"80后""90后"群体消费能力的逐渐提高，南宁市旅游业的游客群体也逐步呈现年轻化的特点。除此之外，旅游市场的散客化特征和自由行趋势也更加明显，越来越多的自由行也将会促进旅游业"私人订制"模式的蓬勃发展。私人订制由于具有"自由、深度、品质"等特点，将使游客更多地感受到旅行当中的乐趣。

（二）不利因素

2018年，南宁旅游业仍然面临着复杂多变的外部环境。市场竞争加剧、不利的政治因素、旅游者需求的变化等都可能给南宁旅游业的发展带来不利影响。

五 2018年南宁市促进旅游业发展的对策建议

2018年，南宁市预计接待旅游总人数12498.04万人次，同比增长13%；旅游总消费1330.27亿元，同比增长18%。接待国内旅游者12435.95万人次，同比增长13.04%；国内旅游消费1310.97亿元，同比增长18.13%；接待入境旅游者62.09万人次，同比增长5%；旅游消费达到2.86亿美元，同比增长10%。

（一）深入学习贯彻落实党的十九大精神，为旅游业健康发展提供坚强政治保障

深刻领会习近平新时代中国特色社会主义思想的历史地位和丰富内涵，把党的十九大精神贯彻到旅游业发展各方面。深刻领会"八个明确"主要内容和"十四个坚持"基本方略，自觉在思想上政治上行动上与党中央保持高度一致。

（二）抓好"三创"工作

按照工作方案的要求和专家的指导，逐步将南宁建设成为国家全域旅游示范区。加快推动上林创建国家全域旅游示范区，提升"三湖一寨"知名度，推动云里村、三里镇等资源较好的乡村发展精品农家乐。加强对养生理念、养生文化、中医药民族医药的挖掘整理开发，积极推进将中医药（壮瑶医药）转化为特色旅游产品，创建特色鲜明的国家中医药健康旅游示范区。继续推进南宁市马山县、邕宁区积极创建广西特色旅游名县。加快推进宾阳县、武鸣区、青秀区、兴宁区和西乡塘区等旅游资源丰富的县（区）积极申报创建第一批自治区级全域旅游示范区。大力推进马山古零镇、武鸣双桥镇、青秀伶俐镇、兴宁三塘镇、隆安布泉乡、上林西燕镇等广西旅游特色小镇建设。

（三）抓好重点旅游项目

重点推动园博园、东盟文化博览园、大明山等项目开业，积极打造"百里秀美邕江"景观带，打造邕江水上观光游线路。大力推进云里湖、鼓鸣寨、花雨湖等重点项目建设。持续推进大明山景区、昆仑关景区、广西药用植物园、上林大龙湖景区积极创建国家5A级景区，实施A级旅游景区常态化复核监管。抓好东盟文化旅游集聚区、广西恒大等项目前期推进工作。

（四）抓好空间布局，推进旅游产业集聚发展

大力推进邕江休闲旅游带、上林养生休闲旅游集聚区、美丽南方旅游集聚区、十里花卉长廊暨温泉养生旅游带、武鸣伊岭壮乡文化生态旅游综合示范区、马山县生态旅游集聚区等旅游片区建设。重点推进环首府生态旅游圈、环大明山生态旅游圈建设，实现旅游产业连片发展。

（五）抓好产业融合，助推脱贫攻坚

重点推进南宁市"旅游＋林业、体育、农业"等产业融合发展。加大星级乡村旅游区、农家乐创建力度，打造乡村休闲旅游产品，实现旅游扶贫。以举办"2018年中国杯国际足球锦标赛"为契机，组织游客观南宁赛事、赏南宁风景。

（六）抓好旅游基础设施配套

推动南宁国际旅游中心顺利建成运营。继续大力实施"厕所革命"，完成2018年度新建、改建86座旅游厕所的目标任务。加大旅游交通标识牌在南宁市各县（区）的安装密度，有效提高各主要景区的交通通行能力。

（七）加大宣传力度，实施精准营销

继续加大南宁市的旅游宣传力度，实施旅游精准营销。结合各大民俗、节庆活动，整合资源、包装打造"四季皆游、昼夜精彩"的多样化旅游产品，开发养生休闲旅游目的地旅游线路。服务好中国国际园林博览会，做好配套工作。进一步优化南宁市国际（地区）航线格局。

（八）狠抓行业管理，优化服务环境

健全旅游市场秩序综合治理工作机制，不断完善联合执法，实施事中事后全过程监管。常态化开展"双随机一公开"工作，加大信用体系建设力度。推进行业精神文明工作，营造文明和谐的旅游环境。

B.6
2017~2018年南宁市金融业发展情况分析及预测

南宁市金融办*

摘　要： 2017年，南宁市遵循金融发展规律，紧紧围绕服务实体经济、深化金融改革、防控金融风险三大任务，加快建立与经济社会发展相协调的多元化现代金融体系，推进沿边金融综合改革试验区和区域性国际金融中心建设，促进金融业平稳发展。文章对2017年南宁市金融业发展情况进行了分析，对2018年金融业发展形势作出预测，在此基础上提出了促进经济和金融良性循环、健康发展的建议。

关键词： 南宁市　金融业　金融改革

2017年，南宁市以习近平新时代中国特色社会主义思想为指导，深入贯彻落实党的十九大，中央、全区经济工作会议和全国、全区金融工作会议精神，在自治区金融办、"一行三局"的指导下，坚持稳中求进工作总基调，遵循金融发展规律，紧紧围绕服务实体经济、深化金融改革、防控金融风险三大任务，加快建立与经济社会发展相协调的多元化现代金融体系，推进沿边金融综合改革试验区升级版和区域性国际金融中心建设，

---

* 执笔：蒙刚，南宁市金融办主任；杜丽丽，南宁市金融办副主任；李文明，南宁市金融办发展科科长；李晓敏，南宁市金融办发展科副主任科员；黄浚锋，南宁市金融办发展科科员。

实现金融业发展水平总体平稳,为首府经济社会持续健康发展提供有力的金融支撑。

一 2017年南宁市金融业发展基本情况

(一)金融总量稳步增长,增速放缓

2017年,全市金融业增加值450.57亿元,同比增长7.7%,占全区比重的35%,对GDP增长贡献率为10.7%,对服务业增长的贡献率为20.2%,完成《政府工作报告》提出的目标任务。银行业整体增速稳中趋缓。人民币存款余额9367.53亿元,同比增长5.23%,低于全区4.5个百分点,占全区比重的33.8%;人民币贷款余额10470.44亿元,同比增长11.11%,低于全区1.81个百分点,占全区比重的45.96%,其中新增贷款1046.65亿元,占全区比重的40.16%。保险市场平稳发展。全市保费收入184.58亿元,同比增长25.08%,占全区比重的33%。小贷担保行业有序发展。截至2017年末,南宁市小额贷款公司107家,注册资本179.27亿元,贷款余额382.22亿元,当年累计发放贷款222.1亿元,以上三项分别占全区的55%、73.3%、72%。南宁市融资性担保公司41家,注册资本90.89亿元,在保余额234.57亿元,担保放大倍数为1.94。

(二)主要工作措施及成效

1. 加快金融机构集聚,金融组织体系进一步完善

一是大力实施"引金入邕"战略。中国进出口银行广西区分行开业运营,三大政策性银行全部入驻南宁;平安银行南宁分行获批筹建;永安财险广西分公司、工银安盛人寿保险广西分公司开业;新增天风证券广西分公司等6家证券分公司。注册地在南宁市的经中国证券基金投资业协会备案的基金公司及股权投资机构达到55家,占全区总数的77%。全市共有银行业金融机构41家、保险公司41家、证券分公司23家(含筹建)。二是地方法人

金融机构建设取得突破。新增兴宁、隆安、马山3家村镇银行，村镇银行实现县域全覆盖；全区首家法人寿险公司——国富人寿保险股份有限公司获批筹建；广西广投资产管理有限公司经中国银监会公布，成为广西第二家地方资产管理公司。三是金融集聚区建设加快。交通银行、邮储银行等21家金融机构入驻五象新区总部基地金融街，109家企业（包括从事基金、资产管理、P2P网络借贷等金融业务的企业）入驻东盟商务区互联网金融产业基地，集聚效应显现。

2. 深入推进沿边金融综合改革，金融开放水平进一步提升

一是推动跨境人民币业务创新。积极配合做好人民币跨境支付系统（Cross-border Interbank Payment System，CIPS）推广工作，鼓励辖内符合相关条件的银行机构接入CIPS系统。截至2017年末，已有16家驻邕银行业金融机构接入CIPS系统，为跨境贸易、跨境投融资和其他跨境人民币业务提供了更为便利的清算、结算服务。积极探索跨境人民币结算业务。2017年跨境人民币结算量为170.28亿元，排名保持全区第三，助推广西跨境人民币结算量在边境8个省（区）中连续多年居首位。推动人民币与东盟国家货币银行间市场区域交易平台建设。人民币对越南盾银行间市场区域交易共达成交易30笔，成交金额3039万元人民币，折合1053亿越南盾；成功推出人民币对柬埔寨瑞尔区域挂牌交易，共达成交易18笔，成交金额258万元人民币，折合16亿柬埔寨瑞尔。全面推进全口径跨境融资宏观审慎政策的实施。对跨境融资进行管理，对企业和金融机构进行全口径跨境融资统计监测，丰富融资渠道。截至2017年末，南宁市成功办理11笔全口径跨境融资业务，签约金额累计4.90亿美元，提款金额累计4.56亿美元。二是推动搭建中国—东盟金融信息枢纽。南宁市与新华社中国经济信息社广西中心合作共建中国—东盟（南宁）金融服务平台，进一步提升南宁跨境金融信息服务基地功能。中国—东盟（南宁）货币指数（Nanning CAMI）自2015年首发以来按日公布，按季度发布运行报告，在国际上得到推广应用，目前已成为东盟与中日韩宏观经济研究办公室（亚洲版IMF）跟踪研究标的以及中国与东盟国家货币金融往来的重要旗帜和标杆。

3. 深化农村金融改革，金融服务"三农"能力显著提高

完成自治区下达的农村金融"四级联创"任务目标，截至2017年末，全市已创建信用户57.40万户、信用村555个、信用乡镇43个，覆盖面分别为47.37%、42.69%、42.16%；金融机构在乡村设立的助农取款（支付）点覆盖率已达100%；田东"农村金办"模式得到大力推广，南宁市各县区与辖区涉农金融机构合作在914个行政村设立了"三农金融服务室"，新增率为55.97%，覆盖面为70.31%，其中上林县、武鸣区、江南区和西乡塘区已实现辖区内行政村全覆盖；武鸣区农村承包土地经营权抵押贷款试点工作取得新成效，累计发放农村承包土地经营权抵押贷款26笔，金额为5278万元。

4. 培育发展多层次资本市场，直接融资规模不断扩大

一是积极推动企业上市（挂牌）融资。召开2017年南宁市资本市场工作会议，推动更多企业上市（挂牌）融资。截至2017年末，全市共有15家上市企业，其中境内上市企业13家，境内上市企业占全区的比重达36%；新三板成功挂牌的南宁市企业达26家，新增11家，占全区的比重达36%；南宁市上市后备企业（包括在自治区备案、新三板拟挂牌企业）共148家。二是大力发展区域性股权交易市场。区域性股权交易平台挂牌（含展示、托管）企业达2500多家，累计实现融资超9亿元。三是规范发展金融资产交易平台。南宁金融资产交易中心累计融资15亿元。四是推动各类基金加快落地运作。落地6只城市发展子基金，总规模为104.22亿元，2017年提款58.88亿元。落地2只产业发展子基金，发挥财政资金杠杆作用撬动金融机构和社会资本投入17亿元，助力南宁市产业发展。

5. 加快发展保险市场，保险保障功能不断凸显

一是稳步开展小额贷款保证保险试点。开展小额贷款保证保险业务6笔，发放贷款330万元。二是积极推进科技保险试点工作。科技保险投保8笔，实现保费收入185.05万元。三是政策性农业保险工作有序开展。全市政策性农业保险业务实现保费收入1.40亿元，同比增长74.73%，确保南宁市政策性农业保险各项工作顺利推进。

6. 进一步拓宽企业融资渠道，中小微企业融资服务水平不断提高

一是引导银行机构加大对中小微企业的信贷支持。组织召开项目融资推介会、"金融知识进园区"等活动，搭建政银企对接平台，推动信贷资金与企业融资需求精准对接。引导银行金融机构加大对小微企业的支持力度，2017年，中小微企业新增贷款362.58亿元。二是发挥"两台一会"中小企业融资放大效应。截至2017年末，已有416家中小企业加入项目库、99家企业纳入重点中小企业池，累计直接解决中小企业流动资金贷款159亿元，期末贷款余额40.16亿元，有效解决中小微企业融资难问题。三是政府性融资担保体系建设工作取得突破。推动"4321"政府性融资担保体系建设，市政府与12家银行业金融机构签订"4321"合作框架协议，市小微企业融资担保公司获得银行准入授信共计32.89亿元，实现担保业务放款21笔，累计7340万元，在辖内12个县（区）以及3个开发区实现业务全覆盖，平均担保费率为1.32%，低于市场平均水平50%以上。四是稳步开展应急转贷资金业务。加强利用南宁金融投资集团设立的南宁市中小企业应急转贷资金，截至2017年末，累计发放应急转贷资金1.212亿元，相比民间过桥贷款为企业节约了44万元，实现了快速放款、缩短转贷周期的目标。

7. 多措并举，金融发展环境不断优化

一是扎实做好金融风险防范工作。按照自治区金融办部署，做好交易场所清理整顿"回头看"工作，规范和发展南宁市现有交易场所；继续做好互联网金融风险专项整治工作，对互联网金融重点企业进行分类整改、处置，促进互联网金融行业规范发展；加大打击和处置非法集资工作力度，在全市开展了非法集资风险专项整治行动和防范非法集资宣传月活动，出台了《南宁市非法集资举报奖励暂行办法》，建立并启用了南宁处非专线微信公众号，2017年南宁市非法集资立案27起，涉案金额14.1亿元，同比分别下降40%、90.18%。同时，通过各类新型媒体，利用多种宣传方式，大力普及互联网金融安全、防范金融网络诈骗、非法集资等知识，提高广大市民对非法金融活动的辨别能力和防范能力。二是部门联动处置机制进一步完善。年度内召开 2 次金融业发展联席会议，加强与"一行三局"的协调配合，提升金融监管合力。进一步完善维稳、公安、信访、金融等多部门协调参与的风险处置机制，实现区、市、县三级联动，做到"统一研判、统一指挥、统一口径"，金融风险防控强大合力逐步形成。三是加快推进信用体系建设。重点推进沿边金融改革信用同城化建设，实现行业和部门以及试验区各地之间信用信息的互通共享。2017 年，南宁市已通过广西信用信息共享平台向国家信用信息共享平台推送数据 160 万条。四是全国首创地方政府公共资产负债管理云平台上线运行。南宁市在全国率先打造的地方政府公共资产负债管理智能云平台于 2017 年 6 月正式上线运行，推进扶贫资金监管、财政、国资等一体化系统建设，建立透明化的融资服务平台，推动南宁市公共资产实现"摸得清、来去明、管得住、利用好"，这是南宁市加强地方政府债务管理和深化国企改革的重大创新，也是探索构建"不能腐"制度机制的重大举措，标志着南宁市公共资产负债管理步入了"人工智能＋大数据"的"智能云"时代。五是推动完善南宁市地方金融监管信息平台建设。2017 年，南宁市在地方金融监管平台一期建设的基础上组织进行二期建设，二期项目已于 2017 年 12 月 20 日完成竣工验收，进一步完善了监测和统计分析功能，并建设了金融网络风险信息监测模块，加强对非法集资、网络借贷等金融网络风险信息的实时监测和预警，为南宁市及时化解和处置金融风险提供数据支撑，提高金融风险防范效率。六是营造良好的政策环境。修订出台《南宁市沿边金融综合改革试验区建设加快金融业发展扶持政策》和《南宁市鼓励和扶持企业上市（挂牌）若干规定》，加大对南宁市金融改革发展的精准扶持力度。

二 存在的主要问题

（一）受多因素叠加影响人民币存贷款余额增速持续放缓

2017 年以来，受国家监管政策趋严、社保基金上划投资运营、财政支出进度加快、地方政府债务置换等多重因素的叠加影响，人民币存贷款余额增速持续放缓。

（二）金融组织体系有待完善

与西部主要省会城市相比，南宁市经济总量不大，财力有限，引进金融机构和金融人才等政策扶持力度不足，金融招商工作难度大，金融组织体系有待进一步完善。南宁市是少数几个没有法人证券、期货公司的省会城市之一，也没有市本级的地方性银行；消费金融、第三方支付等新兴金融领域建设也比较滞后。

（三）资本市场直接融资规模较小

与发达城市、西部同类城市相比，南宁市资本市场发展较为落后，证券化率水平较低，全市资本市场总体规模和融资能力与经济社会发展需求不匹配。上市（挂牌）企业数量，证券、期货以及基金公司数量较少；且南宁市企业综合质量不高，企业利用资本市场融资意识不强，观念相对保守落后，对直接融资方式运用较少，融资规模不大，整体缺乏市场竞争力。

（四）金融改革体制不健全

尽管南宁市是沿边金融综合改革试验区的核心城市，但金融改革的体制尚不健全，县区一级未能设置相关的金融工作部门，政府性融资担保体系建设、农村金融改革工作在县区一级缺乏工作抓手。

（五）金融风险防控压力不断加大

随着新型金融业态的不断发展，金融风险的隐蔽性、突发性和传染性不断增强，加上现有的金融监管体系不完善、监管机构不健全、监管手段滞后，导致地方金融监管的水平与金融业发展的需求不匹配。同时，社会、企业和个人的信用体系建设有待加强，征信体系尚不完善，金融法制建设还较为滞后。

三 2018年金融业发展形势预测及工作思路

（一）2018年金融业发展形势预测

2018年是全面贯彻落实党的十九大精神的开局之年，是决胜全面建成小康社会的关键之年，也是沿边金融综合改革试验区建设的收官之年，南宁市金融业处于大有可为的重要战略机遇期。国家深入推动"一带一路"建设，赋予广西"三大定位"新使命，中央出台了一系列措施加大金融支持实体经济力度，自治区正处于加快实现"两个建成"目标的关键期，南宁市正深入实施"六大升级"工程，加快建设"四个城市"，落实国家、自治区和全市发展战略，推进供给侧改革、加快新旧动能转换等对金融发展提出更高要求，同时也为金融开放合作发展提供了更加优越的条件，将释放大量的金融改革创新机遇。

同时，必须清醒看到，新常态下南宁市金融业发展面临的挑战更加复杂严峻。根据党的十九大精神，按照全国、全区金融工作会议和中央、全区经济工作会议的决策部署，金融工作要坚持稳中求进总基调，遵循金融发展规律，紧紧围绕服务实体经济、深化金融改革和防控金融风险三大任务。在新时期金融改革的大背景下，各部门严格控制杠杆率和金融风险，金融监管趋严并且规则逐步细化，国家调控政策由原来适度、积极的财政政策和中性的货币政策转变为健全货币政策和宏观审慎政策双支柱调控框架，促使金融"脱虚向实"。各地已经着手改革金融业发展思路，提高服务实体经济的效率和水平，金融业过快发展的势头难以持续，金融业将由高速增长转变为高质量增长。在这种大趋势下，预计2018年南宁市金融业增长趋势将持续放缓。

1. 人民币存贷款增速下行压力加大

在国家强监管和央行货币政策调整的新形势下，2018年银行将维持控制信贷规模的趋势，南宁市银行业金融机构的表内外业务规模将进一步收缩。同时,银行存量业务缩表趋势明显,存款增长乏力将成为长期趋势,从而进一步影响贷款投放规模,人民币存贷款余额增长速度预计将继续放缓。

2.保费收入增速呈下降趋势

《中国保监会关于规范人身保险公司产品开发设计行为的通知》(保监人身险〔2017〕134号)对快速返还型产品等进行了规范,快速返还型产品停售。近年人身险保费收入在南宁市保费收入的占比为60%以上,在监管政策的引导下,往年人身险机构大量销售中短存续期产品冲保费规模的情况已经转变,人身险保费收入增长形势严峻。同时,根据2018年1月22日召开的全国保险监管工作会议精神,要将防控风险放在更加重要的位置,打好防范风险持久战。在保险业强监管的形势下,保险企业纷纷调整产品和业务结构,增加保障型和长期型产品的研发和销售力度,南宁市保费收入增速预计将明显放缓。

(二)2018年工作思路

2018年,南宁市将继续深入贯彻党的十九大、中央、全区经济工作会议和全国、全区金融工作会议精神,围绕服务实体经济、深化金融改革、防控金融风险三大任务,抓住机遇、挖掘潜力、优化金融供给,全力稳住金融业,按照中央、自治区工作部署,推进建设沿边金融综合改革试验区升级版,加快建立与经济社会发展相协调的多元化现代金融体系,加快推进区域性国际金融中心建设,努力把南宁打造成为面向东盟的金融开放门户,促进经济和金融良性循环、健康发展。

1.不断做大金融总量,切实提高金融服务实体经济的效率和水平

千方百计扩大金融总量,在努力拓宽融资渠道上下功夫,支持实体经济补短板。一是充分发挥信贷市场作用。加大与驻邕银行机构的对接,继续落实存贷款增速与财政性资金存款分配、重大项目融资、国有企业融资挂钩激励机制,争取更多政策和资金向南宁市倾斜。搭建政银企对接平台,加强政银企沟通合作,加快资金与项目精准对接,有效解决项目融资难问题。二是大力培育和发展资本市场。落实2017年全市资本市场工作会议精神,加大

服务力度，推动更多优质企业上市挂牌。利用好资本市场扶贫绿色通道政策，进一步指导上林、马山、隆安3个国定贫困县的企业用足用好相关政策。加大宣传力度，深入园区、深入企业进行实地调研以及政策宣讲，进一步挖掘和培育南宁市上市（挂牌）后备企业资源。加强对已上市公司等的培训和指导力度，鼓励其积极运用并购重组、股权融资、债券融资等资本运作方式提升融资能力。大力发展股权基金，发挥南宁产业发展基金、城市发展基金等基金作用，加快推动华润商业物业服务（南宁）基金等实质性运作。支持符合条件的企业利用债券市场、区域性股权市场等扩大直接融资规模。三是推动保险市场稳步发展。加大政策性保险力度，持续推进政策性农业保险和科技保险工作，探索开展建筑工程质量缺陷保险试点。积极支持保险资金以股权、债权投资等方式参与南宁市项目建设。鼓励保险机构开展保险产品和服务创新，充分发挥保险"稳定器"和"助推器"作用，进一步扩大保险市场规模。四是多渠道解决中小微企业融资难问题。持续推进"4321"政府性融资担保体系建设，建立政府性融资担保项目推荐机制，加强政银担企对接。支持广西农业信贷担保公司开展农业信贷担保业务，落实"532"风险分担机制。充分发挥南宁市"两台一会"融资放大效应，推进应急转贷资金业务，切实解决中小微企业融资难问题。五是健全金融组织体系。加快"引金入邕"战略实施步伐，积极引进各类金融机构，推动渤海银行等金融机构在邕设立分支机构，推进平安银行南宁分行、国富人寿保险公司开业运营，积极争取中资金融机构东盟运营总部落户南宁，支持符合条件的各类资本在南宁市发起设立消费金融公司、民营银行等新型金融机构。继续推进五象新区总部基地金融街等金融集聚区建设。

2. 深入推进以沿边金融综合改革试验区升级版为重点的金融改革开放

一是扩大对外开放合作。继续推动跨境人民币结算业务开展，提高投资贸易便利化水平；扩大中国—东盟（南宁）货币指数应用，加快建设中国—东盟（南宁）金融服务平台，支持金融机构为"一带一路"沿线国家城市和企业提供跨境金融服务，进一步提升南宁跨境金融信息服务基地功能。进一步用好CEPA先行先试政策，深化与港澳金融合作交流，引进更多港澳金融机构，积极推动在CEPA项下组建合资证券公司。二是加快农村金融改革步伐。加强农村金融改革宣传和培训，继续推广"田东模式"，加快推进"三农金融服务室"和农村信用"四级联创"工作；鼓励金融机构服务重心下沉，进一步推动农村金融服务进村专项活动。加快构建和完善农村金融组织、信用、支付、保险、抵押担保和村级服务等六大体系进程。三是积极发展绿色金融。争取开展绿色金融试点，创新发展绿色金融产品，推动绿色企业上市。

3.坚持做好金融风险防控工作

加强地方金融监管能力建设，创新完善地方金融监管机制，强化属地风险处置责任，推动设立地方金融监督管理局，构建"大金融"工作格局。创新监管模式，探索利用大数据技术推进地方金融监管平台建设，提高监管信息化水平。充分发挥金融业发展联席会议作用，完善与自治区金融办、"一行三局"的金融监管和风险防范协作机制。深入开展交易场所清理整顿和互联网金融风险专项整治工作，严厉打击逃废债行为和非法集资活动。健全风险监测预警和早期干预机制，切实做到早识别、早预警、早发现、早处置，坚决守住不发生系统性区域性金融风险的底线。

B.7
2017~2018年南宁市对外贸易发展情况分析及展望

孙敬华　刘莹　王聪仁[*]

摘　要： 2017年南宁市加快推进供给侧结构性改革，狠抓对外贸易发展各项工作，推动全市外贸主要指标实现高速增长并创历史新高，主要贸易方式、贸易市场布局、商品结构等方面得到优化和改善，但仍存在企业经营成本上涨、外贸新业态发展相对滞后、县域外向型经济基础薄弱等问题。面对2018年外贸发展机遇和挑战并存的国内外环境形势，南宁市要进一步加快培育外贸新优势，加快实施市场多元化战略，做大做强外贸实体企业，推动县域外向型经济加快发展，加强多部门沟通和协作等以促进外贸持续稳定健康发展。

关键词： 对外贸易　新业态　外向型经济

2017年，南宁市深入实施《南宁市加快外经贸发展三年行动计划（2016~2018年）》，坚持"稳中求进，稳中提质"的工作原则，紧紧围绕供给侧结构性改革这条主线，扎实做好外贸稳增长、调结构等各项工作，加快培育外贸新业态，服务企业大力开拓国际市场，务实推进外贸转型升级，促进全市外贸主要指标实现高速增长并创历史新高。

---

[*] 孙敬华，南宁市商务局外贸科科长；刘莹，南宁市商务局外贸科副科长；王聪仁，南宁市商务局外贸科科员。

一 2017年南宁市外贸主要指标情况

据海关统计①，2017年南宁市货物贸易进出口总值达607.09亿元人民币，首次突破600亿元人民币大关，进出口总值比2016年净增190.86亿元，同比增长48.8%，高于全国34.6个百分点，高于全区26.2个百分点（见表1），提前一年实现《南宁市加快外经贸发展三年行动计划（2016～2018年）》提出的"2016～2018年外贸进出口总值年均增长15%"（即到2018年实现进出口550.47亿元以上）的发展目标。

表1 2017年1～12月全国、广西、南宁进出口状况

地区	进出口总值（亿元）	同比（%）	出口总值（亿元）	同比（%）	进口总值（亿元）	同比（%）
南宁	607.09	48.8	275.69	35.8	331.40	61.6
广西	3866.34	22.6	1855.20	22.3	2011.14	22.9
全国	277920.92	14.2	153318.32	10.8	124602.60	18.7

资料来源：南宁市商务局。

二 2017年南宁市外贸发展主要特点

（一）外贸总体增长态势良好，成功实现三大突破

2017年，南宁市按照"稳中提质，稳中提量"的发展要求，扎实推进外贸稳增长各项工作，在2016年实现两位数增长的基础上，不断巩固回稳向好的增长势头，促进外贸进出口值持续快速增长。全市进出口总值、出口值

---

① 本报告所列数据仅供内部参考。根据《中华人民共和国海关统计条例》及有关规定，各单位在制定政策、研究问题、指导工作时，涉及南宁市进出口数据的，请联系海关统计部门查询，以海关提供的数据为准。

和进口值成功实现了三大突破,其中进出口总值首次突破600亿元人民币大关,达到607.09亿元,同比增长48.8%;出口总值首次突破250亿元人民币,达到275.69亿元,同比增长35.8%;进口总值首次突破300亿元人民币,达到331.40亿元,同比增长61.6%。除12月当月进出口同比下降外,其余各月进出口均实现23%以上的正增长(见图1)。

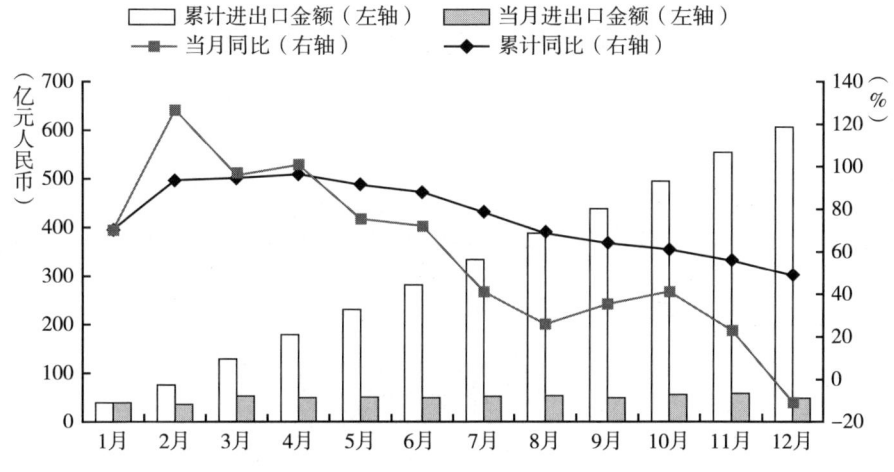

图1 2017年全市各月累计进出口值及增速

资料来源:南宁市商务局。

(二)各县(区)、开发区全部完成进出口目标任务

2017年,南宁市各县(区)、开发区全部完成2017年外贸进出口目标分解任务,进出口值均实现正增长。其中进出口增幅达到两位数以上的有6个,东盟经开区、良庆区、江南区和青秀区进出口增速均高于全市总体增速。东盟经开区、良庆区、江南区、青秀区和横县超额完成进出口目标任务,任务完成率分别为253.6%、179.8%、153.1%、126.7%和135.1%。全市各县累计进出口总值为2.75亿元,同比增长31.0%。其中,上林县和马山县实现"十三五"期间进出口"零"的突破,进出口值分别为467万元和373万元。

（三）主要贸易方式全面增长，加工贸易进出口创历史新高

2017年，南宁市外贸继续保持较好的发展活力，除外贸总体保持良好的增长态势外，贸易方式结构也在不断优化。全市加工贸易进出口总值达403.37亿元人民币，首次突破400亿元，规模稳居全区首位，占全市进出口总值逾六成，是全市外贸的主导方式；同比增长55.3%，高于全区加工贸易进出口增速29.8个百分点，比2016年提高43.5个百分点。同期，一般贸易进出口191.02亿元，同比增长39.4%，增速高于2016年18.8个百分点；其他贸易进出口12.70亿元，同比增长11.9%（见图2）。

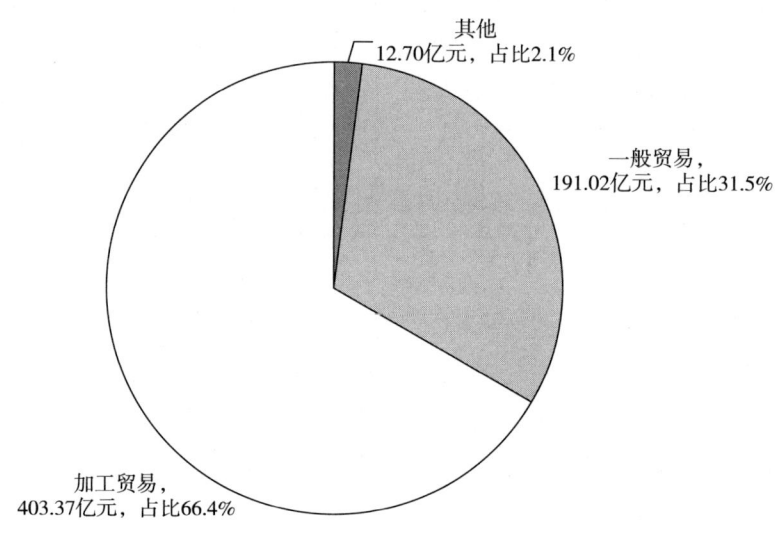

图2　2017年南宁市主要贸易方式进出口值及比重

资料来源：南宁市商务局。

（四）外贸主体规模不断壮大，龙头企业带动效应明显

2017年，南宁市充分发挥"南宁渠道"优势，吸引外贸企业落户南宁，全市新增对外贸易经营者备案企业483家，共有进出口实绩企业723家，新增进出口实绩企业199家（其中县域新增8家）；进出口值超过1亿元人民

币的企业42家，比2016年增加5家。南宁市出口前20名企业出口合计金额为236.49亿元，占全市出口金额的85.8%；进口前20名企业进口合计金额为311.72亿元，占全市进口金额的94.1%。

（五）机电产品和高新技术产品出口和进口实现双增长

2017年，南宁市扎实推进外贸供给侧结构性改革，不断优化进出口商品结构，机电产品、高新技术产品出口值持续增长，占全市出口总值的比重不断提高。全年机电产品出口225.62亿元，同比增长44.0%，占全市出口比重的81.8%，比2016年提高2.9个百分点；高新技术产品[①]出口190.30亿元，同比增长58.7%，占全市出口比重的69.0%，比2016年提高6.6个百分点。同期，机电产品进口201.17亿元，同比增长54.6%；高新技术产品进口164.88亿元，同比增长60.3%。

（六）贸易市场多元化，对主要贸易伙伴进出口快速增长

2017年，南宁市大力实施市场多元化战略，积极开拓国际市场，与全球175个国家和地区开展贸易往来，比上年同期增加11个。全市与中国香港、美国、中国台湾、东盟和澳大利亚这前五大贸易伙伴的进出口均实现30%以上的大幅增长，进出口总值达422.05亿元，占全市进出口总值的69.5%（见图3）。"一带一路"倡议为南宁市外贸创造了新的发展机遇，2017年全市与"一带一路"沿线62个国家进出口值达92.07亿元，同比增长41.9%，占全市进出口比重的15.2%。东盟是南宁市第三大出口市场和第二大进口来源地，2017年全市与东盟十国进出口值为78.64亿元，同比增长35.7%。与大洋洲、非洲、拉丁美洲等新兴市场的进出口贸易也取得了可喜的成绩，进出口值分别达到40.09亿元、33.07亿元和18.91亿元，同比分别增长74.0%、101.9%和18.9%。

---

① 与机电产品有交叉。

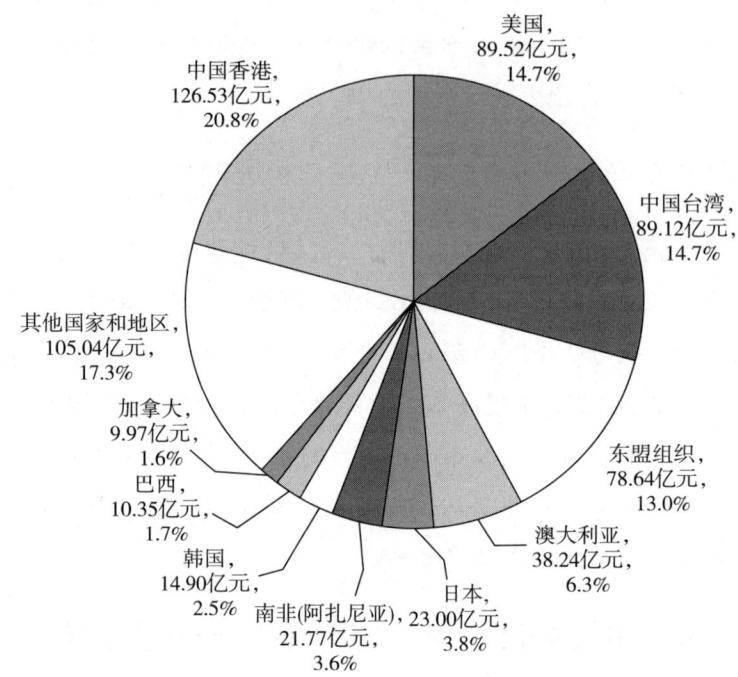

图3 2017年南宁市与主要贸易伙伴进出口值及其所占比重

资料来源：南宁市商务局。

（七）外资、国有和民营企业均增长迅猛，外资企业进出口占半壁江山

按企业类型统计，2017年，南宁市外商投资企业进出口364.27亿元，同比增长64.9%，占全市进出口值的比重为60.0%，继续处于主导地位，较上年同期上升7个百分点。民营企业进出口131.08亿元，同比增长14.5%，占全市进出口值的比重为21.6%，较上年同期下滑8个百分点。国有企业受进口快速增长拉动，进出口增速高于民营企业进出口增速，进出口111.55亿元，同比增长53.6%，占全市进出口值的比重为18.4%，较上年同期提升1个百分点。

三 2017年外贸发展存在的困难

(一)外贸环境复杂严峻,出口形势不容乐观

2017年,世界经济仍处于深度调整阶段,外贸运行中面临的不稳定、不确定因素依然较多,国际市场需求疲弱,南宁市日用消费品、石油产品及其原料、动力机械及设备等产品的出口较上年同期大幅下降,导致全市一般贸易出口同比下降0.4%。同时,南宁市对东盟市场的出口低迷不振,尤其是对新加坡、文莱、缅甸、越南、泰国等国家的出口均大幅下降,直接导致全市对东盟十国的出口较2016年下降14.2%。国内对环境治理和节能减排的调控力度不断加大,对南宁市资源性产品出口增加了一定的压力。

(二)企业经营成本不断上涨,产业发展综合环境有待优化

2017年以来,南宁市外贸原材料、物流、人工等成本不断上涨,导致全市外贸生产型企业盈利难度增大,部分企业迁往上海自贸区等具有成本优势的地区发展。各产业园区长期存在普工缺口,劳动密集型外贸企业产能规模扩张受限。加工贸易梯度转移企业进出口物流成本高于沿海地区,电子信息制造业等新兴领域产业配套能力不足,涉企服务效率有待提高,市本级用于支持进出口发展的专项资金额度不断削减,稀释了南宁市外贸扶持政策吸引力,加大了招商引资困难。

(三)外贸新业态发展相对滞后,发展平台有待完善

与广东、上海等先进省市相比,南宁市外贸新业态发展相对滞后,在转型过程中,传统业态企业与新业态企业融合度不足;跨境电子商务出口市场开拓难度大,从事跨境电商业务的企业数量少、规模小,且大部分企业需要依靠第三方平台打开国际市场大门;各流通市场外向度较低,市场采购培育

难度较大；速贸通、一达通等外贸综合服务试点企业防出口骗税难度大、垫税成本高、不可控因素多，制约业务的进一步拓展。

（四）县域经济发展缓慢，外向型经济基础薄弱

南宁市县域外贸进出口总量仍然较小，占全市的比重很低，2017年南宁市五县进出口总值2.75亿元，仅占全市外贸进出口总值的0.45%。2017年南宁市加工贸易发展势头迅猛，取得重大突破，但县域加工贸易发展依然缓慢，仅宾阳县有一家加工贸易企业。此外，各县区出口产品附加值不高，外贸专业人才十分匮乏，导致县域外向型经济发展相对滞后。

四 2018年南宁市外贸发展形势展望及目标预测

（一）有利因素

2018年预计全球经济环境将持续改善，对外贸易恢复增长动力，有助于提振开拓国际市场信心。2018年也是全面贯彻党的十九大精神的开局之年，十九大从"一带一路"建设、对外贸易发展、区域开放布局等方面对构建开放新格局做出了重大部署，推动对外贸易向全面开放新格局方面发展。南宁市外经贸发展环境将进一步优化，2018年将继续稳步实施外经贸发展三年行动计划和第二轮加工贸易倍增计划等各项措施；大力培育和推动跨境电商、外贸综合服务企业、市场采购贸易等外贸新业态发展；南宁市持续推进"南宁渠道"升级，开放合作水平将迈上新台阶；"通关无纸化""属地申报，口岸验放"等措施落到实处，使货物通关效率大幅提升，同时出口退税流程逐渐简化，让南宁市企业"走出去"的负担不断减轻，促进全市外贸持续稳定增长。

（二）不利因素

2018年国际贸易有望回暖，但国际市场债务风险、美国税改等不稳定、

不确定因素增多。南宁市外贸发展新的增长点不多，外贸传统增长动力逐步减弱，石墨烯、装备制造、新能源汽车等一些战略性新兴产业对外贸增长的拉动力有待增强。外贸企业经营成本上涨，利润空间受到挤压；加工贸易大项目、大企业招商引资难度大，吸引和承接东部外向型工业转移的政策优势不明显。

基于以上对2018年南宁市外经贸发展有利因素和不利因素的分析可知，全市外贸企业面临国内外机遇和挑战并存的发展形势，但总体来看，机遇大于挑战，预计2018年全市外经贸发展延续2017年持续增长态势，但增长速度有所放缓，预计2018年南宁市货物贸易进出口总值目标为增长10%。

五 2018年南宁市外贸发展工作思路

2018年，全市商务系统将全面贯彻党的十九大精神，认真落实市委、市政府关于拓展"南宁渠道"功能、大力发展开放型经济等重大决策部署，主动融入国家"一带一路"建设，坚持"稳中求进"工作总基调，加快培育外贸新优势，力争实现货物贸易进出口总值增长10%的预期目标，推动南宁市对外贸易向更高质量发展，为深化拓展"六大升级"工程，全面建成"四个城市"做出更大的贡献。2018年南宁市将考虑从以下几个方面发展对外贸易：

（一）强"正贸"，提"加贸"，加快培育外贸新优势

一是促进一般贸易提质增量。加强对一般贸易出口重点行业、重点企业的分类指导，进一步增强铝制品、机械设备、日用消费品等出口企业自主发展能力，推动传统优势产业向中高端转型升级，提高产品附加值，扩大品牌产品出口；鼓励企业继续扩大重要资源性产品和先进技术装备进口；引导具有竞争优势的内贸企业开拓国际市场，吸引更多企业开展一般贸易进出口。二是提升加工贸易集聚发展水平。继续深入实施"第二轮加工贸易倍增计划"，抓招商引龙头，主动承接珠三角地区产业转移，力争一批新企业落地

发展；抓服务优政策，推动桂芯半导体、瑞声科技等新落户项目投产和富桂精密、丰达电机等企业扩能增产；抓园区筑平台，推动加工贸易产业向产业园区集聚发展，争取经开区、江南工业园区列入自治区加工贸易重点园区。三是培育外贸新业态新模式。力争年内完成广西—东盟区域（南宁）外贸一体化综合体通关提速工程一期建设并投入运营；支持外贸综合服务试点企业健康可持续发展，带动中小企业扩大出口；引导各类商品流通市场优势资源互补，内外联动开展出口采购市场培育工作；拓展进口贸易服务平台，促进跨境电商进口业务发展。

（二）主动参与"一带一路"建设，加快实施市场多元化战略

进一步优化贸易市场结构，支持企业深度开拓中国香港、中国台湾以及美国、欧盟等传统市场，同时加大对拉美、非洲等新兴市场开拓力度，积极发展与以东盟为重点的"一带一路"沿线国家的进出口贸易，巩固和提高"一带一路"市场在南宁市外贸中的比重。积极组织企业参与国际贸易促进活动，组团参加广交会、中国—东盟博览会境外展等重点展会，助力企业开拓国际市场。引导企业借助中新互联互通项目南向通道建设、中欧班列常态化运营的契机打开进出口贸易新局面。

（三）做大做强外贸实体企业，促进提升国际化经营能力

集中优势资源，重点联系扶持对全市外贸增长有较强带动作用的进出口前20名企业，深挖龙头企业进出口潜力，促进企业转型升级，夯实进出口稳增长基础。发挥各级外经贸专项资金的政策叠加效应支持外贸实体企业发展，积极组织企业申报资金项目，帮助企业进一步降低融资、物流成本；鼓励和支持外贸实体企业加快技术创新、培育自主品牌和国际营销网络，增强国际竞争力和影响力。

（四）推动县域外向型经济加快发展

把促进县域外向型经济发展放在更加突出的位置，加强对县域外贸企业

调研和督导力度，支持创建县域外贸孵化基地，开展外贸企业帮扶培训，促进优势特色产品扩大出口。协助县域生产企业与外贸综合服务企业建立联系，促进双方合作，依托外贸综合服务平台带动县域企业开拓自营进出口业务，助力县域外向型经济发展。

（五）加强多部门沟通和协作，确保工作实效

与各市商务局（委）、邕州海关、南宁出入境检验检疫局、市国税局、中信保、外侨办、各国驻邕商务机构等单位保持密切沟通，支持配合海关、检验检疫、国税等单位参与全国通关一体化改革、落实自贸协定及原产地惠企政策、优化退（免）税服务等工作，共同协调解决企业进出口环节遇到的困难和问题，进一步提高南宁市贸易便利化水平，推动全市外贸持续健康发展。

B.8
2017~2018年南宁市投资促进情况分析与预测

梁枫 张梅 王书荣*

摘 要： 2017年，南宁市采取的认准创新驱动、高位决策推动招商、做大"长处"引商、推进产业转型升级、巧从"高处"借力、不断拓宽合作渠道、着眼"实处"服务、优化投资环境惠商等措施取得了良好的成效。但是，投资促进工作中仍然存在着招商引资相关政策落实较难、项目用地空间问题依然突出、招商引资激励机制亟待完善、投资环境总体满意度下降等问题。2018年，南宁市将通过狠抓目标任务完成、产业精准招商、战略新兴产业招商、对外开放合作、工作平台建设、招商机制提升等大力提升招商引资项目数量和质量。

关键词： 投资 招商 引商 惠商

2017年，南宁市投资促进工作在市委、市政府的高度重视和正确领导下，认真贯彻党的十九大精神和习近平总书记视察广西时的重要讲话精神，紧紧围绕市委、市政府提出的大力实施"六大升级"工程、加快建设"四个城市"、勇当广西持续营造"三大生态"、加快实现"两个建成"排头兵

---

* 梁枫，南宁市投资促进局局长、党组书记；张梅，南宁市投资促进局外国与港澳台投资促进科科长；王书荣，南宁市投资促进局办公室副主任。

的目标任务，深入实施招商引资三年行动计划，推进招商引资"六大专项行动"，招高招新招强，取得较好成效。

一 2017年投资促进工作总体情况

（一）2017年投资促进工作亮点

1.到位资金保持两位数增长

2017年，全市区外境内到位内资776.89亿元，完成南宁市年度目标748亿元的103.86%，完成自治区年度目标743.77亿元的104.45%，同比增长13.77%；全口径实际利用外资9.58亿美元，完成南宁市年度目标8.47亿美元的113.11%，完成自治区年度目标8.15亿美元的117.55%，同比增长24.35%。

2.重点产业项目大量集中引入

成功引进了瑞声科技、东鹏特饮、上海申龙、山东朗进等重点项目；积极推进深圳美盈森、深圳中意、上海同捷、北京森特、广东泛铝远东铝业等意向项目；强力推动一批与香港经贸交流合作项目，与华润集团、上实集团、香港企业总会签署了合作协议。

3.国际知名品牌成功进驻

引进了全球最具影响力价值品牌100强企业瑞典宜家，英国哈罗公学、北京儿童医院等项目成功签约，新加坡太平洋船务综合物流产业园项目正式启动，进出口银行开业运营，华润置地商业物业股权投资管理平台项目设立公司。

4.创新引领战略性新兴产业招商初显成效

推动创新示范基地创新展示向产业化转变，推动建立中关村科技产业园，创新引领与转型升级齐头并进。截至目前，南宁·中关村创新示范基地入驻重点企业33家。深圳市优必选智能机器人生产和研发项目取得实质性进展，科大讯飞人工智能研究院项目积极推进。

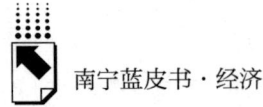

5. 大健康产业招商全面推开

全年围绕康养、医疗、绿色农业、文旅等方面开展全领域招商。签约了泰康医疗养老、南丹卫古城、湾昊生物科技园等一批项目。

6. 新型招商方式注入新活力

以商招商、平台招商、委托招商等新型招商方式成功运用，依托中国—东盟博览会、中德工业城市联盟等国内外展会平台开展招商活动，借力深圳市工商联、深圳台商协会南山联谊会引进知名企业，为产业园集群招商及规划建设专业产业园打下基础。

（二）2017年投资促进工作主要措施

1. 认准创新驱动，高位决策推动招商

市委、市政府高度重视招商引资工作，认准创新驱动之路，不断完善和创新招商工作机制，全力推动全市合力招商。一是市委、市政府主要领导决策部署抓招商。自治区党委常委、市委书记王小东亲自率队赴上海、北京、香港等地开展经贸交流和投资促进活动，推动南宁市与香港经贸交流合作，与北京中关村创新基地高位嫁接，与上实集团、华润集团、香港企业总会签署合作协议。周红波市长多次会见重要客商，协调推进项目，推动南宁市与深圳市工商联知名企业在电子信息、先进装备、智慧城市等方面达成多个项目投资意向，成功签约了瑞声科技项目，积极促进了美盈森控股、中意集团等知名企业在南宁投资发展。二是联系和分管领导亲力亲为抓招商，市委、市政府分管领导亲自研究部署投资促进工作，分管市领导多次带队开展重点领域专题招商，着力推进重大项目。三是成立南宁市投资促进委员会，统筹协调全市投资促进工作，切实加强对招商引资工作的领导。市领导果断决策、亲力亲为，各级各部门密切配合，各县区、开发区全力推进，全市凝心聚力，招商引资合力明显增强。

2. 做大"长处"引商，推进产业转型升级

立足南宁市区位优势，发挥三大重点工业、三大重点服务业、铝精深加工等产业基础较好等"长处"，通过做大企业转型升级和创新的需求来推动招商引资工作。一是立足铝精深加工发展的良好基础，开展铝精深加工招商，与上海申龙签订了新能源汽车生产基地项目投资协议，山东朗进已注册成立南宁公司，上海同捷项目已经确定项目选址。二是立足企业发展壮大和转型升级的需要，开展金融业招商，推进华润置地、中民投、重庆金交所、平安养老保险等项目落地。中国进出口银行广西分行于2017年12月8日开业运营，平安银行南宁分行获批筹建。三是立足丰富的药材资源和生物医药产业基础，开展大健康产业招商。2017年"壮族三月三"期间，成功举办健康产业推介签约活动，吸引区内外17家重要企业参会，在全区项目签约活动中成功签约3个项目。同时，在北京、深圳、厦门等城市开展多场大健康产业招商推介活动，取得较好效果。四是扩大台资企业招商。立足台湾、深圳等良好的台资企业招商基础，推进了标佳生物科技集团的血液检测试剂项目、宇宏工艺（深圳）有限公司和广东晨彩照明科技有限公司的LED半导体照明产品生产基地项目在南宁落地，同时寻求与深圳台商协会南山联谊会的进一步合作。

3. 巧从"高处"借力，不断拓宽合作渠道

利用"南宁渠道"，做好开放合作大文章，内引外联，向"高处"借力推动招商。一是推进南宁·中关村联动，创新要素加快聚集。借助南宁·中关村创新示范基地，围绕打造创新生态系统开展招商。2017年以来，南宁·中关村创新示范基地开展3批次项目联审，联审同意了拟入驻企业18家，新签入驻企业15家。截至目前，已有上海明匠、哈工大、微软、甲骨文等33家世界500强企业和创新行业龙头企业入驻，引领创新企业集聚，辐射带动效应进一步显现。二是利用展会平台招商，开放共享显著深化。"两会"品牌效应更加凸显，第14届中国—东盟博览会、中国—东盟商务与投资峰会期间，南宁市成功签约33个项目。积极参加西洽会、渝洽会、哈洽会、西部制博会、加博会、厦洽会等多个全国性大型展会，有力推动了区域合作。三是借助国际平台和力量，利用外资领域不断开拓。借力"中德工业城市联盟"平台，赴德国参加2017年汉诺威工业博览会和系列经贸交流活动，推动中德工业城市联盟秘书处考察组到南宁市开展项目洽谈。赴

瑞典专程拜访了全球最具价值品牌100强企业宜家，推动宜家南宁项目最终落地，赴美国、加拿大、德国、荷兰等国开展招商活动，推进经贸交流合作。

4. 着眼"实处"服务，优化投资环境惠商

着力提升项目服务，优化投资环境，实实在在解决企业落地过程中遇到的困难和问题。一是用创新提升投资服务水平，成立以市领导为队长的服务队，为招商引资项目提供"一对一"保姆式服务，着力协调解决影响项目落地的急难问题；二是进一步完善招商引资重点在谈项目协调推进工作机制，紧扣企业发展壮大的需要，依法依规个性化地定制投资项目公共服务；三是继续落实重大招商引资项目快速落地机制，2017年评审认定和协调推进重大招商引资项目8个；四是创新重大项目推进监督机制，实行重大招商引资项目月报及半月报制度，同时充分发挥《项目专报》的动态监督作用。一系列着眼于"实处"的服务举措，大力提升了项目服务，确保了重大项目快速落地。总投资60亿元的科天水性科技产业园项目用地指标的解决落实和总投资5.3亿元的年产20万吨东鹏饮料广西生产基地项目从签约到开工建设均仅花费4个月的时间。

二 当前投资促进工作面临的经济形势和主要问题

（一）经济社会发展面临的形势与环境、机遇与挑战

当前，南宁市经济发展面临的环境错综复杂。从国际来看，2017年全球约75%的国家经济实现正增长，新兴经济体和发展中国家的经济增速达到4.6%，世界经济实现了较为全面的同步复苏。近期国际货币基金组织调高了2018年的经济预期，并宣告迎来"自2010年以来覆盖面最广的全球同步增长加快"。但是也必须看到，世界经济还面临债务高企、资产泡沫、保护主义、国际产能对外转移的动力在下降等多重风险，经济形势依然严峻，存在较大的不确定性。从国内来看，经济形势正在平稳向好发展，投资者的

投资意愿增强了，2017年第四季度企业家问卷调查报告结果显示：四季度经营景气指数为59.8%、盈利指数为61.5%，分别比2016年同期提高了4.3个和4.4个百分点。随着2017年供给侧结构性改革初见成效，"以长江经济带为一体、京津冀与粤港澳为两翼的区域发展骨架"逐步完善，区域协同联动效应带动增长极西行和扩散，为中西部地区经济发展注入了新活力。但国内产能过剩和需求结构升级的矛盾仍然突出，经济增长内生动力不足，区域竞争激烈，东部地区在产业结构转型升级中占得先机，中西部部分地区也在新兴产业方面形成了新优势。从全区来看，自治区紧紧围绕"三大定位"，深入实施四大战略，全面推进三大攻坚战，实体经济融资意愿趋强，经济先行指标多数看好。2017年，GDP、固定资产投资、金融机构存贷款余额均超过2万亿元，已经具备企稳回升的基础，但结构性矛盾还比较突出，民间投资乏力，实体经济困难较多，新的增长点较少。从南宁市来看，经过多年的发展，南宁市综合实力明显增强，2017年GDP、固定资产投资、全部工业总产值均突破4000亿元，主要经济指标好于全国和全区。同时要素集聚功能进一步发挥，产业转型取得阶段性成果，新的增长点不断形成，但经济较快增长的支撑力不足，与先进地区相比，南宁市营商环境和优惠政策都有较大差距，企业营商成本偏高，招商引资竞争力不强。整体来看，南宁市投资促进工作面临的机遇大于挑战，南宁市处于可以大有作为的重要战略机遇期。

（二）当前投资促进工作存在的主要问题

1. 招商引资相关政策落实较难

招商引资项目在洽谈过程中，会遇到优惠政策宣传与落实差异较大的现象。许多政策涉及部门较多，且没有完善具体的落实办法和兑现机制，有关程序过于烦琐，导致没有及时兑现或落实，对投资者投资南宁的信心和投资决策都有很大的影响。

2. 项目用地空间问题依然突出

南宁市存在土地储备有限、规划预留的工业用地不足等问题，造成大批高质量在谈、待批项目难以落地、推进，甚至流失。如深圳工商联的中意项目，企业有较强烈意愿落户在经开区，但经开区近期没有符合条件的工业用地，影响企业投资项目落地的决心。

3. 招商引资激励机制亟待完善

当前南宁市招商引资奖励政策比较陈旧，落实困难较大，吸引力不高。需要进一步健全招商引资激励机制，以便更好地拓展招商的宽度和深度，激励全民招商的热情，给中介者一定成本保障以激发其招商积极性。

4. 投资环境总体满意度下降

企业对南宁市投资硬环境（自然资源环境、基础建设、公共设施）和投资软环境（社会环境、政策环境、法制环境、政务环境、经济环境和经营环境）的9项指标满意度均呈下降趋势，在连续四年排名全区第一后，2017年下降至全区第五，需要引起高度重视，应把优化投资环境作为经济工作的一件大事，切实抓紧抓好。

三 2018年投资促进工作的整体思路和工作措施

（一）总体思路

深入贯彻党的十九大精神和习近平总书记视察广西时的重要讲话精神，紧紧围绕市委十二届五次全会决策部署，贯彻落实全区开放发展大会暨招商引资工作会议、全市加快开放发展加大招商引资工作会议精神，抓好重点产业精准招商，以创新驱动为突破，不断深化对外开放合作，不断优化招商引资方式，不断加快招商机制建设，不断提升招商引资项目质量，确保招商引资三年行动计划取得实效。

（二）主要目标任务

2018年自治区下达给南宁市的招商引资目标是：全市实际到位资金950亿元；其中，全口径实际利用外资9.5亿美元，战略性新兴产业到位资金增长15%。

(三)主要工作措施

2018年南宁市投资促进工作的重点是继续落实南宁市招商引资三年行动计划工作部署,深化招商引资"六大专项行动",通过六个"狠抓",实现六个"高质量"。

1. 狠抓目标任务完成,高质量推进招商引资工作

坚持稳中有进、稳中有升的总基调,结合《南宁市国民经济和社会发展第十三个五年规划》和《南宁市招商引资三年行动计划》的要求,科学制定并合理下达全年目标任务,抓好内外资存量筛选和分析、科学预测新签项目到位资金,深入招商引资责任单位开展调研,加大对存量和新签项目的跟踪、督办、服务力度,重点加强对招商基础较为薄弱、按序时进度完成招商引资目标任务困难的单位的督查,分析查找其完成目标任务不理想的原因,对症下药制定相应措施,引导各招商引资责任单位凝心聚力、全力以赴完成目标任务,加快全市招商引资扩量提质。

2. 狠抓产业精准招商,高质量推动重点产业集聚

(1) 突出抓好工业主导产业精准招商

一是抓好电子信息产业招商。重点围绕富士康、瑞声科技等龙头企业打造产业集群,大力引进智能网络设备、移动终端电子信息制造业企业;依托中国—东盟信息港南宁核心基地,引进云存储技术、物联网技术、移动互联网技术等新一代信息关键技术和产品研发企业;抓住北斗系统民用化的战略机遇,引进北斗产业企业。

二是抓好先进装备制造产业招商。围绕新能源汽车、铝精深加工、轨道交通等重点产业开展招商。围绕申龙客车、白马环卫车、南南电子汽车、中车轨道等龙头企业,大力开展上下游配套企业招商。推动同捷乘用车、宝能乘用车等新项目落地开工。以邕宁新兴产业园区为载体,重点开展中重型机械装备、新能源汽车、汽车及零部件、轨道交通设备、铝精深加工等项目上下游及关联企业的招商,形成产业集聚。

三是抓好生物医药产业招商。主要以经开区生物医药产业园、高新

区生物工程技术中心等为载体，重点引进化学药品制剂、现代中药与民族药、生物技术药物、保健（功能）食品、医疗器械及设备等方面的国内大型或高端生物医药企业，推进湾昊生物科技园、上海医药集团并购本地医药企业等项目，力争在引进龙头企业、形成产业带动方面取得新突破。

（2）开展传统优势产业精准招商

按照自治区关于传统产业转型升级的部署，结合南宁市"十三五"传统优势产业转型升级发展规划，制定南宁市2018年传统优势产业招商引资工作实施方案，依托南宁市资源产业优势，围绕南宁市食品、汽车、机械、铝、化工、建材、纺织、造纸与木材加工等传统优势产业进一步加大招商引资力度，通过开展精准引入工作，争取引进产业链延伸项目，推动传统优势产业向"高、精、深"方向发展。

（3）提升重点服务业精准招商

一是抓好金融业招商。大力实施"引金入邕、引资入邕"战略，围绕发展股权基金，吸引更多的基金公司和股权投资机构落户，引导金融机构向五象新区总部基地金融街、金湖金融中心、东盟商务区互联网金融产业基地等聚集。落实好引进银行和华润基金落地。

二是抓好物流业招商。围绕加快国际物流大通道建设、加速打造物流集聚区、大力培育龙头物流企业开展招商。主动参与中新互联互通南向通道建设，全力推进中新南宁国际物流园项目；按照"双核一环一路"物流园区布局，推进中国—东盟国际物流基地、南宁现代化建材加工及物流配送中心、南宁港牛湾物流园项目，并力争引进物流龙头企业。

三是抓好电子商务和信息服务业招商。电子商务方面，以高新区国家电子商务示范基地、中国—东盟电子商务产业园、中国—东盟（南宁）跨境电子商务产业园、青秀区南宁市跨贸中心、五象新区电商小镇等为载体，推动国内外知名电商企业落地。信息服务业方面，围绕实施"互联网+"战略，重点依托中关村信息谷、清华启迪、猪八戒网等创新创业服务平台，引进一批信息服务业项目。

（4）大力开展健康产业精准招商

突出养老、养生、健康旅游、健康食品、休闲运动、休闲观光农业等重点领域项目招商。依托马山、上林、大明山等县区的资源优势，重点突出农旅结合及健康旅游+养生保健+休闲运动相结合的产业招商。发挥南宁市优秀农业产业园及特色园区的示范引领作用，以横县中华茉莉花产业园、西乡塘区的"广西南宁·美丽南方田园综合体"为引领，积极引进一批在健康产业方面实力较强的新企业、新项目。重点推进泰康项目、华润五象新区养老项目、上林南丹卫古城项目的落地。

（5）开展扶贫产业专题招商

重点推进粤桂扶贫协作，利用好针对广东地区的扶贫政策，围绕大健康、农业、物流、装备制造等产业物色一批项目。组织广东地区特别是对口帮扶市茂名市企业家到马山、上林、隆安三县开展实地考察项目洽谈，开展务实对接。充分利用贫困地区 IPO 绿色通道，吸引拟上市企业到南宁市落户，助推产业扶贫出实效。

3. 狠抓创新引领招商，高质量助力经济发展动能

（1）大力开展战略性新兴产业招商

一是突出铝精深加工招商。立足铝深加工发展的良好基础，依托南南铝集团，重点开展其下游产业的招商。瞄准新型交通、高端电子和绿色城市设施应用等方面的需求，继续研究物色筛选一批目标企业并开展招商。加快推进山东朗进、广东泛铝等项目落地和开工建设。

二是抓好智能制造产业招商。重点引进人工智能、智能机器人制造等高科技生产和研发企业，推动科大讯飞、深圳优必选科技等智能制造知名企业落户南宁，初步形成以上海名匠、哈工大机器人等为代表的智能制造企业集聚。

三是抓好新材料等产业招商。围绕石墨烯、节能环保等产业开展精准招商。以东盟经开区新材料产业园等工业园区为载体，依托兰州水性科天项目，重点面向以水性聚氨酯涂料、汽车内饰合成革等新材料的企业招商。以高新区石墨烯产业园项目为载体，开展石墨烯材料招商。加快推进广胜达、

中民筑友等装配式建筑项目落地。

（2）深化创新要素招商

以南宁·中关村创新示范基地为载体，重点引进智能制造、信息技术、科技服务三大板块的项目，推动形成一定数量的新型创业服务平台，同时打造中关村科技工业园，物色一批项目入园，形成展示与工业园生产齐头并进的良好格局。

（3）探索基金参与助推企业投资

在2017年成功配套产业基金，促进明匠智能制造、科天水性科技产业园项目落地的基础上，继续充分发挥区、市产业发展基金的引导带动作用，积极引导政府产业基金助推重大招商项目落地，推动华润基金、国银基金等项目落地，引导社会资本投入在符合南宁市产业规划、产业升级的行业和企业，以加速重点产业项目的引进、发展和产业链的培育。

4. 狠抓对外开放合作，高质量扩大"南宁渠道"影响力

（1）统筹安排中国—东盟博览会招商各项工作

利用好中国—东盟博览会、中国—东盟商务与投资峰会平台，围绕南宁市招商引资的重点方向，以符合南宁市产业发展需求为导向，广泛邀请八方宾客，大力开展项目洽谈，力争签约一批质量高、规模大、产业集聚度高的项目。

（2）提升区域合作招商

加大与泛珠经济圈、珠江—西江经济带、粤桂黔高铁经济带、长三角及环渤海经济圈城市的合作，充分利用渝桂新南向通道、广博会、渝洽会、哈洽会、厦洽会等全国有影响力的大型展会平台，瞄准重点产业和目标企业，务实开展区域经济合作。

（3）拓展国（境）外招商

落实CEPA先行先试政策，依托港澳、中德工业城市联盟、国际友好城市、广西及南宁境外商会等平台，加强对中国香港、中国台湾、东盟、日韩、欧美、新兴经济体等国家和地区的招商，积极拓展外资来源。

5. 狠抓工作平台建设，高质量优化招商方式

（1）抓好产业集群式招商

不断优化招商引资模式，大力发展以商招商、委托招商等模式，进一步深化与落地企业和有关商协会的合作。加强与深圳市工商联、全联科技装备业商会、深圳台商协会合作，重点开展电子信息、先进装备、生物医药、加工贸易等产业招商；拓展与温州商会的合作，面向江浙沪及"一带一路"国家温州企业招商。出台市投促委投资促进顾问聘用管理办法，选聘第一批投资顾问，进一步拓宽和优化投资促进渠道。探索建立承接产业转移的专门园区，以适应以商招商、抱团发展的需求。

（2）抓好线上线下整合招商

建立统一大数据招商共享平台，实现精准、高效招商。通过信息化手段与大数据平台，有效连接"产品端"和"企业端"，高效匹配供需两端，互通招商信息。实现"线上园区展示""线上企业咨询""线下企业服务"一条龙的招商服务链条，打破单一园区招商壁垒，打造精准推荐、专业服务、高效招商的大数据招商运营共享平台。

（3）抓好项目信息共享招商

加快推进"南宁市投资信息服务中心"项目建设并投入使用，全面介绍南宁市投资环境，充分展示招商成果，向外来投资企业提供电子地图、项目规划、土地现状等信息导向服务，开展新项目效益评估等模拟招商，提高精准招商的信息化水平。同时，进一步完善招商项目库、政策库、客商库、招商活动信息库，推动全市各部门信息和资源共享，推动招商引资工作信息化、智能化。

6. 狠抓招商机制提升，高质量强化招商保障

（1）建立健全投促委团队招商机制

充分发挥市投促委的作用，调动整合市投促委各成员单位的力量，开展团队合作招商。探索建立市投促委办公室（市投促局）牵头、各成员单位共同参与的团队招商模式。建立市投促委成员单位联席会议制度，定期召开联席会议，评估项目、分析问题，落实政策，帮助企业解决落地过程中遇到

的困难，推动项目尽快落地，促进南宁经济又好又快发展。

（2）建立完善园区联动机制

立足县域产业基础和资源禀赋，发挥比较优势，找准特色产业，有针对性地帮助园区开展招商。在南宁市"飞地园区"建设指导意见出台后，指导协助有关"飞地园区"大力开展整体开发招商、飞地招商；强化招商项目策划、包装、储备工作，组织园区参加区市综合性"走出去"招商活动。

（3）完善项目服务督办机制

在市投促委的统筹协调指导下，完善和落实项目投资政策认定和服务机制、重大招商引资项目快速落地机制，重点跟踪服务督办列入区市层面统筹推进重点项目及"两会"签约项目，实行每月报送制度，并通过不定期开展实地督办等活动，确保招商引资重大项目快速推进。完善投资环境整改具体措施，将世界银行评价指标引入南宁市，与国际先进城市营商环境评价体系接轨，推动南宁市投资环境整体改善提升。

（4）加强招商引资干部队伍建设

以多层次、多形式学习培训为抓手，进一步加大投资促进队伍业务学习培训力度，通过组织全市投资促进系统干部职工参加区外名校专题培训及区市内系统业务培训，及时了解国家宏观经济政策、产业政策和相关法律法规，准确把握国内外经济发展新动向，积极应对招商引资工作中出现的新情况、新问题，打造一支熟悉产业经济、掌握投资政策、通晓商务惯例、精通项目谈判的招商队伍。

改革专题报告

Reform-themed Report

B.9
2017年五象新区建设发展状况及2018年展望

韦 钰 刘曙华*

摘 要： 2017年，五象新区建设发展砥砺奋进，主要指标保持高位增长。五象新区在规划建设、项目建设、产业发展、生态环境建设、用地保障、筹融资、行政审批等各方面均取得了良好的成效。但是，仍然存在着产业的引进、产业板块的发展、产城融合与新区整体开发建设进度不够匹配，新区基础设施及公共服务配套设施跟不上新区快速开发建设的步伐，对失地农民的安置工作进度滞后于新区开发建设的需要，生态环境及形象塑造方面滞后于新区发展的步伐等问题。在2018年，五象新区将从以大力推进重点项目建设为主要抓手，确

---

* 韦钰、刘曙华，五象新区管委会。

保一批项目如期建成启用，加快新区产业发展促进产城融合，着力提升新区绿色宜居品质，保障项目用地和加大安置力度，做好筹融资和特色产业金融集聚区建设工作等方面入手大力推进新区的发展。

关键词： 五象新区　项目建设　用地保障　绿色宜居

2017年，在自治区党委、政府和南宁市委、市政府的领导下，五象新区坚持高水平规划、高质量建设、高速度推进，新区建设发展风生水起、全面提速，建设场面热火朝天，城市面貌日新月异，"建设五象新区、再造一个新南宁"正从蓝图变为现实。

一　2017年五象新区发展状况

（一）总体情况

2017年，五象新区建设发展砥砺奋进，主要指标保持高位增长。全年完成固定资产投资355.03亿元，同比增长17.63%，分别为"十一五""十二五"期间完成投资额的2倍和近40%；引进重点项目计划总投资494.9亿元；完成征地6323亩、拆迁76万平方米；全年新增建设用地获批面积占南宁市本级的31.2%；新开工项目136个（含子项目）、竣工项目54个、在建项目547个。

（二）规划建设情况

紧紧围绕"2018年五象新区核心区基本成型"的目标，重点抓好五象大道、平乐大道、玉洞大道三条精品路线的城市设计工作，对精品路线沿线空间形态、景观视廊、公共空间、建筑高度和风貌等做出全面系统的控制和引导，重点开展景观提升设计工作，启动了《五象总部基地道路综合改造规划》等9项道路景观改造提升编制工作，进一步提升新区核心区域规划品质。完成《中国—东盟信息港南宁核心基地详细规划》等7项控规编制修编及《五象新区立交桥底空间专项规划》等3项专项规划编制工作，进一步强化新区规划的统筹引领作用。学习借鉴北京、上海及杭州G20等区内外成熟区域夜景亮化设计思路，制定《五象新区核心区域及精品线路沿线夜景亮化提升规划方案》，致力于打造南宁亮化升级版。编制完成《智慧五象新区专项规划（2017~2020年）》，启动建设两网、一中心和时空大数据库、公共服务平台、交互门户等"智慧五象"支撑架构，着力提升五象新区规划建设管理的智慧水平。

（三）项目建设情况

市政基础设施建设取得新成效。对外交通构架进一步建立，青山大桥如期建成通车，新区连接老城区的跨江桥梁达到7座，有效强化了新区发展和主城区外拓的无缝连接。内部交通设施建设如火如荼，平乐大道—宋厢路等3座城市立交工程主线通车，新区规划路网累计通车道路达到96条，蟠龙等3个片区路网建设基本完成，特别是其中的银海大道三期按期完成，有力保障了"环广西"公路自行车世界巡回赛顺利进行；轨道交通2号线运营通车，3号、4号线及2号东延线等续建工程按时间节点加快推进；总部基地金融街地下空间综合利用工程第二阶段、服务园博园项目的快速公交（BRT）2号线及中国—东盟信息港南宁核心基地产业板块路网工程加快推进。一批供排水、燃气、电力、通信、环卫等设施加快配套，紧跟道路桥梁建设步伐和项目交付节奏同步配套或建成，基本满足了当前新区已建成项目的生产、生活等需求。

公共服务设施日臻完善。自治区成立60周年大庆重大公益性项目——广西文化艺术中心竣工启用，成为南宁市乃至广西文化新地标，广西国际壮医医院、广西新媒体中心主体结构实现封顶。重点中小学校项目建设力度不断加大，新区第二、第三实验小学和南宁市第三中学初中部以及南宁市第十四中学、民主路小学、秀田小学的五象校区等学校如期建成招生，南宁四中五象校区等一批在建中小学校、实验幼儿园加快推进。医疗项目建设扎实推进，市儿童医院、明安医院、宝能医院等一批医院项目建设按计划加快推进。一批公建项目进展顺利，市民中心、市档案馆（方志馆）等项目竣工启用，市图书馆（新馆）主体结构封顶。便民服务设施逐步完善，蟠龙东等8个邻里中心项目加快建设，蟠龙派出所等3个公安派出所建成使用，江湾派出所基本完工。

（四）产业发展情况

产业精准招商进一步加快。注重招大引强，着力推进总部基地金融街、中国—东盟信息港核心基地、信息小镇、电商产业园、新兴产业园等片区产业招商，全年引进重点项目计划总投资494.9亿元，区外境内实际到位内资96.52亿元，实际到位外资（广西全口径）7054万美元。截至目前，累计入驻世界500强企业25家、国内500强企业20家、境外上市公司17家、金融机构总部或省级（一级）分支机构13家。不断加强二次招商，总部基地金融街项目二次招商已完成备案的销售面积超过79万平方米。

总部基地金融街建设初具雏形。在建项目49个，规划建设高层建筑117栋，其中实现主体结构封顶77栋，封顶率超过65%，广西建工集团总部大厦等9个项目建成投入使用，已集聚世界500强企业16家、国内500强企业15家、境外上市公司11家，引进了交通银行、邮储银行、兴业银行等金融机构总部或省级（一级）分支机构13家。五象新区金融集聚区获批为广西现代服务业集聚区（筹建），成为唯一的自治区级金融商务服务业集聚区。

中国—东盟信息港南宁核心基地建设扎实推进。一批重大项目建设加快推进，中国移动广西公司五象信息交流中心、广西电子政务外网云计算中心等9个项目竣工，在建项目25个；广西—东盟地理信息与卫星应用产业园、中国—东盟检验检测认证高技术服务集聚区（一期）、中国—东盟司法交流与合作平台等项目加快建设。中国—东盟电子商务产业园建设不断加快，先导区的总部休闲公园电商小镇开园运营,签约入驻企业52家;新入驻中国电信东盟国际信息园、广西东盟国际电商科技园、远洋金象IDC大数据产业园、东盟国际生物科技谷等一批项目。

战略性新兴产业取得新成效。中国—东盟检验检测认证高技术服务集聚区、南南电子汽车新材料精深加工等项目正加紧建设,申龙新能源汽车生产基地项目投资协议正式签约,高端装备制造及战略性新兴产业加速聚集。

商贸物流业加快发展。南宁万达茂室内主题乐园开业运营,带动新区旅游业发展。宜家家居商业项目正式落户,目前正在进行场地平整。区域性国际商贸物流基地建设进展顺利,南宁现代化建材加工及物流配送中心一期工程等项目建成启用,南宁大型粮食市场、招商局集团广西物流中心等项目加快建设。

(五)生态环境建设情况

五象新区全力服务配合园博园建设,开通"绿色通道"推进园博园有关方案审查审批,协调推进园博园及周边配套项目建设。扎实推进国家级绿色生态示范区建设,累计完成绿色建筑项目立项167项、总建筑面积3213.49万平方米,核心区绿色建筑比例达100%;大力推广利用江水源热、太阳能等可再生能源,其中江水源热泵系统应用达452万平方米,太阳能光热一体化系统应用近300万平方米,太阳能光伏发电系统应用超过500万平方米;完成蟠龙片区路网工程等43个海绵城市项目建设,试点的力度和速度保持在全市前列水平。大力推进园林绿化环保项目建设,新增绿地面积83.6公顷。持续推进扬尘污染防治工作,全年新区环境空气优良率为90.6%,同比提高2.2个百分点,连续三年不断提高;PM_{10}年平均浓度为55微克/立方米,同比下降6.8%,$PM_{2.5}$年平均浓度为32微克/立方米,同比下降13.5%,PM_{10}、$PM_{2.5}$两项指标均优于全市年平均值。

(六)用地保障情况

项目落地重点保障。积极争取土地指标向新区倾斜,获批用地750.46

公顷，获批新增用地占南宁市本级的31.2%，有力保障了一批项目建设用地。土地规划调整完善取得重大突破，五象新区涉及的南宁市中心城以及良庆区、邕宁区所辖乡镇的土地利用总体规划调整完善成果获得批复，进一步拓宽新区的发展空间。

安置力度不断加大。年内新交付使用安置房项目4个，可提供3698套安置房、安置5200余人。继续探索"房票"安置，在"房票"基础上扩展"房票+统建房"的组合安置模式，并将"房票"使用范围进一步扩大到园博园、南南铝、牛湾港等项目。年内邕宁区、良庆区共有4566人认购政府统建安置房2990套，其中279户（共1020人）通过以户为单位实施"房票+统建房"组合安置模式，领取"房票"304张、认购政府统建安置房609套；另有412人领取"房票"，通过自行购买商品房方式完成安置。

（七）筹融资情况

2017年，五象新区管理城建计划项目252个。新区积极围绕重大项目建设资金需求，多渠道开展城建计划项目投融资工作，落实项目资金50.1亿元，为重大项目推进提供资金保障。其中：落实7.18亿元自治区专项债券资金用于五象新区核心区及物流基地市政道路基础设施和场地平整工程项目、园博园项目建设；推动南宁桂象城市发展基金按项目进度提款3亿元、南宁工投新象城市发展基金按项目进度提款11亿元；落实重大项目建设资金16.8亿元，有效推动重大基础设施项目建设；通过PPP模式引进社会资金12.12亿元参与重点项目建设。

（八）行政审批情况

五象新区着力做好改革顶层设计工作，以政府投资项目可行性研究报告和初步设计审批改革为切入点，制定《五象新区政府投资项目审批制度改革工作方案》，通过审批形式创新带动工作方式转变；出台实施《五象新区政务服务事项容缺办理规定》，从行政审批事项扩大到政务服务事项范围，是南宁市乃至广西首份容缺办理的制度性文件。改革创新审批方式方法，通过推行提升项目业主主体责任、全面提高技术文件编制效率和质量、强化第三方工程咨询评估机构职责、建立企业信用记录和公布制度、严格明晰各方责权划分等形式，基本实现新区政府投资项目可行性研究报告和初步设计审批"市场规范化、时限制度化、流程标准化、信息透明化"的改革目标，五象新区政府投资项目可行性研究报告和初步设计审批时限压缩为3个工作日，按时办结率为100%。清理了一批挂靠资质的中介机构，新区可行性研究报告和初步设计编制单位由89家精简至20家、评估机构由9家精简至3家，评估周期时限由24.2天压缩至12.9天，时效提速近50%。

二 2017年五象新区建设发展中存在的问题

2017年五象新区在建设发展过程中还存在着以下四个方面的问题：一是产业的引进、产业板块的发展、产城融合与新区整体开发建设进度不够匹配；二是新区基础设施及公共服务配套设施跟不上新区快速开发建设的步伐；三是对失地农民的安置工作进度滞后于新区开发建设的需要；四是生态环境及形象塑造方面滞后于新区发展的步伐。

三 2018年五象新区建设发展展望

2018年，是贯彻党的十九大精神的开局之年，是改革开放40周年，是决胜全面建成小康社会、实施"十三五"规划承上启下的关键一年，也是自治区成立60周年。五象新区将以习近平新时代中国特色社会主义思想为指引，深入贯彻落实党的十九大精神，全面落实市委十二届四次、五次全会精神，全力冲刺"2018年核心区基本成型"目标，集中力量重点建设总部基地金融街等六个重点区域，重点提升主干路网及重点区域的景观形象、交通功能和出行品质，以建设发展新成效迎接改革开放40周年和自治区成立60周年。

（一）以大力推进重点项目建设为主要抓手，确保一批项目如期建成启用

积极服务园博园建设和园博会筹办。全面推进园博园园区景观、市政、建筑三大主体工程建设，加快广西园和各城市展园的建设进度，加大力度打造园区周边及沿线环境，确保周边路网及快速公交2号线等配套工程如期建成，顺利实现8月园区试运营、12月全面建成开园的目标。

大力推进一批市政基础设施项目建设。以民族大道升级版为标准着力打造五象大道、玉洞大道、平乐大道三条精品路线，有力串联新区各重点片区，使路面整洁畅通、智能交通设施初步完备、沿线建筑风貌和谐、环境整洁有序；建成总部基地金融街地下空间综合利用工程，金融街路面及周边基本恢复，充分运用城市智慧小品等元素打造金融街高品质形象，完成夜景灯光亮化联动、交相辉映，集中展现新区良好的城市风貌和品位。加快推进电商产业园等片区路网工程以及轨道交通项目3号、4号及2号东延长线项目建设，不断完善新区路网配套。继续推进一批供排水、燃气、电力、通信、环卫等设施建设，确保紧跟道路桥梁建设步伐和项目交付节奏同步配套或建成。

强化公共服务功能配套提升承载能力。重点推进广西国际壮医医院、广西新媒体中心等迎接自治区成立60周年大庆公益性项目和市儿童医院、市图书馆（新馆）等市级层面项目建设，确保项目如期建成启用，与已建成启用的体育中心、文化艺术中心、市民中心、五象湖公园等公共服务配套设施融合互补，进一步提升新区城市品质、完善城市配套、打造宜居新区。加快南宁四中五象校区、新区第四实验小学等一批在建中小学校，广西医科大学东盟国际口腔医院等一批医疗项目，以及邻里中心等一批便民设施的建设进度，满足新区居民对优质教育医疗资源的需求和日常生活配套的需要。

（二）加快新区产业发展促进产城融合

重点推进中国—东盟信息港南宁核心基地建设。大力推进核心基地在建

重点项目建设，依托信息港小镇和大数据中心，加快数字经济基地、广西国际壮医医院（中国—东盟传统医药信息交流平台）、广西新媒体中心（中国—东盟网络视听产业基地）等项目建设，加快推动中国—东盟新型智慧城市协同创新中心投入使用；加快推进广西—东盟地理信息与卫星应用产业园（地理信息小镇）、中国—东盟检验检测认证高技术服务集聚区（一期）、南宁启迪东盟科技城（一期）等一批项目建设，启动中国—东盟信息港小镇建设；进一步推动中国东盟电子商务产业园建设，促进跨境电商加快发展；加快中国电信国际性通信枢纽、广西东盟国际电商科技园、远洋金象IDC大数据产业园等项目开工建设。加大北斗导航产业等新一代信息技术产业项目的引进力度，重点加快落实一批早期收获项目，持续构建提升信息港核心基地竞争力的"四梁八柱"。

全力推进现代服务业发展。依托总部基地金融街，加快发展金融业和总部经济，金融街高层建筑主体结构封顶率达75%以上，促进一批金融保险机构和企业总部陆续入驻办公、一批商业项目开业，积极营造五象商圈氛围，着力推进总部基地金融街基本成型。依托中国—东盟国际物流基地，五象粮油食品加工仓储基地项目建成投入运营，大力推进招商局集团广西物流中心等一批物流项目加快发展。

积极发展战略性新兴产业。依托新兴产业园，大力发展现代新兴制造业和以铝精深加工为支撑的特色装备制造业，加快集聚先进装备制造、新材料、新能源产业，南南电子汽车新材料精深加工项目建成投入生产，申龙新能源汽车生产基地推进量产，不断形成发展新动能。

强化招商引资、行政审批改革工作。围绕五象新区产业发展规划，着力推进总部基地金融街、中国—东盟信息港核心基地、信息小镇、电商产业园、新兴产业园的产业招商。加快推动一批增量项目落地，不断夯实新区产业发展基础，增强新区发展后劲。不断深化审批制度改革，探索建立政府投资项目业主、编制单位、评估机构的信息互通制度，形成具有可操作性、可复制的审批制度改革工作机制，进一步优化营商环境。

（三）着力提升新区绿色宜居品质

持续推进国家级绿色生态示范区创建，融合山、水、园、林、城元素抓好海绵城市建设，邕江沿岸绿地系统、慢行系统试验示范段建设基本完成，自治区重大公益性片区中央广场、总部基地金融街广场对外开放，良庆河愣塘冲整治及五象湖提升工程等一批项目完成建设。积极运用挡墙、护坡、立交、楼宇等竖向空间打造立体绿化景观，营造新区生态氛围；重点推进主干路网及重点区域的绿化景观成型，进一步提升新区城市绿化档次和宜居品质。继续加大力度抓好建筑工地扬尘治理，确保新区环境空气质量实现逐年提高，巩固"南宁蓝"成果。

（四）着力保障项目用地和加大安置力度

做好用地报批工作，多渠道争取更多农转用指标；着力提高土地供应效率，为新区后续发展和重点项目建设提供有力保障。继续加强土地批后供后监管，严格审查延期开竣工建设项目，加快闲置土地查处工作。全面加快农民安置房的土地供应与项目建设工作，努力扭转农民安置房建设滞后于安置需要的局面。加快推进被征地农民对近年来已建设安置房的选房入住工作，让失地农民早日共享新区建设发展成果。

（五）着力做好筹融资和特色产业金融集聚区建设工作

加大与银行、保险等金融机构对接，多渠道筹集项目建设资金，加快推动五象新区相关城市发展基金设立和落地工作，争取地方债和置换债券规模向五象新区倾斜，不断拓展项目资金筹融资渠道。积极引进一批金融保险机构，加快推进新区特色产业金融集聚区的建设发展，全力争取五象新区总部基地金融街申报成为全区绿色金融改革创新试验区。

B.10
南宁市国有企业供给侧结构性改革发展路径研究

南宁市社会科学院课题组*

摘　要： 国有企业作为国民经济的骨干和中坚，对推进供给侧结构性改革具有重要支撑作用。近年来，南宁市国有企业推进供给侧结构性改革，一系列重点难点改革任务实现了突破，但是仍然存在国有经济布局有待进一步优化、创新能力有待加强、产权结构有待完善、市场竞争力不强等问题。结合南宁市国有企业的发展实际，主要从去产能、降成本、补短板、创新驱动等方面提出对策措施，旨在持续深入推进国有企业供给侧结构性改革，促进国有资产保值增值，推动国有资本做大做强做优，提高南宁市国有企业市场竞争力。

关键词： 国有企业　供给侧结构性改革　发展路径

一　南宁市国有企业发展现状

（一）南宁市国有企业行业分布状况

南宁市属国有资产在三次产业中的分布呈现"三、二、一"的格局，

---

* 课题组组长：钟柳红，南宁市社会科学院副处级调研员，高级经济师。课题组成员：吴金艳、黄旭文、莫拓、杜富海。

主要集中在基础设施建设和房地产行业。其中第一、第二产业发展较为滞后，第三产业占比较高。第二产业中，传统制造业资产分布比重大，战略性新兴产业资产分布比重小，以制糖、造纸、机械制造等为代表的传统制造业国有资产占比超过95%，而以新能源、生物等行业为代表的战略性新兴产业分布的比例则不超过5%。第三产业中，传统服务业国有资产占95.4%，分布比重过大，而以物流、金融、会展等行业为代表的生产服务业资产分布比重小。31个重要子公司分布在基础设施建设和房地产业的资产占比分别为35.43%和36.64%。

（二）南宁市国有企业经营现状

南宁市国有企业积极探索、开拓创新，在改进企业管理模式、生产方式、制造技术和服务意识过程中进一步激发企业的市场活力，提升了国有企业自身规模和竞争实力。

1.南宁市国有企业发展迅速

2016年，南宁市国资委监管下的国有企业资产总额突破2200亿元，达到2281.25亿元，与2015年同期相比增长11.26%；在净资产方面，南宁市国有企业净资产达805.04亿元，同比增长9.6%，增加70.53亿元；国有企业通过创新转型，挖潜增效，2016年实现营业收入222.41亿元，同比增长21.67%，累计实现利润11亿元；上缴税费18.24亿元，同比增长15.39%。国有资产保值增值率达到101.61%，实现保值增值，充分体现了国有经济的战略支撑作用。其中，产业投资集团、威宁投资集团、城建集团收入超30亿元，分别为71.84亿元、51.24亿元和39.40亿元。

2.南宁市国有企业改革逐步推进

南宁市国有企业积极推进制度、产品和技术创新改革，南宁市国有企业改革不断向纵深发展。一是混合所有制经济稳妥发展。根据《南宁市人民政府关于国有企业发展混合所有制经济的意见》明确提出的发展混合所有制经济的原则、方向、措施，南宁市国有企业通过招商引资、增资扩股和股权转让等不同方式分类发展混合所有制，与民营资本形成优势互补，共同发展。二是加快企业自身结构改革调整,提升自身市场竞争力。南宁市国有企业通过拓展经营业务、加快资本市场扩张、强化规划导向和降本增效等措施,促进国有企业提升自身核心竞争力。威宁投资集团积极打造"互联网+"生态圈,在零售百货、便利店、酒店旅游等实体企业运营中搭建集商业、文化、社区服务为一体的商业平台,实现线上线下全渠道融通。农工商集团重组六大业务板块,通过整合与公司主业不相关或对主业影响不大的资产提高资产集中度,提升集团品牌价值。三是现代企业制度建设逐步完善。南宁市国有企业逐步完善企业法人治理结构,制定公司章程,使法人治理结构的各组成部分之间具有明确分工,实现各负其责、各司其事的分工模式。同时,进一步规范了企业干部选拔任用工作和开展市场化选聘职业经理人试点,既完善了国有企业党建工作,增强党对国有企业的领导,也坚持了党管干部与落实董事会依法选择经营者相结合的原则,逐步增强企业自身市场竞争的能力。

3. 南宁市国有企业惠民作用进一步发挥

南宁市国有企业的市场竞争力不断增强,并且稳增长调结构惠民生的作用在良好经营状态下得到充分发挥,持续活跃在南宁市城市建设和服务民生第一线。通过设立投资引导基金和产业引导基金,积极放大国有资本的引导作用,以国有资本带动社会资本,培育南宁市大项目、大产业,通过重大项目建设,实现服务民生。

二 南宁市国有企业供给侧改革进展状况

(一)南宁市推进国有企业供给侧改革的主要措施

在面对经济下行压力持续增大的严峻压力下,南宁市深入贯彻党的十八大,十八届三中、四中、五中、六中全会和习近平总书记系列重要讲话精神,认真按照自治区党委十届六次全会和南宁市第十二届党代会各项部署,深化改革和推进南宁市国有企业供给侧改革,改革过程中的一系列重点难点改革任务实现突破。

1. 国企改革发展政策制度基础进一步夯实

根据南宁市国有企业供给侧改革发展的要求，南宁市国资委制定了2016年深化国资国企改革实施方案，明确了全年改革任务内容和落实工作责任。市国资委不仅制定了国资国企改革方案，而且在《南宁市国资委全面深化改革工作方案》的基础之上，对改制企业生活区属地化管理、国企改革职工经济补偿金标准和国企发展混合所有制经济等一系列问题进行研究，制定了《南宁市人民政府关于调整南宁市国有企业改革职工经济补偿金标准的通知》《南宁市人民政府办公厅印发关于进一步推进南宁市党政机关事业单位和群团组织与所属企业脱钩工作实施意见的通知》《南宁市人民政府关于国有企业发展混合所有制经济的意见》等一批相应的配套性文件，初步形成了南宁市国资国企改革"1+N"制度体系。

2. 企事业单位改革逐步加强

根据改革要求，完成蔬菜公司和技术交流站、南宁侨虹新材料有限公司等一批企事业单位公司化、股份制改制。指导推进中房地铁物业公司吸收合并元丰物业公司和创宁恒远物业公司，以及中房翡翠城房地产公司和城铁房地产公司清算注销工作。按程序开展柳沙公司职工安置工作，广西赖氨酸厂职工安置方案顺利通过职工大会审议。一批企业改制重点难点工作取得了突破性进展。

3. 推进"僵尸企业"清理工作

2016年，市国资委启动"僵尸企业"情况调查工作，对"僵尸企业"经营状况、人员和资产负债情况等进行全面调查，收集各企业对处置"僵尸企业"的设想和需要给予的支持等，并根据自治区有关文件精神，起草市国资系统"僵尸企业"处置方案，进一步推动妥善处置已停产、半停产、连年亏损且扭亏无望的"僵尸企业"工作，促进南宁市国有经济提质增效。

4. 国有资本向集团主业进一步集中

在改革过程中，坚持"有进有退，有所为有所不为"原则，进一步深化企业整合重组，提高资源配置效率。2016年10月，推动南宁市武鸣供水公司划转接收工作，建宁水务集团已正式接收南宁市武鸣区供水有限总公司国有供水资产，集团综合实力进一步提升。指导监管企业"瘦身强体"，运用产权出让等手段科学处置现有存量土地及其他低效资产，推动非主业资产剥离，进一步为集团主业发展腾出空间。

（二）南宁市国有企业供给侧改革的主要成就

近年来，随着供给侧结构性改革的深入开展，南宁市国有企业改革成效显著，为进一步提升南宁市城市经济竞争力、调整产业结构、完善城市功能做出了重要贡献，也为持续深化南宁市国有企业供给侧结构性改革奠定了良好基础。

1. 国有资本布局和结构不断优化

从2013年底开始，南宁市从助力城市发展的六大功能板块出发，在遵循"国有资产向关系国计民生和基础性、关键性产业和领域集中，向优势企业集中"原则的情况下，将市属国资国企重组整合成南宁城市建设投资集团有限责任公司、南宁威宁投资集团有限责任公司、南宁建宁水务投资集团有限责任公司、南宁交通投资集团有限责任公司、南宁轨道交通集团有限责任公司、南宁产业投资集团有限责任公司、南宁大地飞歌文化产业集团有限责任公司、南宁农工商集团有限责任公司等八大集团公司。2015年4月，为助力南宁市打造成为面向东盟开放合作的区域性国际金融中心，又组建了南宁市金融投资集团有限责任公司，最终形成九大集团公司。九大集团公司的组建加快推进了市属国有经济布局和结构的战略性调整，国资国企改革重组取得重要进展。

2. 国有资本监管得到加强

南宁市国有企业资产监管制度的初步建立，使国有资本监管得到加强，进一步规范了国有资产的营运过程。南宁市国有资产监督制度主要体现在三个方面：一是建立企业风险防范制度，通过推动企业规范会计核算体系和年度财务预算管理，明确了出资企业"三重一大"的决策程序。二是建立企业经营业绩考核制度，制定考核评价内容和评价指标，根据企业功能定位差异全面实施业绩考核，实现了企业领导班子薪酬与企业经营业绩挂钩的全覆盖。三是完善监事会监督制度，强化国有企业外派监事会工作，形成了日常、专项、年度检查以及专题调研相结合的工作机制。通过建立企业风险防范制度、企业经营业绩考核制度和监事会监督制度，初步形成了多层次、多领域国有资产监督管理制度，企业国有资产监管的组织体系、制度体系、责任体系和监督体系基本形成，有力地促进了国有企业的健康发展。

3. 国有企业活力日益凸显

南宁市国有企业以产权制度改革为核心，坚持以推进市场化运作为导向，按照"政府推动、企业为主、积极稳妥、一企一策"的原则，采用改组改制、合资合作、股权融资、重组并购等多种途径加快企业公司制股份制改革，建立现代企业制度，提升企业活力。在市政府整合重组方案的指导下，对市管国有企业有序开展了改制重组、资产注入和剥离工作。其中，轨道交通公司、广发重工集团与南车集团、中铁装备集团合作，合资设立轨道交通装备公司及轨道建设机械公司。同时，南宁市市场开发服务中心和南宁技术交流站等单位的转企改制工作稳步推进。随着南宁市国有企业供给侧改革的逐渐深化，企业活力日益凸显。

（三）国有企业供给侧改革存在的问题

虽然南宁市国有企业供给侧改革不断深入，取得了一定的成绩，但是依然存在不少问题，包括国有经济结构布局不合理、发展过程阻碍较多、企业创新和造血能力不足、产权结构和管理体制有待进一步优化等问题。

1. 国有经济布局和结构不够合理

南宁市国有资本在基础设施建设、传统服务业和传统制造业方面比重依然较高，在战略性新兴产业和现代服务业的分布比重则较小，国有经济收入的主要来源长期依赖于房地产领域。在产业发展方面，仍然缺乏具有长期性、系统性的发展规划，也缺少持续性的投入，致使南宁市的优势资源没有能聚集在产业链关键部位和价值链高端环节，无论是在加速发展还是提升质量方面，难度都较大。

2. 产权结构有待完善

南宁市国有企业九大集团直接下属企业中，全资和绝对控股企业数量超过80%，平均控股比例超过90%，一股独大的情况普遍存在，国有资产证券化率只有5.6%，出资人、董事会、监事会、经理层各负其责、协调运转、相互制衡的公司治理机制还不健全，不利于现代企业制度改革的推进，限制了国有企业活力、带动力、影响力的提升。

3. 国有企业创新发展能力不足

一方面，南宁市国有企业发展方式尚未根本转变，仍然存在市场化和竞争性意识淡薄、缺乏高级管理人才、重投资轻管理、经营效益不高等问题。特别是创新能力不足，研发力度不够，致使科技创新尚未成为南宁市国有企业发展的主要动力，许多企业仍处于产业链低端。另一方面，南宁市国有企业承担大量的政府建设项目，持有的资产大部分为非经营性资产，而且非经营性资产占比较大，企业的盈利能力受限。并且，市属国有资产的资源配置和经营模式市场化程度仍然较低，对政府资源的依赖程度较高。政府配置的资源更多局限于土地资源，且运作模式单一化、低效化。以上情况限制了南宁市国有企业创新发展活力，导致国有企业自身的造血功能不足。

4. 国资管理体制不够完善

南宁市国有资产管理体制已经初步建立，但是依然存在不够完善的地方，主要体现在：国资委"出资人"职能的界定比较模糊，界定有待进一步厘清；监管形式比较单一，多形式的监管格局尚未形成；党管干部与市场化选聘相结合选人用人机制尚待完善；对监管企业战略方向指导不足，企业发展战略、预算和考核管理尚未实现相互挂钩；企业领导人员的考核评价体系和激励约束机制尚待完善；集团下属二级子公司尚未实行差异化管理和分类监管，现行偏行政化的监管方式也不利于国有企业的市场化运作和活力提升。

三 南宁市推进国有企业供给侧改革的举措

（一）去国有企业过剩产能和落后产能

准确分析南宁市国有企业过剩产能和落后产能的具体领域和形成原因，全面实施淘汰和退出落后产能、调整优化产业结构、努力开拓市场新需求等一系列举措。

1. 改造或退出传统产业

当前，南宁市国有企业去过剩产能主要集中在传统产业发展领域。传统产业包括铝深加工、食品工业产业、机械与装备制造、房地产业、建材、纺织、造纸等。主要以促进产业升级发展和获取收益为主要目的，为其他板块产业的发展提供一定的现金流支持。传统产业的企业要以转变发展方式和提升盈利能力为主线，拓展高端产业链条，加强技术改造和工艺创新，打造高端产品和服务，提高科技含量，发挥品牌优势，逐步提高深加工和高附加值产品及高端业务在营业收入中的比重，由主要依靠物质资源消耗向主要依靠技术进步、高素质人力资源和管理创新的发展方式转变，着力增强企业的核心竞争力。深化市场化改革，推进产权多元化改造，积极引进战略投资者和有实力的企业进行整合重组，进一步增强企业活力。对于投资回报不理想甚至亏损，难以进行产业高端化改造提升的产业，要选择退出。

2. 调整优化产业结构

推进南宁市属国有经济产业结构优化升级，让过剩产能的产业在产业结构优化中逐步改造提升或退出，大力推进产业结构高端化和产业链延伸、拓展高端产业链条，重点发展现代工业和现代服务业，培育发展战略性新兴产业，建立战略性新兴产业投资机制，着力扩大金融产业规模，规模化发展，提升国有企业可持续发展能力。

重点发展现代工业和现代服务业。重点以资源共享和优化配置为导向，充分发挥产业间的协同效应，形成良性循环和新的增长点的同时为其他产业的培育和发展提供良好的平台和配套，提高产业配套能力，优化招商引资环境，进而为南宁市工业振兴以及现代产业体系打造提供强有力的支撑和保障。

培育发展战略性新兴产业。战略性新兴产业关乎未来城市经济增长的可持续性，是在区域竞争中抢占制高点的关键，市属国有经济在这个领域基础薄弱，应着手培育引导。以产业投资集团为依托，综合考虑产业投资集团现有产业基础以及南宁市发展战略性新兴产业的规划，根据不同产业性质可采用自主培育、战略投资、兼并收购和合作经营等方式发展或投资培育若干战略性新兴产业业务。

3. 协同推进去产能

去产能是一项棘手的任务，要通过市场化、法治化的手段协同推进。一是要精准识别过剩产能或者落后产能，借鉴去库存的系列手段去过剩产能，利用新的技术、利用市场竞争压力、环保等倒逼企业去落后产能。二是要协调包括环保、质量、能耗、技术、安全、执法等部门，做好去产能的长期治理，形成长效机制。三是要以市场化为前提，加快去产能企业的债务重组，依法化解去产能企业债务负担，探索推进市场化的债转股方案。四是要做好去产能企业的职工安置等后续工作，用好国家、自治区和南宁市的奖补资金和配套资金，为企业职工提供尽可能满意的安置方案。五是要积极鼓励和宣传"去产能"的标杆企业，本地和外地企业用新思路、新管理方式、新技术、新产品、新业态等实现了企业"去产能"的成功创新做法，都值得南宁市国有企业学习和借鉴。

（二）降国有企业发展成本

1. 做好国有企业降本减负顶层设计

依据中央、自治区相关政策，制定出台南宁市国有企业降低税费负担、制度性交易成本、机构运行成本、人工成本、融资成本、能源成本、物流成本等一揽子政策计划，在落实过程中，要有针对性地区分不同集团、不同下属企业的实际情况和问题，在降本减负上真正有所作为，通过降低企业负

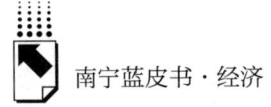

担,为企业营造良好的外部发展环境,增强企业在转型和创新方面的投入力度和发展活力。同时协调各相关职能部门制定完善南宁市国有企业降本减负配套政策。

2. 退出一般竞争性劣势产业

加快退出劣势产业和企业"办社会"领域。遵循平等竞争、优胜劣汰的市场经济规律,对一般竞争性领域的中小国有企业,鼓励各类投资主体参与改组改制,通过市场公开竞价,允许企业经营层、职工控股参股或整体收购;对资不抵债、经营亏损的困难企业,按照有关规定,通过关闭、破产、兼并、转让等方式退出市场。

3. 减轻国有企业社会性事务负担

对国有企业历史沿革遗留的办社会领域资产,加快清理、剥离和移交等工作。加快清理歇业晒壳公司,将改制企业和关闭歇业破产企业非经营性资产移交辖区政府,减轻企业负担。推动产投集团、威宁集团等集团下属的改制企业和关闭歇业破产企业生活区非经营资产和职工生活区尽快移交相关城区和社区。支持农工商集团根据城市发展和土地被征用情况逐渐撤销管理区,整合经营性资源进入下属公司,将非经营性资源移交相应城区政府管理。推进国有企业退休人员移交属地社区管理,切实减轻企业负担。

(三)补国有企业发展短板

1. 着力推进混合所有制改革

以提升市属国有经济效益为目标,以产权多元化为手段,大力发展混合所有制经济。推进国有资本与社会资本的融合发展,不断提升市属国有资产管理水平、企业经营质量和经营效率,进一步提高市属国有资本的杠杆放大效应,吸引更多社会资本参与南宁市经济社会建设。

一是对竞争性领域国有企业逐步推进混合所有制改革。以引进战略投资者为重点,加快骨干企业战略性重组。采取多种形式,广泛寻求合作对象,选择引进民营和社会资本、国外资本,尤其是吸引有利于企业长远发展的跨国公司和知名产业,在技术、产业链、资本、品牌等多领域、多环节实行战略合作，实现投资主体多元化。推动水务、轨道交通等市政公用领域和金融等现代服务业领域国有骨干企业，在确保控股的条件下引进战略投资者或财务投资者，形成多元股东优势互补、决策科学的现代企业治理机制。充分发挥国有资本对其他社会资本的撬动作用，缓解基础设施建设资金不足的矛盾。

二是提高资产证券化率，推进市属国有企业股份制改革，大力培育上市公司。鼓励已经上市企业充分利用资本市场，在全国、全区范围内集聚和配置资源、融资发展，围绕主业做大做强。支持上市公司收购符合条件的经营性国有资产，提高国有经济的资产证券化水平。推动具备条件的企业在资本市场发行企业债券，拓展融资渠道。加强市值管理，促进国有资本有效增值。积极指导南机环保科技公司、七彩虹公司等上市后备企业按照上市要求规范流程加快改革，尽快实现新三板上市。

三是通过股权转让、市场化并购等多种途径实现混合所有制改革。重点推动南南铝加工公司国有股权出让工作，实现资本形态转换，助推转型发展。通过股权转让，引入民营资本，优化国有股权结构进而改善治理机制，激发国有企业的活力。除交易所外，也考虑运用新三板及区域性产权交易市场进行国有股权转让，通过多渠道的市场化手段实现国有企业进退有序。集团可以引入多种所有制资本，集团资本也可以进入民营企业，促进国有资本和社会资本互利共赢。

四是推进一般竞争性国有企业职工持股。推进一般竞争性国有企业职工持股，激发企业员工的责任感和积极性，加快企业发展。明确职工持股的适用范围、职工股的地位作用及法律责任、职工股的发行管理与监督以及持股职工参与决策的资格和程序等，在此基础上，有序推行国有企业员工持股制度，形成资本所有者和劳动者利益共同体。

2. 积极推动国有资源的整合及资本化

贯彻落实中央以"管资本"为主加强国资监管精神要求，积极推动市属国有资源的整合注入和资本化。以国资系统资源资本化为导向，整合资源，优化布局，建立国资系统内部的资源共享和协同发展机制，加强对南宁市属国有企业之间协同发展的指导和协调，促进不同产业间、不同企业间的协同发展，提升市属国资国企整体发展能力。

推动政府投资形成的公共资源，以及文化、旅游、体育、传媒等可市场化运作、企业化经营的国有资产资源的整合；推动土地、山林、水域、景区景点等政府掌控的资源性资产的整合；推动政府特许经营权、土地一级开发权以及附着于公共资源的冠名权、广告权、开发权、经营权等无形资产的整合；推动分散在市直各部门的相关产业类财政专项资金、企业扶持资金等的整合。通过国有资源的整合注入和政策性补偿机制的建立，扩大九大集团经营性资产规模，实现资源的资产化和资产的资本化，为进一步转型发展打下坚实基础。通过土地作价注入优良资产等方式，改善企业财务状况和增强企业自主投融资能力。

3. 调整优化国有资本布局

强化国有资产出资人资源获取和资源运营的意识，提升出资人对市属国有资产及资源的统筹配置能力，多渠道汇集各类资源，重点布局于基础设施和公共事业产业、能源、先进制造业、现代服务业、战略性新兴产业和民生保障等领域，集中资源推进全局性、整体性资本运作，提高南宁市经济社会整体的运营效率。

建立公共性服务产业和其他产业板块的资源共享机制，实现集团间资源的共享、共生、共赢。在做大做强公共服务性产业的基础上，充分利用其资产规模大、收益稳定的优势，在确保风险可控的前提下，集聚资源，适当提高国有经济在金融业、战略性新兴产业等高风险、高盈利产业的资产配置比重，在保持市属国资稳健发展的同时，不断提高市属国资的整体盈利能力。以促进市属国资整体经营效益提升为核心，完善市属国有企业间合作的契约关系，增强出资人综合协调职能，促进市属国有企业之间加强战略合作。

4. 鼓励国有企业培育发展新业态新动能

以"市场化、外向化"发展为导向，积极探索国有企业新业态新动能发展，强化市属国有企业领导班子对商业模式创新、业态创新、发展动能创新的认识,树立以客户为中心的经营理念,探索具有稳健收益的新项目、新业态,以实现客户价值来推动企业价值的实现。基础产业的市属国有企业要不断优化建设与运营模式,拓展和拓宽产业链条,探索可持续发展的盈利模式,提升公共性产业板块的经济效益。竞争性领域的市属国有企业要不断强化核心竞争能力,积极培育发展新业态,提升综合竞争能力,充分发挥比较优势,有效提升企业盈利水平和行业地位。

(四)创新驱动国有企业提质增效

1. 大力实施创新驱动战略

促进南宁市国有企业成为推进科技创新、管理创新、服务创新和商业模式创新的骨干力量。摒弃原有的高投入、高消耗、低产出、低效益的外延扩张式发展方式,坚持专业化发展道路,在突出主业的同时,积极拓展和优化产业链条,逐步推进国有资本向产业价值链的高端转移。建立和完善技术创新体系,坚持走多种形式的自主创新道路。

2. 坚持问题导向明确创新发展的主攻方向

根据南宁市九大集团发展定位,明确集团创新的主攻方向和突破口,紧紧抓住"中国制造2025""互联网+物联网""现代服务业+互联网"等发展机遇,着力在产品创新、工艺流程创新、服务创新、商业模式创新等方面加快步伐。结合南宁市九大集团的发展主业和当前新兴产业发展方向,拓展产业发展空间。

3. 建立自主创新奖励扶持机制

研究制定自主创新奖励扶持政策,提升企业自主创新的主动性和积极性。利用国有资产收益,建立自主创新专项资金,加大对自主创新优秀项目、优秀人才的奖励力度。积极引导创投企业、科技服务园区等为创新企业的发展提供智力支持,参与市属国有企业创新项目的研究和开发,从资金等方面扶持创新企业发展。建立对市属国有企业自主创新的考核机制和薪酬激励制度,鼓励企业薪酬分配向关键岗位、关键人才倾斜,提高科技人员和创新关键岗位人员的薪酬水平。鼓励企业结合自身实际,加大科技投入,采取自建或共建等方式建立研发机构，打造专业研发队伍，构建开放式的技术创新体系，有效提升企业创新能力。

（五）深化国有企业配套改革

1. 做好国有企业供给侧结构性改革的顶层设计

在"有所为有所不为"方针的指导下，明确南宁市国有企业发展定位。南宁市市属国有企业的功能应定位为弥补市场失灵，重点布局于全市经济社会关键性和基础性领域，同时也需因地制宜，突出特色，增强市属国有经济的活力、竞争力、带动力，充分发挥国有经济对南宁市经济社会发展的引领和带动作用。具体定位为两个方面：一是支持和保障城市稳定运行和健康发展。国有企业在基础设施建设和公共服务等领域发挥主导作用。加快基础设施建设，提升运营保障水平，大力发展公共服务产业，为南宁城市健康发展做出应有贡献。二是引导城市产业做大做强。国有企业应在现代工业、现代服务业和现代农业中发挥骨干作用，不断延伸产业链，提高产业配套能力。在战略性新兴产业发展方面发挥引领作用，选择市场前景好、资源消耗低、带动能力强、竞争优势大、经济效益好的领域作为主攻方向，培育发展战略性新兴产业，使之成为全市经济增长的重要带动力量。引导产业结构转型升级，为南宁市工业振兴以及现代产业体系的打造提供强有力的支撑和保障。

2. 优化整合配置九大集团内部资源

通过内部重组整合、市场化增资扩股等方式，努力推动资源在集团内部的优化配置，为集团发展注入新活力。一是集聚优势资源，推动关联企业的重组整合。根据产业关联度，着力培育具有核心竞争力的子企业。二是"瘦身健体"，推动子企业重组整合。对集团内部业务范围相近或同类同质公司，采取吸收合并方式予以整合，避免资源浪费。三是进一步整合各类产业发展资金，扶持重点产业、企业、项目，全面推行产业发展资金竞争性分配机制，做大做强重点产业和重点企业。四是探索落后产能企业关停后的转型方向，考虑设立产业发展基金公司，通过建立母子基金的形式，积极引入各类投资者参与先进制造业和战略性新兴产业投资，推动形成股权结构多元、内部约束有效、运行灵活高效的经营机制。注重优选投资者,加强对引入投资者主体资质、诚信操作、资本实力的评估。五是清理僵尸企业。对资不抵债、经营亏损的困难企业,按照有关规定,通过关闭、破产、兼并、转让等方式退出市场。

3. 提升集团精细化管理水平

以建立完善现代企业制度为目标,着力开展管理创新,向专业化、协同化、差异化管理要效益。加强专业化管理,引导提高各监管企业专业化管理和精细化管理能力和水平,构建核心竞争力。推进协同化管理,通过资金统一调配、人才跨区域和行业流动、信息技术协同共享等措施,使内部资源在更大范围内进行科学配置,提高集团凝聚力和影响力。实行差异化管理,对各子公司进行分类管理,引入市场竞争机制和完善绩效考核体系,加大企业高级经营管理人才市场化选聘和管理力度,建立有效的激励和约束机制,推动人才积极创造价值,助推企业转型升级。

参考文献

[1] 林文斌、苏剑:《供给侧的性质及其实现方式》,《价格理论与实践》2016年第1期。

[2] 钱津:《论国有企业改革的分类与分流》,《经济纵横》2016年第1期,。

[3] 邵宁:《国企改革指导意见解读》,《企业管理》2016年第1期。

[4] 田涛:《华为的理念创新与制度创新》,《企业管理》2016年第3期。

[5] 王灏:《深入推进供给侧改革,全面提升国有企业发展水平》,《前线》2016年第2期。

[6] 朱晓燕:《我国国有企业发展现状及存在问题分析》,《市场研究》2014年第12期。

[7] 周娜、庄玲玲:《供给侧改革背景下国有企业改革的新思路》,《华东经济管理》2017年第2期。

[8] 曹森孙:《供给侧改革背景下我国国有企业改革发展路径探寻》,《改革与战略》2016年第10期。

[9] 张文魁:《国企改革才是货真价实的供给侧改革》,《中国经济信息》2016年第

Z1期。
- [10] 李锦:《国有企业供给侧改革的阶段与着力点》,《北方经济》2016年第3期。
- [11] 杨瑞龙:《以混合所有经济为突破口推进国有企业改革》,《改革》2014年第5期。
- [12] 刘瑞明、石磊:《国有企业的双重效率损失与经济增长》,《经济研究》2014年第3期。
- [13] 许昇:《中国国有企业效率影响因素研究》,浙江大学硕士学位论文,2016。
- [14] 孔东民、代均吴、李阳:《政策冲击、市场环境与国企生产效率:现状、趋势与发展》,《管理世界》2014年第8期。
- [15] 王罗义、李钢:《国有企业效率研究》,《经济与管理研究》2014年第6期。
- [16] 张维迎:《企业理论与中国企业改革》,北京大学出版社,1999。
- [17] 韩敬云:《制度创新与中国供给侧结构性改革》,中央民族大学硕士学位论文,2017。

B.11 南宁市供给侧结构性改革情况调查研究

周圣果 何莉环 林贤茂 冼就毅*

摘 要： 随着供给侧结构性改革的深入实施，南宁市在去产能、去库存、去杠杆、降成本、补短板上取得了较好的成效，但仍存在不少问题，需要从加强政策顶层设计、加快产业转型升级、统筹降低商业办公用房库存、有效化解政府债务风险等方面着手，继续深入实施改革。

关键词： 供给侧改革 结构性矛盾 改革政策

近年来，南宁市深入落实国家、自治区关于供给侧结构性改革的决策部署，积极推进"去产能、去库存、去杠杆、降成本、补短板"五大任务，取得较好的成效。总体来看，南宁市已基本完成去产能任务，商品住房库存、工业企业库存已降到较低水平，金融风险基本可控，企业总成本比全国平均水平低，扶贫、基础设施、环保、民生短板不断改善。

一 南宁市供给侧结构性改革的措施及成效

（一）去产能方面

"十二五"期间，南宁市严控新上"两高一剩"项目，积极化解建材等

---

* 周圣果，南宁市发展和改革委员会副主任；何莉环，南宁市发展和改革委员会国民经济综合科科长；林贤茂，南宁市发展和改革委员会国民经济综合科副科长；冼就毅，南宁市发展和改革委员会国民经济综合科主任科员。

过剩产能、落后产能,大力推动企业重组、"僵尸企业"退出,工业去产能效果显现。在落后产能方面:南宁市已通过节能减排倒逼淘汰了一大批钢铁、造纸、水泥、木薯淀粉、酒精等落后产能。2017 年,全面完成"地条钢"取缔工作,实现 99 家"僵尸企业"停产歇业,其中,完成 77 家国有"僵尸企业"职工安置。在过剩产能方面:对照国家和自治区确定的六大产能严重过剩行业①,2016~2020 年,南宁市无淘汰落后产能任务。2017 年,继续化解水泥过剩产能 60 万吨,关闭整合木薯淀粉企业 2 家,拆除炼钢用中频炉 8 台。经过努力,化学原料及化学制品制造业、非金属矿物制品业、造纸和纸制品业、电力热力生产和供应业、农副食品加工业五大高耗能行业产值仅增长 7.69%,产值占规模以上工业总产值的 33.69%,比上年降低 1.6 个百分点。

(二)去库存方面

一是商品房库存。2016 年 4 月,南宁市出台《关于认真做好房地产去库存促进房地产市场健康发展的通知》。2017 年 5 月,南宁市印发《关于进一步加强房地产市场调控促进房地产市场平稳健康发展的通知》,从鼓励非南宁市户籍居民家庭购买首套新建普通商品住房、加快棚户区改造货币化安置工作等九个方面推进房地产去库存工作,多部门共同推出房地产市场调控举措,进一步规范南宁市房地产市场秩序。截至 2017 年 12 月 31 日,全市商品房累计可售面积为 1430.59 万平方米,同比增长 10.05%,消化周期 11.52 个月。其中,商品住房累计可售面积为 808.43 万平方米,同比增长 9.25%,消化周期 7.97 个月;办公用房累计可售 86.49 万平方米,同比下降 9.56%,去库存周期 15.09 个月;商业用房累计可售 178.86 万平方米,同比增长 13.78%,去库存周期 43.47 个月。② 二是工业企业库存。存货总

---

① 六大产能严重过剩行业分别为钢铁、煤炭、电解铝、水泥、平板玻璃、造船。
② 2017 年 4 月 1 日住房和城乡建设部、国土资源部《关于加强近期住房及用地供应管理和调控有关工作的通知》中明确:对消化周期在 36 个月以上的,应停止供地;18~36 个月的,要减少供地;6~12 个月的,要增加供地;6 个月以下的,不仅要显著增加供地,还要加快供地节奏。

额增速呈下降趋势，2010年，工业企业产成品存货增速为58%左右，2012年减少到5%左右，2014年回升为16%，2016年又减少到9.75%。

（三）去杠杆方面

一是政府债务风险。2014年底，南宁市综合债务率超出预警线。2016年以来，南宁市制定化解债务风险五年规划及债务风险应急预案，实施政府债务限额管理，推进政府存量债务置换为政府债券。2017年，经自治区核准转贷南宁市地方政府债券共252.41亿元。二是企业杠杆。根据南宁市中小企业贷款平台数据统计，从平台获得贷款的企业贷款额占企业产值的比重一般为14%左右，即杠杆比为1∶7，不算高。2016年，南宁市不良贷款余额127.74亿元，同比下降0.063%，不良贷款率为1.3%，比上年同期下降0.28个百分点。为进一步降低企业杠杆，南宁市积极推动企业上市和新三板挂牌，2017年，南宁市上市公司共15家（含境外上市公司2家），直接融资365.63亿元；新三板挂牌企业25家，累计股权融资5.42亿元。鼓励企业债务融资，2017年，南宁市企业（含区直企业）通过债券市场融资648.2亿元。

（四）降成本方面

2016年，南宁市出台《关于减轻企业负担、降低企业成本全面推进实体经济健康发展的若干意见》，要求进一步降低实体经济企业成本，切实减轻企业负担，改善企业发展环境，促进实体经济平稳健康发展。2017年，南宁市从融资、税费、物流以及制度性交易成本等方面为各类企业降本减负42亿元。

1. 降低制度性交易成本

2017年，南宁市市级行政审批事项由536项精简至237项。在国家级开发区设立行政审批局，工业项目审批环节从16个减至3个，审批材料从234份减至80份，审批时限从150个工作日减至25个。清理规范84项行政审批中介服务事项。取消、停征、免征、降低收费标准及扩大免征范围的政府性基金及行政事业性收费共减免4.98亿元。

2. 降低企业税费负担

2017年,南宁市实现"营改增"后四大行业税赋减免约22.72亿元。全面推开营业税改征增值税改革,共135户房地产企业享受降低计税毛利率政策,减计应纳税所得额10.58亿元,减少预缴企业所得税2.64亿元。

3. 减低企业融资和财务成本

南宁市出台《南宁市加快政府性融资担保体系建设实施方案的通知》,担保费率整体下降40%。实行"两台一会"助保金贷款模式,企业只需提供50%的担保或抵押,惠企贷模式企业无须提供担保或抵押,符合条件的可获得单笔500万元以下的授信额度。2017年,以"两台一会"中小企业贷款平台为依托,推出了以"助保贷"为核心,以互联网金融"助融贷"、合作贷、知识产权质押贷、信用贷、助贸贷为基础的中小企业投融资系列产品,设立了"南宁市中小微企业孵化基金",主要致力于助推处于种子期、初创期的科技型、创新型中小微企业成长。

4. 降低企业人工成本

2017年,南宁市实施"五缓四降三补贴"政策措施,通过社保降费、稳岗补助等,为企业人工成本减负8亿元。

5. 降低企业用电成本

2017年,南宁市降低工商业销售电价,实施临时丰枯水期季节性电价和执行煤电标杆上网电价,为企业用电、用气等用能减负3.1亿元。

6. 降低项目土地使用成本

南宁市通过暂停收取工业项目建设共管资金、减半收取工业项目建设履约保证金等政策来降低项目土地使用成本,已为5个工业项目办理相关手续,免缴共管资金2.04亿元,少缴履约保证金982万元。

7. 降低企业物流成本

南宁市推广甩挂运输,南宁—鹿特丹中欧列车以及南宁港六景作业区的水铁联运作业成功开展,对市所属道路货运企业具有道路运输证的营运车辆路桥费进行减免,补贴新开通的国内货运航线,多方面降低企业物流成本。

（五）补短板方面

南宁市推动投资向扶贫、基础设施、科技创新、环境治理、公共服务等薄弱环节倾斜，2017年，民生支出500.73亿元，同比增长14.97%，占一般公共预算支出的77.48%。一是扶贫攻坚。筹集安排各级财政专项扶贫资金21.99亿元，全年8.37万名贫困人口脱贫，101个贫困村摘帽。二是基础设施。2017年，南宁市基础设施建设投资1022.39亿元，同比增长15.9%。三是科技创新。2017年，南宁·中关村"双创"示范基地揭牌并正式运营，引进了一批世界500强和行业龙头领军企业；新增国家级科技企业孵化器2家、众创空间3个；拥有高新技术企业451家，每万人口发明专利拥有量8.2件。四是环境保护。2017年，南宁市城市环境空气质量优良率为92.3%，"南宁蓝"成常态；累计建成污水管网约679公里，整治13条内河黑臭河段，城市建成区生活污水集中处理率超过95%。五是公共服务。2017年，南宁市区共有18所公办中小学校建成投入使用、新增学位约2.83万个，全年接收进城务工人员随迁子女约14.5万人；不断深化改革医药卫生体制，智慧健康医疗工程加快实施，初步实现市属13家公立医院检验检查结果互查互认；在全区率先启动实施统一的城乡医保制度和职工医保个人账户家庭互济共享政策；新增医养结合机构12家，达34家，新、改、扩建社区日间照料中心30个；文化服务设施不断完善，已实现全部市、县（区）有文化馆、图书馆，102个乡镇有综合文化站。

二 南宁市供给侧结构性改革存在的主要问题

（一）统筹领导方面

供给侧结构性改革的统筹推进力度有待加强。一是责任主体不够明确。去产能、降成本是工信部门负责，去库存是住建部门负责，但是去杠杆、补短板两大任务还没有明确责任部门。二是配套政策不够完善。2016年8月，广西出台了《关于加快推进供给侧结构性改革的实施意见》，但相关配套政策仍需进一步完善。三是督查落实力度较弱。相关目标考核和政策措施督促落实还不到位。

（二）去产能方面

进一步优化产能的难度较大。一是国资系统"僵尸企业"处置任重道远。目前，摸底调查掌握的96家国有"僵尸企业"分布行业和范围较广，遗留问题复杂，背负着大量的人员和债务，清理处置起来面临诸多难题。二是部分产品短期价格回升影响过剩产能出清。钢材、水泥等部分资源型工业产品价格回升，相关产业产能不降反增，在供需矛盾尚未化解的前提下，对过剩产能的出清带来了新的不确定性。三是新旧产能转换缓慢。从南宁市情况看，冶炼、水泥、造纸、淀粉、酒精、皮革等重点行业企业落后产能不多。目前，随着改革的深入推进，在市场竞争中破产倒闭、停产半停产企业增多，除开发区以外的县区工业缺乏增长点，如何布局新的优质产能、形成工业新增长点是南宁市优化产能结构的关键任务。

（三）去库存方面

房地产市场的结构性库存较为突出，存在两极分化的结构性问题。一是住宅市场形势较好。截至2017年底，新建商品住房去库存周期为7.97个月，房源供应偏紧。二是小户型住宅以及商业营业用房、办公楼库存压力大。据统计，南宁市60平方米以下商品住宅去库存周期为17个月，办公用房去库存周期为32.3个月，商业用房去库存周期为82.2个月，且仍然有快速增长态势。

（四）去杠杆方面

金融债务风险隐患仍然存在。一是政府债务存在增长快、举债渠道有限的矛盾。按照初步测算，2017~2020年为南宁市还债高峰期，平均每年还本付息额均突破200亿元，其中市本级占90%以上，南宁市已列入债务风险预警名单。从举债情况看，受国家政策影响，传统的融资平台公司举债、财政偿还的模式已经无法持续，地方政府只能通过发行地方政府债券举债。目前，南宁市每年获得政府债券发行额度非常有限，仅2016年额度不足需求的10%，难以满足城市建设项目大量的资金需求。二是资本市场不够完善，企业融资渠道单一。目前，南宁市企业通过发行股票、债券等形式进行筹融资的比例还是比较小，大部分还是通过银行贷款、民间融资等途径解决，融资难、融资贵问题较突出。

（五）降成本方面

企业运营总成本仍居高不下。与全国城市相比，南宁市企业成本较低，但成本呈上升趋势。一是制度性交易成本较高。与东部发达地区相比，南宁市项目审批环节仍然较多，用时较长，距离国家要求的一站式受理、全流程服务、一家负责到底的审批服务管理新模式还有很大差距。二是企业税费总体上较高。南宁市已执行国家、自治区出台的取消、停征、减征、免征等相关收费政策，但与东部发达地区相比，企业税费总体上仍然较高，如一个投资10亿元以上占地500多亩的项目在南宁市和珠海市建设，最终南宁市要缴纳相关报建费用306万元，珠海市只需缴纳53.28万元，南宁市高出珠海市4.7倍。三是企业融资成本相对较高。据调查，企业抵押或担保机构融资综合成本为年息15%左右，多数企业通过小额贷款公司或民间私人贷款进行民间借贷融资，民间融资成本高达25%左右。四是企业人工成本增长较快。近年来，在企业各类成本中人工成本增长最快，在构成人工成本的所有子项目当中，劳动报酬占人工成本的比例最高（55%~85%），且增速最快。五险缴纳比例较高，根据调查的企业统计，目前南宁市企业所缴"五险一金"每月占企业人力成本的25%以上，单位缴纳比例达30.8%，比周边多个省会城市都高。五是水、电、气以及物流等生产要素成本较高。广西企业的水、气、电使用价格比中西部多数省份都明显偏高，企业运营成本偏大。企业进出口货物多数经深圳、香港出关，物流成本普遍高于东部沿海地区，如一个标准货柜要比沿海地区多120美元左右，而且交货周期也比东部地区时间长。

（六）补短板方面

重点领域的薄弱环节尚未得到根本性缓解。近年来，中央对地方债务、

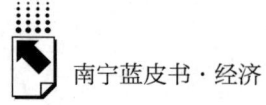

融资平台等领域加强监管，以政府为主导的基本建设投资的融资难度加大，导致城市道路、教育、卫生、科技等公共服务基础设施项目资金缺口较大，短板问题还没有根本性缓解。

三 南宁市供给侧结构性改革的对策措施

（一）加强政策顶层设计，加快出台落实供给侧结构性改革"1+5"政策文件

2017年4月，南宁市发展与改革委员会制定了《南宁市供给侧结构性改革政策顶层设计工作方案》，建议明确五大任务的责任单位，并参考广东省的推进模式，研究出台"1+5"政策文件：即1个供给侧结构性改革的总体实施文件，分别对应"三去一降一补"的5个政策子文件，确定推进思路、目标、具体任务、保障机制等，以系统完善的政策体系推动供给侧结构性改革取得更大突破。目前，"1+5"政策文件仍在反复修改完善中。

（二）重点处置僵尸企业，加快产业转型升级

1. 清理处置僵尸企业

从政策、资金、机制等方面，加快国资系统僵尸企业处置。建议由国资部门组织制定社会资本对接、职工安置、财税支持、不良资产处置等相关配套政策，其中急需的支持政策有免缴离退休人员"十年余命费"等社会保险费用、减免政府性债务或给予财政资金支持等。建议市财政部门做好处置"僵尸企业"的资金预算，目前南宁市已安置职工的部分特困企业属于无资产、无土地、有债务的情况，处置费用需市财政部门解决。建议协调市中级人民法院指导企业准备破产相关材料，以企业集团为单位，将国有"僵尸企业"集中纳入破产"绿色通道"。

2. 加快产业转型升级

扩大产业发展空间，加快城区核心地块老旧企业的搬迁改造，适度控制

房地产旧改项目规模，高效利用三大开发区核心地块，加快新兴工业园、空港经济区、综合保税区、三塘片区等区域产业规划布局，探索三大开发区托管六景工业园区等条件较好的县域工业园，争取布局一批先进都市型工业或现代服务业。延长电子信息、铝精深加工、生物医药三大重点产业链。铝加工产业方面，培育壮大源正新能源汽车、南南铝精深加工、研祥智谷、中车轨道交通装备等一批重点项目，在新兴产业园规划建设高端铝合金新材料精密加工与应用产业基地。电子信息产业方面，推进富士康千亿元产业园、禾田信息港等项目，依托富士康集团发展智能制造，重点加快推进中国—东盟信息港南宁核心基地、智慧南宁建设。生物医药产业方面，做大做强中成药、中药饮片及中药配方颗粒等现代中药三大优势领域，抓好经开区生物医药产业园、南宁高新技术生物产业基地等平台建设。加快推进生物医药产业园、斐讯、研祥等项目建设，争取尽早竣工投产，形成新的增长点。围绕电子信息、铝深加工等重点产业链，精准招商，引进一批大企业大项目。

（三）统筹降低商业办公用房库存，消化制造业库存

大力控制和消化商业办公用房库存。通过供地、规划用途调整等途径控制小户型商品房住宅、商业用房、办公用房增量，明确房地产开发项目调整土地用途、规划用途以及商住比例的现实操作细则，降低非商品住宅交易税费，提高房地产供给结构的合理性。同时，建议由平台公司收储商用办公写字楼，分专业类别建设创新中心和孵化器，打造良好创新平台。建立库存商品交易市场。建议南宁市携手中国旧货业协会库存折扣商品专业委员会，建立重点面向东盟的库存商品易货交易市场，为拥有剩余商品、积压物资的企业厂商搭建"易出所余、易入所需"的专业市场平台和网上易货交易平台，推动库存产品"走出去"。

（四）全面化解政府债务风险，降低企业杠杆

一方面，化解政府性债务风险。核查市、县、乡级政府资产，摸清偿债来源底数，明确分年度政府债务风险化解目标，建议计划用5年左右时间将

南宁市本级综合债务率逐步降低到安全线内。积极向自治区申请置换债券额度用于偿还到期债务，研究利用社会资本转移债务风险，严防政府融资平台企业债务向政府债务转化，做好财政收支统筹，确保安全度过偿债高峰期。另一方面，降低企业杠杆率。扩大直接融资规模，积极推动南宁创业投资引导基金、北部湾经济区产业基础设施投资（南宁）引导基金等股权基金运作，完善基金投资软环境。

（五）从时间成本和资金成本着手，多渠道减轻企业成本

继续深化"放管服"改革。对2014年以来上级明确下放和调整审批的事项，加强与自治区沟通衔接，尽快制定南宁市实施方案。继续完善南宁市网上审批大厅系统，强化网上审批大厅预受理服务和办件预约功能，扩展系统应用范围。同时，继续打好降成本组合拳。严格落实国家、自治区政策，继续降低企业交易、人工、社会保险、住房公积金、物流等成本"组合拳"政策，在用水、用气、用电等方面研究制定扶持力度更大的政策。建立涉企收费清理检查工作的长效机制。通过审计、执法检查和财务专项检查等有效手段监督各项涉企收费，建立和完善收费基金监管机制。

（六）着眼重点领域和薄弱环节，加强补短板工作的统筹推进

做好补短板工作的合理规划和统筹安排，加大科技创新投入，加快创新创业平台体系建设，抓好扶贫"七大工程"组织实施，全面完善基础设施，进一步加大教育、卫生、文化等公共服务投入。

B.12
南宁市实施工业"二次创业"对策研究

中共南宁市委政研室（改革办）课题组*

摘　要： 工业是南宁市产业发展的最大短板，也是产业转型升级的最大潜力所在和关键所在。以国有企业为主体的传统产业是南宁市工业发展的重要组成部分，对全市产业转型升级起着重要作用。部分传统工业企业积极实施"二次创业"，通过技术创新、产品创新、管理创新、企业重组等多种方式，成功实现转型创新发展，为全市产业转型升级提供了较好的经验借鉴。但传统产业转型升级仍存在产业转型起点低、工业高端化进程滞后、企业自主研发创新不足、企业管理及技术人才缺乏、其他制约因素较多等问题。文章结合南宁市工业发展现状，提出实施"二次创业"，加快传统产业转型升级的总体思路、路径和目标，以及切实有效的措施建议。

关键词： 南宁市　传统工业　二次创业　转型升级

党的十九大报告提出，要支持传统产业优化升级。习近平总书记在广西视察时指出，保持经济持续健康发展，要在推动产业优化升级上下功夫，在转变发展方式上下功夫，在提高创新能力上下功夫，在深化改革开放上下功夫。推进产业优化升级是扎实推进经济持续健康发展的首要内容。南宁市第

---

* 课题组组长：赵雄鹰，南宁市委政研室（改革办）副主任；课题组副组长：梁智忠，南宁市委政研室（改革办）副主任；课题组成员：李金星、孙靖钰。

十二次党代会提出,要大力实施"六大升级"工程,推动产业转型升级是首要任务。工业是南宁市产业发展的最大短板,也是产业转型升级的最大潜力所在和关键所在。一直以来,以国有企业为主体的传统产业是南宁市工业发展的重要组成部分,对全市产业转型升级起着举足轻重的作用。只有加快推进工业"二次创业",推动传统产业转型升级,焕发"老传统"活力,才能再现南宁工业发展辉煌。

一 南宁市实施工业"二次创业"、推进传统产业转型升级已有一定基础

(一)近年来南宁市传统工业产业发展呈现向好、向优趋势

"十二五"以来,南宁市工业经济保持平稳较快发展态势,实现了由工业化初期向工业化中期转变的历史性跨越,化工、建材、造纸、木材加工和纺织五大传统优势产业也较好地适应了经济发展的需求,保持强劲增长势头,是全市工业发展的重要支撑力量。

1. 产业规模不断壮大

"十二五"期间,南宁市传统优势产业规模以上工业产值年均增长20.56%,其中化工业、建材业、木材加工业的产值均保持20%以上的年均增长率。到2016年,传统优势产业规模以上工业产值由2010年的389.18亿元增加到1049.86亿元,增长1.7倍,全市传统优势产业的产值约占工业经济总量的1/3(见表1、图1)。

2. 企业经济效益不断扩大

"十二五"以来,南宁市传统优势产业主营业务收入和利润稳步提升,到2016年,传统优势产业规模以上企业主营业务收入和利润分别由2010年的330.22亿元、28.01亿元增加到972.7亿元、69.78亿元,分别增长1.95倍、1.49倍,分别年均增长19.7%、16.4%。具体行业情况见图1、图2。

表1　2010~2016年南宁市传统优势产业规模以上工业产值情况

单位：亿元

指标	2010年	2011年	2012年	2013年	2014年	2015年	2016年
化工业	157.42	211.8	256.93	314.43	366.57	403.25	445.15
建材业	95.94	112.92	139.75	179.54	230.14	258.32	255.56
造纸业	55	80.79	130.06	158.71	122.56	101.98	106.82
木材加工业	52.95	83.97	112.77	132.67	151.46	176.83	188.52
纺织业	27.87	36.28	40.07	45.7	45.21	50.74	53.81
合计	389.18	525.76	679.58	831.05	915.94	991.12	1049.86

资料来源：2011~2016年《南宁年鉴》；2011~2016年《南宁统计年鉴》。

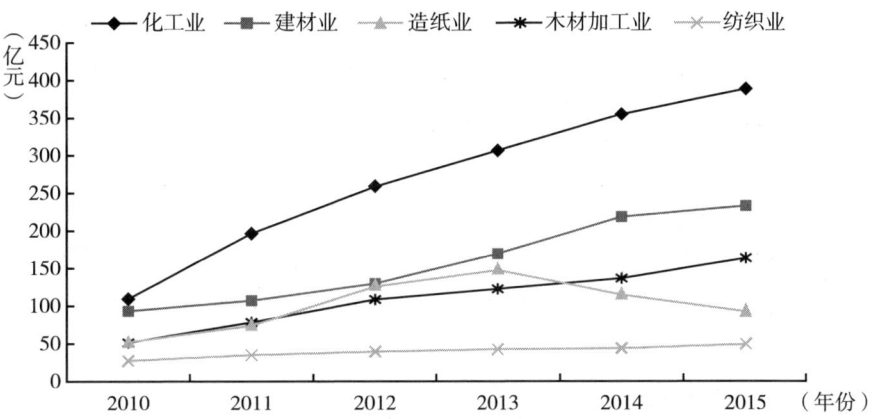

图1　2010~2015年南宁市传统优势产业规模以上企业主营业务收入

资料来源：2011~2016年《南宁年鉴》；2011~2016年《南宁统计年鉴》。

3. 企业培育成效显著

龙头企业带动作用持续增强，至2016年，全市传统优势产业规模以上企业共有398家。培育了一批知名度高、竞争力强的区域品牌，广西田园生化股份有限公司、广西新方向化学工业有限公司等企业被评为全国工业品牌培育示范企业。

4. 创新能力不断提升

企业技术创新主体地位进一步增强，仅2015年化工和建材两大产业便实施了97个技术创新和两化融合项目，"十二五"期间以企业为主体实施

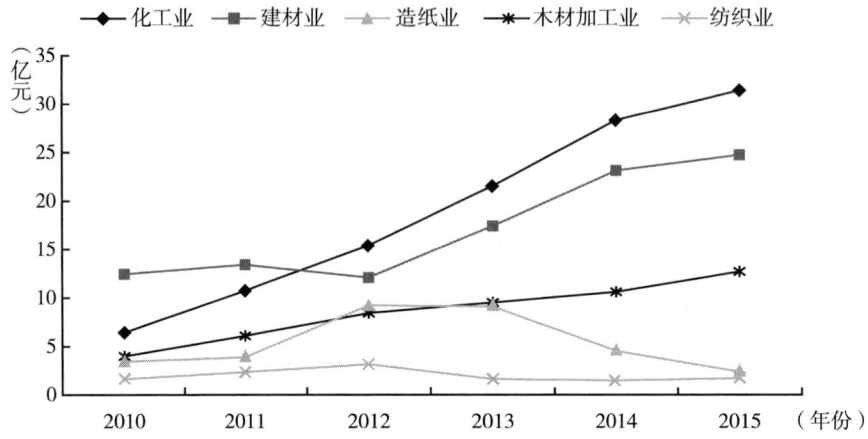

图2 2010～2015年南宁市传统优势产业规模以上企业利润

资料来源：2011～2016年《南宁年鉴》；2011～2016年《南宁统计年鉴》。

了超过200个项目，广西田园生化、广西福美耀节能门窗有限公司等企业被评为自治区级企业技术中心。关键产品取得重大突破，围绕绿色农药、轻质碳酸钙、新型建材等领域，加大项目策划和投入力度，组织实施一批重大专项，开发了一批市场前景好、推广效益高的产品。

5. 绿色发展效果明显

重点对化工、建材、造纸等产业实施污染物减排工程，实施燃煤工业锅炉（窑炉）改造、热电联产、电机系统节能、能量系统优化等节能技术改造。在建材、木材加工等资源型传统产业全面推行循环经济，相关企业循环经济主要技术指标达到国内一流、国际先进水平，推进华润水泥（南宁）有限公司等自治区级循环经济试点单位建设。对水泥、纸浆等行业进行落后产能淘汰，关停或搬迁凤凰纸业制浆生产线、华劲纸业南宁分公司、浮法玻璃等中心城区"两高企业"。

（二）南宁市部分传统工业企业实施"二次创业"、实现转型升级积累了一定的经验

在经济进入新常态、国家大力推进产业转型升级的大背景下，南宁市的

不少传统工业企业主动顺应产业发展趋势，积极实施"二次创业"，通过技术创新、产品创新、管理创新、企业重组等多种方式谋求企业新发展，不断增强企业可持续发展能力和核心竞争力，成功实现了转型发展、创新发展，走出了一条转型升级的新路子，为全市产业转型升级提供了较好的经验借鉴。

1. 技术创新型

主要通过加大科技创新投入力度，开展技术创新对原有的产品改造提升，以高端产品提升企业核心竞争力，进而实现企业转型升级。此模式以广西南南铝加工有限公司为代表。南南铝的前身是南宁铝厂，创始于1958年，是广西最早的电解铝生产企业，也是广西第一块铝锭生产的企业。20世纪初，南南铝企业从铝、钨冶炼型企业转向铝合金型材加工企业后，随着建筑铝型材市场的饱和，企业发展空间受限，急需调整产品结构，优化资产。2010年，公司适时根据国家航空重大战略需求，利用广西铝资源优势，建设广西南南铝加工有限公司年产20万吨航空交通高端铝合金新材料项目（以下简称20万吨项目，总投资52.8亿元），通过引进美国、德国等先进的生产设备和工艺技术，配套国内先进的大型材和深加工生产装备，依托企业创新开发平台，围绕国家重大需求和铝合金高端市场，开展技术消化吸收再创新，大力开发新产品，产品全面替代进口，并成功探索出一条"技术主导销售"的高端铝材市场开拓模式。经过几年的努力，公司成功获得了进入航空航天、轨道交通、武器装备、汽车、船舶等高端制造领域的通行证，在航空航天、轨道交通等关键材料上取得重大突破，多项技术填补了国内空白，给企业带来了生机和活力，南南铝企业从普通的铝合金型材加工企业转向航空交通高端铝合金新材料企业，实现了企业转型升级"一步登顶"的愿景和延伸铝产业链的目标。

2. 企业重组型

主要通过企业并购、资产重组等手段扩大企业规模，做深主营业务，最终实现企业转型发展。此模式以南宁糖业有限责任公司为代表。"十二五"

期间，受食糖市场影响，制糖行业一度陷入低谷，一些实力不足的糖企考虑通过兼并重组退出市场的意愿凸显。在此背景下，南宁糖业公司紧抓这一市场机遇，通过与相关投资金融机构设立南宁南糖产业并购基金（以下简称"南糖基金"）解决自身资金不足的问题，再以并购基金为主体，收购英联糖业在中国广西境内的四家糖企股权，待时机成熟后南宁糖业再购回糖企资产，装入上市公司。通过成功实施兼并重组，南宁糖业增加了近70万亩的蔗区，为大幅扩充蔗源及提升产能打下了坚实的基础。制糖主业的规模效应得以体现，市场核心竞争力得到提高，为南宁糖业整体综合实力跃居广西前列奠定了基础，也为广西糖业实施"二次创业"、推进产业升级提供了颇具价值的借鉴经验。

3. 产品创新＋借"壳"创业型

通过从原来的企业剥离出优质资产，依托企业原有的人才、产品、品牌等资源瞄准本地市场需求成立新的公司，开发新产品、拓展新市场，最终实现借梯登高、转型升级。此模式以南宁机械厂为代表。广西壮族自治区南宁机械厂（以下简称"南机厂"）创建于1952年，是广西机械制造业的奠基企业之一。1999～2002年期间，由于经营管理不善，工厂连续多年巨额亏损，被迫停产歇业。2003年，由南机厂和南宁市国凯实业有限责任公司共同出资组建了南宁南机动力有限公司（2014年更名为南宁南机环保科技有限公司），承接南机厂单缸柴油、摩托车、农用运输车以及机械加工等工业项目。之后因产品单一、管理不善等原因，新成立的南机动力营业收入逐年下滑，连续六年亏损，陷入资不抵债、濒临破产的境地。2010年，公司提出了"二次创业、重振南机"的构想，在逐步淘汰低效落后传统产业的同时，确立了以新能源电动机车和环保装备为主、通用机械为辅的产业结构调整战略，全面进军高附加值、低能耗、低排放的环卫装备新兴产业。公司不少新产品填补了广西空白，诸多科技新产品助推公司生产经营快速攀升，扭转了自公司2003年成立以来连续六年亏损的局面，二次创业第一年即扭亏为盈并连续七年盈利，初步探索出依靠科技创新促进脱困发展的新模式。

这些企业的成功转型，为南宁市其他传统企业的转型升级提供了经验借鉴。

二 当前南宁市迎来实施工业"二次创业"、推进传统产业转型升级"窗口期"

当前,以数字化制造、互联网、新能源等重大技术创新与融合为代表的产业变革正在加紧展开,产业发展呈现高端化、信息化、集群化、融合化、生态化、国际化等新趋势。产业发展呈现的新趋势、新特点,传统的产业形态、制造模式、运营方式发生深刻改变,倒逼传统产业必须走转型升级的道路,从内生上为产业转型升级提供了动力。推进传统产业转型升级,必须要顺应当今产业发展新趋势,牢牢把握转型升级的战略机遇。

(一)存在的机遇

从外部环境来看,当前南宁市实施传统产业二次创业、推进产业转型升级面临着诸多机遇,主要表现在以下方面。

从国内外大环境来看,正在爆发的新一轮互联网革命催生出"互联网+"新业态,成为撬动南宁市产业转型升级的新引擎。互联网产业规模不断扩大、创新,进一步激发了生产消费模式、服务模式、商业模式的创新,为传统产业发展方式转变提供了诸多新途径、创造了新经济增长点。目前,我国正以供给侧结构性改革为主线,实施"中国制造2025",加快产业结构升级,培育新兴业态,以新技术、新业态、新模式改造传统产业,增强核心竞争力,促进实体经济转型升级,实现新兴产业与传统产业协同发展。南宁是后发展欠发达地区,新一轮产业革命为南宁市实施创新驱动发展战略、开展传统产业"二次创业"、实现产业转型升级带来了难得的历史性机遇,更是南宁通过转型发展实现变道超车、借梯登高的难得机遇,以"互联网+"推动南宁产业转型升级正当其时。

从广西来看,近年来自治区在机械工业、冶金产业、铝产业、糖业等产业领域大力实施"二次创业",对传统产业转型升级明确了目标任务、路径和内容,在南宁市安排了诸多重点产业项目,将对南宁实施传统产业"二

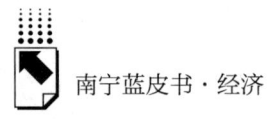

次创业"、实现产业转型升级提供政策指导和诸多有利条件。

从南宁市来看,目前,南宁正处于新型工业化、信息化、城镇化、农业现代化同步推进,加快建设"四个城市"的关键时期,基础设施支撑能力持续增强,消费结构和产业结构逐步升级,随着"工业强市、产业旺市"战略深入实施,全面深化改革持续推进,通过转方式、调结构,不断释放新活力、催生新动力,为传统优势产业开展"二次创业"、加快转型升级创造了良好的内外部环境。

(二)存在的困难和挑战

同时,也要看到南宁市传统产业转型升级存在的困难和面临的挑战。

1. 产业转型起点较低

当前,南宁市工业传统优势产业集中度偏低,缺乏具有特色的传统产业集群,产业空间布局与资源分布不协调。传统产业存在生产方式以加工、组装为主,拥有自主知识产权的高附加值产品比例过小等问题,推动产业升级的新产业或先导产业优势仍不明显,与经济整体上进入新的发展阶段还不相适应。缺少大型龙头企业,中小企业发展活力有待进一步增强。同时,大多数传统产业多处于产业链中附加值较低环节,以加工制造为主,产业发展总体尚未摆脱"低准入门槛、低水平扩张、低成本优势"的传统路径依赖。比如南宁市制糖企业,目前仍然采用直榨成品糖的"一步法"生产,工艺落后,应对市场风险能力差;即使是南宁市初步实现的"南宁地铁南宁造",生产的地铁车厢亦属市场成熟产品而非高技术产品,并且产品产量低(2017年1~7月共生产57辆,而中车株洲公司2016年全年生产超1000辆地铁车厢,平均每天生产3辆),市场拓展压力较大。

2. 工业高端化进程滞后

南宁市工业特别是制造业服务化进程还相对滞后,多数制造企业仍处于"微笑曲线"价值链低端,对本地研发、市场营销等拉动作用弱,全市缺少有影响、高端化、个性化、复合型的制造业服务,大型制造业企业所需的生产设计、商务咨询、国际营销等高端生产服务环节在本市几乎是空白,更多的是落到外地发达地区。这对产业转型升级是较大的制约因素。2016年，全市高技术产业工业增加值占全市规模以上工业增加值的比重仅为18.51%，工业高端化进程相对滞后。

3. 企业自主研发创新不足

当前多数从事传统产业的企业存在自主创新能力不强、技术开发和技术创新水平较低等问题，传统产业中高新技术产品占比较少，对于高新技术长期存在"重引进轻研发"的情况，要素投入长期偏低，核心关键技术缺失，一些大中型企业研发投入多年为0。据统计，2011~2016年南宁市规模以上工业企业研究与试验发展（R&D）经费占工业增加值的比重分别为1.79%、1.65%、1.41%、1.39%、1.35%、1.61%，而2015年全国平均水平约为2.1%。可以看出，南宁市工业企业科技投入与国内平均水平有较大差距，科技投入跟不上经济发展速度，传统产业企业差距更大。

4. 企业管理人员及技术人才缺乏

目前南宁市主要工业企业特别是国有老企业中，管理人员及技术人员多数是在原有计划经济体制下成长起来的，年纪偏大，知识结构较为单一，对市场经济及新科技新业态的适应有一定难度；对高端人才的承载力、对人才的自然集聚力不强，人才引不进、留不住的问题仍然存在，引进的高层次人才又较多回流到其他发达城市发展。据统计，南宁市企业中具有高级专业技术职称（职业技能资格）、博士学位的人才仅占从业人员的3.7%。

5. 其他制约因素较多

如融资难、融资贵问题仍然存在。虽然南宁市"降本减负"政策对担保费率不超过2%的融资性担保机构补贴以达成降低企业融资成本目标，但是目前达到这个要求的融资性担保机构少之又少，企业融资成本依然很高。又如县域工业转型升级难度较大。南宁市县域工业基础较为薄弱，近年来增长乏力，已连续三年负增长，2016年五县工业仅占全市工业的13.79%。且县域工业主要集中在农副产品加工、建材加工等传统行业，转型升级需要更大投入。

综合来看，当前南宁市实施"二次创业"、推进传统工业产业转型升级面临着诸多机遇和挑战,总体上机遇大于挑战,外部环境有利,南宁市实施"二次创业"、推进传统工业产业转型升级正迎来重要的"窗口期"。我们必须紧紧抓住有利机遇,迎接挑战、克服困难,用好窗口期,大力实施工业"二次创业",推进传统产业转型升级、跨越发展。

三 实施"二次创业"、加快传统产业转型升级的总体思路、路径和目标

南宁市实施"二次创业",要全面贯彻党的十九大精神,以习近平新时代中国特色社会主义思想为指导,按照高质量发展的要求,牢牢把握机遇"窗口",坚持以供给侧结构性改革为主线,加快调整传统产业生产结构,促进企业由外延式增长向内涵式增长转变、由粗放式增长向集约式增长转变、由投资拉动型增长向创新驱动型增长转变,推动质量变革、效率变革、动力变革,通过"二次创业"使南宁市传统产业焕发新的活力、增添新的动力、实现全面转型升级,重振南宁工业雄风、再创南宁工业新辉煌。

在思路上,遵循"汰劣、扶优、引新"的理念开展"二次创业"、推动产业转型升级。汰劣,就是要充分发挥市场机制的倒逼作用,强化优胜劣汰的市场机制,坚决淘汰不达标的落后产能,分类处置"僵尸企业",促进资源优化配置,加快传统产业实现"二次创业"、转型升级。扶优,就是要对符合产业导向、科技含量高、发展前景好、产业升级作用大的企业和项目给予重点支持,促进资源向优势企业集中,不断提高产业规模化和集约化水平。引新,就是要着力引进和培育一批新技术、新工艺和新产品对传统产业进行改造提升,同时积极引进新兴产业,加强创新型载体建设,发挥创新型主体的辐射带动作用,推动传统产业与新兴产业融合发展,促进传统产业转型升级。

在路径上,重点把握好产业发展趋势、市场需求、产业政策、技术创新、产业合作五个方面推进产业转型升级。把握产业发展趋势,就是要着眼于产业发展趋势和规律,按照产业高端化、信息化、集群化、融

合化、生态化、国际化六个方向，积极适应全球新一轮科技革命和产业变革，在顺应产业发展趋势中谋划发展、把握主动权，实现转型升级。把握市场需求，就是要紧盯市场机遇，统筹利用好国内国外两种市场资源，瞄准本地市场需求，将产业布局与城市发展紧密融合在一起，善于以市场换产业，积极开发本地市场所需的产品、技术、服务等，优化传统产业的经营业务，在依托已有的产品基础上再发力、再创业，不断提高产业竞争力。把握产业政策，就是要用好用足国家、自治区的各种产业政策，积极推进供给侧结构性改革，紧紧抓住国家推进制造业升级和自治区实施传统产业"二次创业"的政策机遇，在产业政策中寻找产业升级的突破点。把握技术创新，就是要深入实施创新驱动发展战略，大力推进产业科技创新，集中力量在产业关键技术环节上取得突破，以新技术、新工艺改造提升传统产业，以科技创新拓展开发新技术、新产品、新产业和新需求，重视发挥"互联网＋"的引领、融合、创新驱动作用，以互联网思维倒逼转型升级，推动传统制造向数字化制造、智能制造转变。把握产业合作，就是要重视企业"走出去"与区域合作，密切跟踪国际经济发展新趋势、把握国际产业分工新特点，在更高层次、更大范围、更宽领域参与国际经济合作，整合全球创新资源，推动南宁市优势产能与国际合作，从而促进产业结构升级。

在目标上，力争到 2020 年，南宁市传统产业整体发展水平跃上新台阶：产业规模稳步增长，运行质量和效益持续提高，化工、建材和木材加工业等产业成为全市工业重要产业，纺织、造纸等产业在稳定产值前提下实现效益提升；产业结构持续优化，在传统产业中发展一批战略性新兴产业，高新技术、高附加值产品占比明显提高，培育一批品牌产业、品牌企业、品牌产品；创新能力进步明显，传统优势产业建成一批高水平的科技创新平台，引进培养一批高端人才，研发和转化一批采用新技术新工艺的产品，科技支撑传统产业转型升级明显增强；绿色发展成效显著，主要传统产业及产品单位能耗及排放达到国内先进水平，完成节能"双控"和淘汰落后产能目标任务，循环体系基本成型。

四 以更大力度、更实举措实施"二次创业",加快推进南宁市传统工业转型升级

实施"二次创业"、加快南宁市传统工业转型升级,既要积极顺应当前产业转型升级的趋势和特点,把握好政策机遇的"窗口",又要充分借鉴外地企业的先进做法,推广本地企业"二次创业"的成功经验,以技术创新引领产业升级,以结构优化提升产业层级,全面增强产业核心竞争力。

(一)做好传统产业"二次创业"的顶层设计

从市级层面出台南宁市实施传统产业"二次创业"、加快产业转型升级的指导意见,对传统产业"二次创业"的方向、思路、目标、路径、内容、主要任务等予以明确,为各产业转型提供政策遵循。研究出台配套政策,形成"1+N"政策体系,重点从土地、资金、人才、审批服务等方面加大对传统产业"二次创业"的支持和保障。系统梳理国家、自治区关于供给侧结构性改革、创新发展、制造业提质升级、传统产业"二次创业"等方面的各项政策,结合南宁实际提出贯彻落实的具体办法和措施,确保政策落地。

(二)以创新驱动引领传统产业"二次创业"

一是发挥南宁·中关村创新示范基地对传统产业的辐射带动作用。继续培育和引进一批新的科技领军企业入驻南宁·中关村创新示范基地,引导、鼓励基地内的创新型企业与传统工业企业开展技术合作,提高传统企业创新发展能力;加快创新成果转化,努力把基地打造成为南宁国家级"双创"示范基地的核心区;加快建设南宁·中关村科技园,构建现代服务业与先进制造业协同发展格局,为传统产业转型升级提供新的动力。

二是推动传统制造向数字化制造、智能制造转变。实施"互联网+"智能制造行动,落实《中国制造2025》,加快实施信息化和工业化深度融合

专项行动计划，积极推进"互联网+"智能制造行动，推动互联网、大数据等新一代信息技术与工业制造融合发展，推动南宁市传统制造业向先进制造业、智能制造业转型，增强南宁市传统制造产业的核心竞争力，推动产业攀升价值链高端。

三是加快传统产业创新体系建设。加强传统产业企业与高校、科研院所建立多形式技术联盟，鼓励共建研发机构和实验室，引进技术研究院、博士后工作站等科技创新平台，引导创新资源向企业集聚，提升企业集成创新和引进消化吸收再创新能力。建立区域创新联盟，由政府搭桥，建立南宁与发达城市（如深圳）之间的区域创新联盟，利用发达城市的人才、技术优势，推动发达城市研究开发的高新技术产品向南宁市转移并实现产业化。

四是促进关键技术突破和产品化发展。组织编制和实施传统产业链路线图，指导企业围绕产业链进行生产和创新布局。引导企业加强核心技术开发，加快研究开发一批具有自主知识产权、自有知名品牌、较高附加值和市场竞争力的工业新产品，加快由产业链低端向产业链高端提升。

五是推动传统企业改造升级。以质量品种、节能减排、工业化和信息化深度融合等为重点，支持采用新技术、新工艺、新装备、新材料，对企业现有设施、生产工艺、装备及生产服务进行自动化、数字化升级改造，提高企业生产水平、生产效率，加快产品结构优化升级，增强企业综合竞争力。

（三）以品牌建设加快传统产业"二次创业"

南宁市传统产业曾经有过比较辉煌的时期，曾涌现出许多名牌、优质产品，在国内市场上有较大的影响力，如南宁市汽配一厂1996年开发的柳汽平头车用LZ1101M3系列灯具和1997年全新自行开发的配套柳微的LZW6330型微型车全车灯具，占据柳汽、柳微90%以上的市场，而且经久不衰。厚植优势、重塑品牌，是南宁传统产业实施"二次创业"、加快转型升级的重要方向和有效路径。要强化企业品牌建设，鼓励企业争创有影响力的行业品牌、区域品牌，提升制造品牌的国际国内知名度。重点培育扶持一批在产品设计、技术研发、市场营销渠道建设等方面具有优势的企业，提高自主品牌在产品中的比重,增强企业核心竞争力。全面落实质量强市战略,大力推动行业标准化建设,支持企业按照国际先进标准进行生产管理、产品加工和储运销售,全面提高产品质量,创出自己的品牌,推动南宁制造向南宁创造转变、南宁速度向南宁质量转变、南宁产品向南宁品牌转变。壮大一批在国内外同类产品中具有竞争优势的名牌产品,支持一批重点名优产品的品牌经营和提升,重振一批有影响力的老品牌。

(四)以完善配套助力传统产业"二次创业"

传统产业要实现转型升级,离不开金融、研发设计、服务等配套要素的支撑。传统产业在实施"二次创业"时要重视通过"制造+金融""制造+服务""制造+总部经济"等模式推动传统产业与新兴服务业的融合,推动产业转型升级。

一是完善服务配套。加快发展第三方物流、研发设计、总部经济、创意设计、服务外包等生产性服务业。引导和支持制造业企业延伸服务链条,从主要提供产品制造向提供产品和服务转变,从单一生产制造向"生产+服务"转型。鼓励制造业企业增加服务环节投入,发展个性化定制服务、全生命周期管理、网络精准营销和在线支持服务等。如:引入工业设计领军企业,促进本地工业产品提质升级;围绕自治区关于糖、铝、机械、冶金等产业"二次创业"的部署,建立行业研发中心,在铝、糖、机械等产业领域大力发展总部经济,推动产业向价值链高端延伸。

二是推进产融结合。更加重视金融在产业转型升级发展中的作用,开展金融与传统产业融合创新试点,积极探索融资新模式,通过产融结合促进产业结构调整和升级。鼓励有条件的传统企业通过资产重组、资本并购、引入外部资本等方式做大做强,提升主营业务,推动企业转型升级。充分发挥基金、区域股权交易市场的作用,鼓励企业广开融资渠道,通过境内外上市、新三板、区域股权交易市场等多层次资本市场以及发行公司债券、短期融资券、中期票据等进行直接融资。建立传统产业发展基金,推动更多政府产业引导基金落地,利用股权、债权和夹层投资方式,促进资源整合、开发融资,撬动金融和社会资本,壮大产业扶持资金规模,提高资金使用效率,实现财政资金的引领、支撑和放大效应,切实发挥产业引导基金在产业构建、转型升级、项目建设、上市培育等方面的引导效用。

(五)以高端重大项目带动传统产业"二次创业"

抓好重大项目建设和龙头企业引进培育,充分发挥重大项目的支撑作用、龙头企业的带动作用,促进传统产业转型升级。通过产业发展基金平台投资、工程代建、"交钥匙"工程、建设标准厂房"筑巢引凤"等多种方式加快引进建设一批引领产业发展的重特大项目,以重特大项目建设带动工业投资保持快速增长,形成产业优势。紧抓铝合金和铝精深加工重大项目,积极引进装备制造业项目,带动铝轮毂、汽车空调及配件、内饰件等配套产业集群项目建设,加快释放南南铝加工公司产能,尤其是释放铝合金新材料产能,建立铝合金新材料—铝加工—高端装备制造产业链条,做大做强高端铝加工产业,形成千亿元产业集群。突出产业和产业链招商,围绕传统优势产业及其配套产业,开展"一对一""点对点"招商,引进基地型、龙头型、集群式、带动强的大企业。重点加大科技招商力度,引进一批科技含量高、产业带动性强、发展潜力大的高技术企业和产业项目,培育高技术产业链,带动吸引上下游企业聚集,提升南宁市高技术产业比重。

(六)以载体建设支撑传统产业"二次创业"

加强工业园区建设,推进各开发区扩容提质,完善园区功能,为传统产业转型升级提供有力支撑。

一是推进产业园区扩容提质。在存量空间上探索推行"一区多园、一园一业"发展,在增量空间上建设一批具备传统优势产业的"园中园"和"区中区",完善基础设施和公共服务平台,提升配套服务水平,加快建设一批创新发展的产业先导区、集聚区,积极推动以产业链为纽带的县域产业集聚区建设,培育打造一批特色产业园区。

二是积极探索发展"飞地经济"。鼓励国家级开发区采取托管、联合开发等方式与县区工业园区合作共建,发挥国家级开发区在招商、产业、人才等方面的优势,推动双方融合发展,促进县区产业优化升级。

三是加快老旧厂区"腾笼换鸟"。加快中心城区老旧工业企业关停并转及搬迁改造步伐,加快"僵尸企业"清理处置,为新产业发展腾出空间。实施"退二进二""退二优二",突出发展先进制造业和战略性新兴产业,加快发展都市型工业、总部经济、楼宇经济和生产性服务业,建设企业孵化器,推进"大众创业、万众创新",构筑城区现代工业发展新格局。

四是提升县域传统工业水平。依托六景园区、那阳工业集中区、黎塘工业区、芦圩工业区等县域工业园区建设,加快提升茉莉花茶、甘蔗、木薯、果蔬等农产品深加工以及矿产品深加工等资源型工业发展水平,优化发展建材、造纸、化工等具有一定基础的传统产业,打造具有县域特色的产业集群,建立结构合理、富有竞争力的县域工业体系。

研究专题报告

Research-themed Report

B.13
南宁市房地产市场平稳健康发展长效机制研究

南宁市社会科学院课题组*

摘　要： 2016年中央经济工作会议和党的十九大报告指出，要坚持"房子是用来住的不是用来炒的"定位，加快建立多主体供给、多渠道保障、租购并举的住房制度，让全体人民住有所居。在此背景下，结合当前房地产形势，南宁市应以供给侧改革与需求侧管理相结合为手段，以保护居民合理住房需求为出发点，以租售并举为主要方向，以市场为主满足多层次需求，以政府为主加大住房保障，稳定住房市场供求关系，抑制市场投机炒作，实现全市居民住有所居目标，促进房地

---

* 课题组组长：王水莲，南宁市社会科学院经济发展研究所所长、副研究员；课题组成员：王瑶、刘娴、梁瑜静、邓学龙、刘曙华、蒙佐。

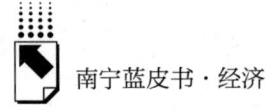

产市场平稳健康发展。

关键词： 房地产 健康平稳 长效机制

近十多年来，南宁市房地产业发展迅猛，业已成为城市经济的基础性先导产业和关联度高、带动力强的支柱产业，有效促进了城市经济社会发展，极大改善了全市居民的住房条件。然而，在住房市场化改革的推进过程中，由于牵引房价的多方面因素的共同作用，南宁市的住房价格逐年攀升，与普通群众实际购房能力的差距日益加大，居住不平衡的矛盾日益凸显，城镇居民的购房压力持续增大。2016年中央经济工作会提出：综合运用金融、土地、财税、投资、立法等手段，加快研究建立符合国情、适应市场规律的基础性制度和长效机制。本课题全面总结了南宁市房地产市场平稳健康发展长效机制建设情况，分析存在问题，结合南宁实际提出了构建南宁市房地产市场平稳健康发展长效机制的对策。

一 南宁市房地产市场平稳健康发展长效机制建设情况

（一）完善土地供给机制

1. 科学编制供地计划

南宁市依据国家宏观调控政策和土地供应政策，结合《南宁市城市总体规划》《南宁市土地利用总体规划》及各类项目建设用地需求情况，编制南宁住宅用地供应滚动计划和中期规划，对用地规模、结构和布局进行了统筹安排，科学调控土地市场，合理配置土地资源（见表1）。

表1 2012~2017年南宁市本级住房用地供应计划

单位：公顷

年份	合计	保障性安居工程用地						普通商品房用地
		小计	廉租房	经济适用房	各类棚户区改造	公共租赁房	其他	
2012	222.68	25.01	0.18	6	0	0	18.83	197.7
2013	198	15	2	3	0	0	7	186
2014	259	45	4.7	2.4	33.5	2.1	2.3	214
2015	300	37	0	0	25	2	10	263
2016	250.9	60.61	0	5.53	31.62	23.45	0	190.3
2017	265.3	21.06	0	0.68	0	20.38	0	244.2

资料来源：南宁市国土局。2014年和2015年的其他项均为预留限价商品房用地。

2. 有节奏供应房地产用地

南宁市不断完善市级土地储备项目的收储机制和推进机制，增强土地储备的"蓄水"功能，采取"并联推进"机制，国土部门与相关部门共同做好拟出让地块的出让前期工作，然后根据房地产市场实际情况，有节奏地供应房地产用地。

3. 准确把握房地产用地供需关系

国土部门通过对南宁市房地产市场整体供求情况进行调查、研究、总结，深入了解土地供应市场和房地产需求市场的情况，准确把握它们之间的平衡点，强化土地的有效供给，保障经济稳定增长。

4. 强化闲置土地处置

南宁市依托国土资源部土地市场动态监测监管系统，对建设用地的供后开发利用情况进行动态监管。成立领导小组，建立土地利用动态巡查制度，制定闲置土地认定处置工作流程，规范闲置土地处置工作。

5. 加强土地市场管理

加大住宅用地供应，特别是普通商品住房用地供应规模，实行"一地一策"，严防高价地扰乱市场预期。根据市场发展和相关政策，推出住宅用地招拍挂出让"双限一竞"竞价方式试点。截至2017年10月底，共有14

宗住宅项目用地通过该方式出让，总计面积达862.6亩，占2017年已供住宅项目用地的58%。①

（二）完善住房保障机制

1. 建立健全工作机构

南宁市组建保障住房资格审核和管理中心，承担全市各类保障性住房保障对象资格审核及退出管理等工作。2015年，南宁市成立了保障住房建设管理服务中心，负责保障性住房的建设及管理。

2. 完善规章制度建设

近年来，南宁市注重规章制度建设，颁布、修订实施保障性安居工程的政府规章等政策文件及配套措施，完善经济适用房管理制度（见表2）。

表2 2010~2016年南宁市保障性住房政策体系一览

序号	文件名称
一综合制度建设方面	
1	历年度的南宁市保障性安居工程建设实施方案
2	《南宁进一步加快保障性安居工程建设若干规定的通知》（南府办〔2011〕126号）
3	《南宁市住房保障规划（2011~2015年）》
4	《南宁市"十三五"住房保障规划（2016~2020年）》
二单项制度建设方面	
（一）公共租赁住房（廉租住房）制度建设方面	
5	《南宁市廉租住房保障资金管理试行办法》（南府办〔2010〕79号）
6	《南宁市公共租赁住房管理暂行办法》（南府发〔2012〕93号）
7	《南宁市公共租赁住房保障办法》（2015年南宁市人民政府令第44号）
8	《南宁市人才公寓管理暂行办法》（南府办〔2015〕84号）
9	《南宁市公共租赁住房实物配租实施细则》（南住房规〔2016〕6号）附件1
10	《南宁市公共租赁住房互换实施细则》（南住房规〔2016〕6号）附件1
11	《南宁市公共租赁住房货币补贴发放操作规程》（南房〔2016〕755号）
（二）经济适用住房制度建设方面	
12	《南宁市人民政府关于规范经济适用住房管理的通知》（南府发〔2010〕66号）
13	《南宁市经济适用住房管理办法》（2015年南宁市人民政府令第43号）

---

① 《"双限一竞"促进土地市场平稳发展》，载《南宁日报》2017年10月21日。

续表

序号	文件名称
(三)限价普通商品住房制度建设方面	
14	《关于规范限价普通商品住房销售及权属管理的通知》(南府发〔2012〕79号)
15	《南宁市限价普通商品住房管理办法》(南府发〔2013〕46号)
(四)城市和国有工矿棚户区改造制度建设方面	
16	《南宁市棚户区改造专项规划(2013~2017年)》
17	《关于加快推进南宁市城市和国有工矿棚户区改造工作的实施意见》(南府办〔2010〕205号)

3. 健全建设推进制度

实行优先供地机制，对列入土地供应计划的保障性住房用地，采取单列申报并优先安排供地原则，实施保障性安居工程"绿色通道"审批制度和跟踪督查机制，保障项目建设用地落实。2012~2016年，南宁市本级累计计划供应150多公顷保障性住房用地。完善多方筹措资金制度，争取中央及自治区补助资金，积极拓宽社会融资渠道，共获得了278.86亿元银行贷款资金。

4. 实施规范化管理制度

建立住房保障信息系统平台，及时掌握保障家庭的动态信息，接受社会监督，确保分配过程"阳光操作"。截至2016年底，南宁市累计建成各类保障性住房23676套，全市城镇保障性住房常住人口覆盖率达20%以上。

（三）强化监管机制

1. 加强房屋工程质量监管

目前，南宁市建设部门制定了《南宁市住宅工程质量通病防治技术措施二十五条》《深入开展住宅工程质量常见问题专项治理重点工作方案》等规章制度，对房屋建设100%进行验收监督，实行逐套验收并常态化管理。

2. 加强房地产开发和市场监管

建立南宁市商品房销售公示平台，2016年，南宁市出台《南宁市商品房预售资金监管办法》，加强对商品房预售资金监管。开展违法预售、违规代理销售等行为专项执法检查，促进南宁市房地产市场健康有序发展。

3. 加强物业服务监管

在物业管理区域严格推行物业服务"四公开一监督"制度，加大对物业服务企业日常监督和检查工作，责成物业服务企业严格按照物业服务合同约定提供服务，严格实行失信惩戒问责。

4. 实行房地产行业"红黑名单"管理制度

2017年11月起，南宁市建立了住房保障和房产管理领域信用体系，实行行业红黑名单制度。将诚实守信企业列入"红名单"，将严重失信企业列入"黑名单"，通过守信激励和失信惩戒措施，规范行业管理，有效维护了房地产市场健康稳定。

（四）建立市场监测分析机制

1. 加强房地产信息系统建设

近年来，南宁市累计投入3000多万元，推进房地产信息化基础设施建设，先后建成16个业务信息系统，努力打造"数字房产"。目前，南宁市已开通了房地产市场信息系统，实现了商品房预销售合同网上即时备案，建立了实名购房制度。

2. 加强对房地产市场监测分析

南宁市建立了统一的市场监测和分析报告发布制度，通过监测分析，准确把握市场发展态势，及时解决市场运行中的问题，引导理性投资和合理消费。

（五）实行政府政策调控机制

1. 实行需求侧管理调控政策

一是设置户籍、社保缴纳等要求，通过行政性限购、限价、限贷减少需求，将部分购房人直接挡在市场之外。二是通过调整贷款首付比例及贷款利率、公积金贷款政策变化等，提高购房门槛、增加购房成本。三是通过调整中间交易环节的税费来调节市场供求。

2. 实行供给侧管理调控政策

一是调整建设用地供地总量、节奏。目前，南宁市根据市场需求，加大住宅供地比例，特别是加大普通商品住房用地供应规模。二是调整保障性住房供给和棚户区改造力度。出台《南宁市进一步加快保障性安居工程建设若干规定》和《关于南宁市公共租赁住房租金标准的通知》等文件，加大保障性住房的供给力度。

3. 加强行政管制

一是通过限购、限价、补贴、土地用途、规划设计条件审批调整等方式调控市场。二是在政府内部实行房价调控工作责任制，对相关部门及领导实行考核问责。三是强化对市场的监管职能，包括加强商品房市场预售管理、查处捂盘惜售、引导企业合理定价、执行明码标价、查处价格违法、加强房地产广告管理等。

二　南宁市房地产市场健康发展长效机制存在的主要问题

（一）土地供应机制缺乏合理性

1. 土地供应结构有待进一步优化

南宁市的土地供应结构中，一是普通商品住房、经济适用住房和廉租住房等保障性住房土地供给数量较少。二是城市核心、环境优越地块被开发成高端商品住宅，进一步抬高了房价。三是商业地产存在供大于求的情况。

2. 高地价助推高房价的现象依然严峻

多年来的调控多偏重于房地产价值链终端的房价上，对价值链上游的地价控制效果差强人意（见表3）。

表3 十年南宁市楼市调控政策工具手段

调控方式	具体手段
需求侧管理	限购、限贷、补贴 首套房、二套房首付款比例和贷款利率 商业银行收紧或放松按揭贷款发放 调整契税、营业税或增值税等税收工具
供给侧管理	调整建设用地供应总量、节奏等 调整中小户型住房比例 调整保障性住房供应量和比例、棚户区改造力度
行政管制	限购、限价、补贴、土地用途、规划设计条件审批调整等 相关问责考评机制 市场监管整顿房地产市场秩序

资料来源：南宁市房产信息管理服务中心。

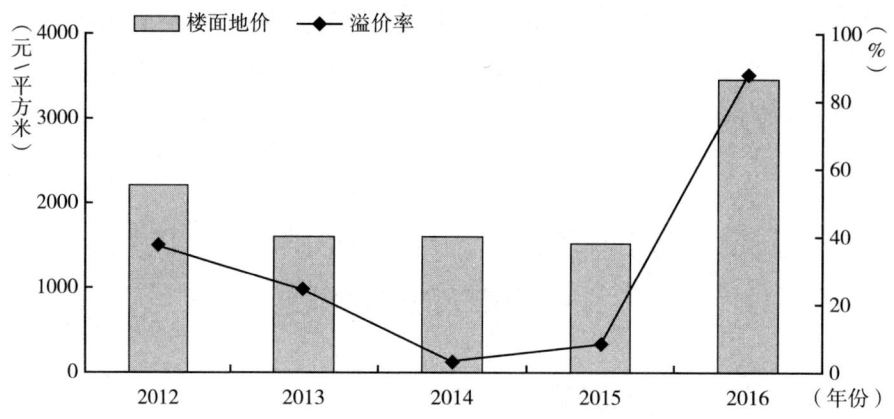

图1 2012～2016年南宁市楼面地价、溢价率

资料来源：南宁市房产信息管理服务中心。

3. 土地出让方式单一推高地价

多年来，南宁市土地出让方式单一，直至2017年4月才首次探索性提出"限地价+竞投配建公租房"的限地价政策①，在此之前，传统的招拍挂

---

① 即将设置土地上限价格，当竞价达到最高上限价格时，不再向上竞地价，若有两个或两个以上竞买人继续竞买的，转为在此基础上向上竞公租房配建面积，按投报配建面积最大者得的原则确定竞得人。

方式是南宁市土地出让的主要方式，再加上土地供不应求的影响，从而导致楼面地价在2016年出现新高，从而助推了房价的走高。

（二）房地产市场政策调控机制缺乏精准度和延续性

1. 调控政策变化快、短期调控居多

从南宁市近十年的房地产宏观调控政策上看，南宁市关于房地产宏观调控政策变化较快，基本上经历了"抑制—支持—抑制—再抑制—谨慎—支持—鼓励"的几个阶段（见图2）。缺少长期性措施，房地产市场调控政策的出台受房价和库存影响较大，时常出现一年一策或半年一策的情况，调控效果滞后。

2. 调控手段缺乏精准性和多样化

一是调控手段单一化。当前南宁市非住宅类商品房去库存压力较大，如何在非住宅类商品房去库存和支持小微企业创业之间寻找平衡点，是南宁市目前的调控政策中所缺失的。二是调控手段与调控目标不匹配。目前南宁市房地产调控机制是以房价涨落为调控目标，出发点在于采取行政介入的手段让房价回归到合理价位，但这时候市场手段的功能是缺失的。

3. 调控效果具有短期性

南宁市对商品房市场主要限购期间是2011年2月至2014年8月（见图3、图4），从统计数据可以看到，限购细则出台后，在限购措施近一年期间确实减缓了商品房的成交速度，降低了年成交量，但商品房成交价格却并没有受到明显的打压，限购政策的影响是短期的，并非长期而显著的。

4. 部分调控措施引发负面效果和反作用

一是精装房整体提高了房价。2017年下发的《关于进一步加强房地产市场调控促进房地产市场平稳健康发展的通知》，起到了防止房企虚报装修价格变相涨价的作用。但这一限房价的调控手段将导致更多商品房项目以精装修的形态入市，这无疑提高了刚需购房者的入市门槛，助推了南宁市整体房价上升。

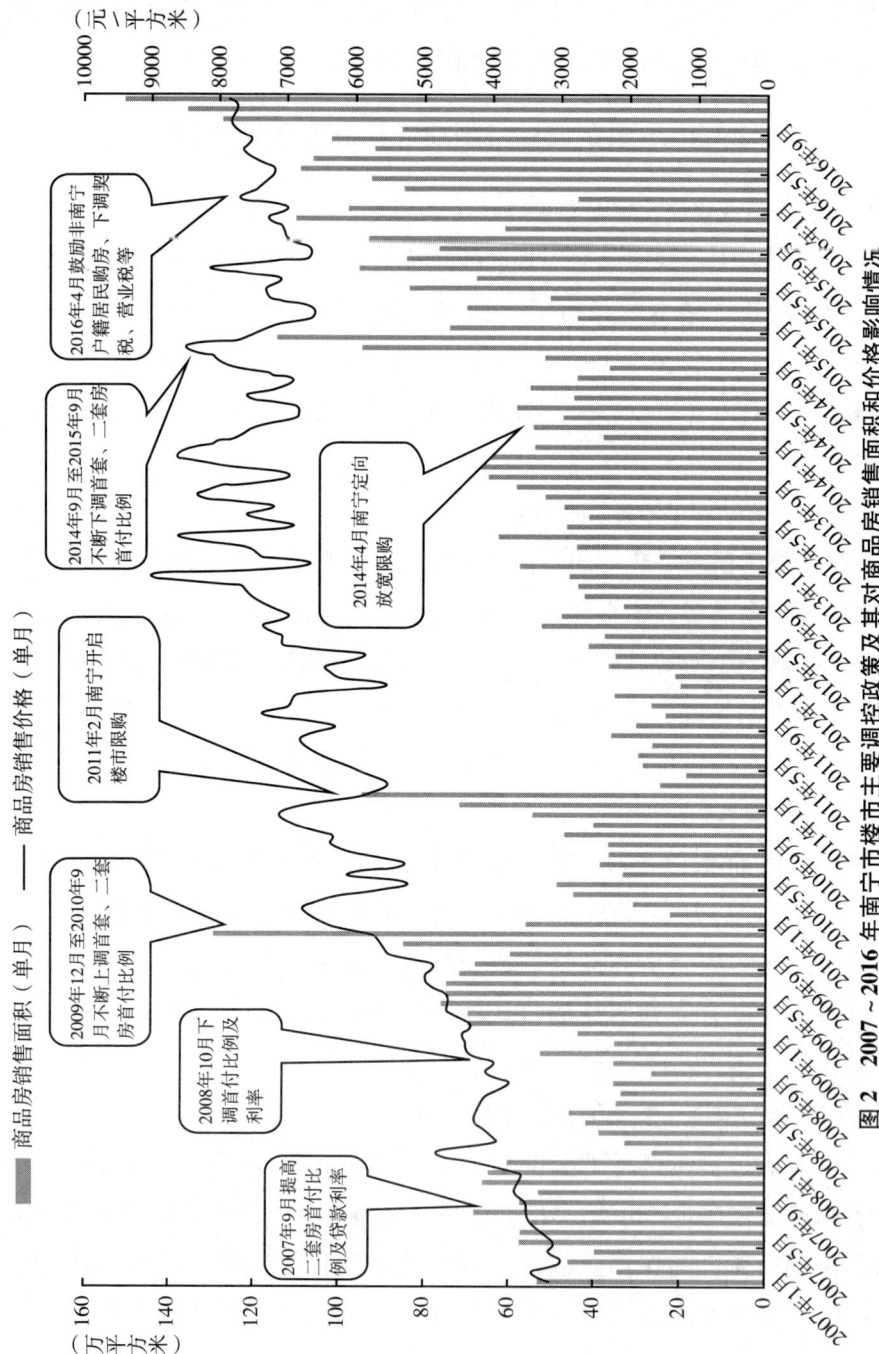

图 2 2007~2016 年南宁市楼市主要调控政策及其对商品房销售面积和价格影响情况

资料来源：南宁市房产信息管理服务中心。

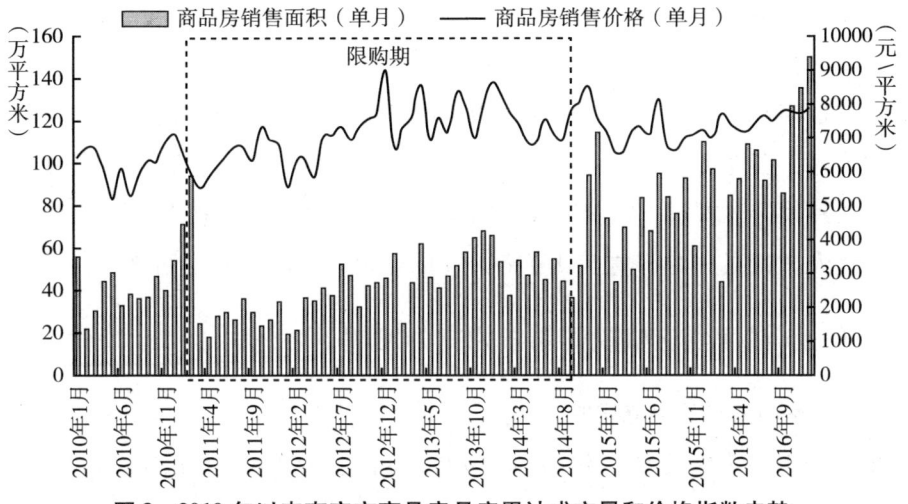

图 3　2010 年以来南宁市商品房月度累计成交量和价格指数走势

资料来源：南宁市房产信息管理服务中心。

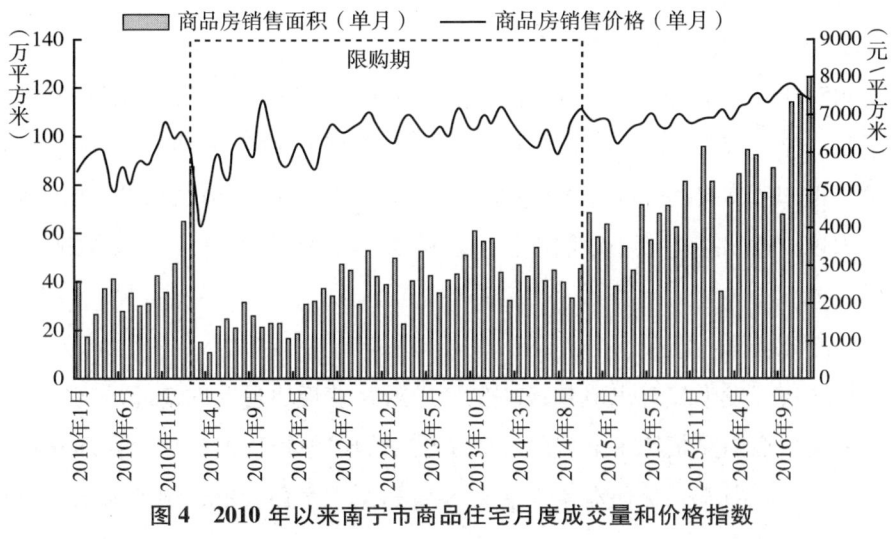

图 4　2010 年以来南宁市商品住宅月度成交量和价格指数

资料来源：南宁市房产信息管理服务中心。

二是调控手段强化了投资者和购房者的心理预期。首先"限价"被不少购房者解读为买房的好时机，导致市场供求关系进一步失衡。其次是地价的"明稳暗升"，南宁市执行了"限价＋竞保障房比例"的措施，

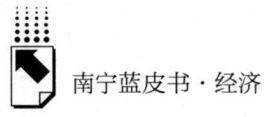

但实质上也是缩减了未来商品住宅的供应、推高了实际地价，从而强化了购房者的投资预期。

三是容易引起反效果。首先，限购政策是从房屋价值构成的最后一个环节中插入，房地产开发企业并不会轻易降价。其次，对于普通民众来说，刚需诉求和改善诉求难以完全区隔，限购政策"一刀切"，就造成了"有资格买房的人没钱买，有钱的人没资格买"的现象，成交量一度回落。

（三）住房供应机制作用未能充分发挥

1. 住房供应与居民需求脱节

南宁市在确定房地产供应基本规模方面，对开发程度与规划期内居民的住房需求没有做匹配性分析。各类住宅的开发结构不尽合理，对高档商品住房建设用地的投入数量偏高，对保障性住房用地的投入数量不足或选址不合理。

2. 购租并举的供应机制尚不健全

相对于房屋销售市场，南宁市租赁市场发展程度和管理成熟度都稍显不足。南宁市现有的房地产市场调控手段多是利用限购或限贷来抑制需求，但对引起市场供给端的关注不足，即在完善住房供应机制上仍需加大力度，例如：在保障性住房、公租房、廉租房供给的区域均衡性方面仍显不足。

3. 区域差异化显著

在地块开发上显现出成熟板块平稳、新开发板块过剩的情况。南宁市大学路板块、衡阳路板块等老城区和开发较早的成熟板块商品房价格和库存总体稳定。部分新开发板块和重点居住区商品住宅库存较重，预计未来将面临一定的去库存压力。

（四）南宁市房地产市场监测（预警）机制有待进一步完善

1. 房地产市场监测（预警）系统整合存在困难

南宁市住房保障和房产管理局近年来先后建成16个业务信息系统并投

入使用，但系统之间的联动性不强，监测数据存在重复交叉或未完全覆盖的情况，并且监测（预警）系统与其他部门数据存在共享困难，直接影响系统分析楼市调控效果的严谨性和科学性。

2. 监测（预警）功能未能充分发挥

南宁市现阶段对房地产市场的日常监测预报工作，主要采用人工分析结合房地产市场监测预警系统两种方式进行。人工分析虽然更具有自主能动性，但专业人员不足难以支撑现有工作量，监测（预警）工作的精度难以保障。

3. 监测（预警）系统深度分析功能不足

目前，南宁市房地产市场监测（预警）系统对市场的分析尚处于表面，仅是对数据进行整合和对比，针对南宁市产业发展水平、城镇人口总量、增速以及住房待售面积、新开工量、土地购置面积等信息对房地产供求进行科学研判等深度分析仍属于少数。

（五）南宁市房地产市场秩序监管机制不够健全

1. 土地供应监管缺失

南宁市现阶段的监管措施仅是针对房地产销售环节，对土地供应后的监管措施尚处于缺失状态，土地交易信息和不动产登记信息衔接不紧。

2. 房地产销售监管措施不足

南宁市近年来对房地产市场的监管政策中，抑制投资炒房、捂盘惜售、毛改精、车位加价、延期交房等妨碍市场正常秩序行为的监管措施较少。在房地产信息发布管理、存量房交易资金第三方监管、房地产经纪机构备案管理、房地产金融服务监管等方面仍然缺乏有效的基础性制度和监管机制。

3. 监管政策效力层级不高

南宁市针对房地产市场的监管政策均是以文件的形式下发，不属于法规的范畴，受到市场环境的影响较大，尚不属于房地产市场监管长效机制中的基础性制度层面。

4. 难以实现动态监管

监管信息平台和房地产信用管理平台尚未建立,难以实现跨区域住房信息联网,在实施动态管理与信用管理相结合的市场监管模式方面还有很长的路要走。

5. 惩戒手段单一

针对违反房地产市场秩序的行为惩戒手段单一、惩戒力度不足,对于违法违规扰乱市场的行为除了不核发《商品房预售许可证》、不予办理商品房买卖合同网签等措施外,受部门职责的限制,市住房部门无法采用其他的惩戒手段维护房地产市场健康稳定。

(六)南宁市房地产市场各机制之间缺乏协同联动性

一是房地产市场预警机制与调控机制之间的自动关联机制缺乏,现有的调控表现是"市场表现失衡—房价上涨/供需失衡—主管部门研究—出台相关调控政策—上报—审批—施行"的行政干预形态,难免遭遇"调控效果滞后、反效果"的瓶颈。

二是土地供应机制和住房供应机制之间的规划协同性不强,房地产土地供应测算的是工业地产、商业地产(含商铺、办公和住宅)、保障性地产等用地需求,住房供应机制需要测算居民购房需求、租房需求、保障类住房需求等。从现有的情况看,均为单独进行测算和供给,忽略全局性、战略性的考虑。

三是调控机制所采用的杠杆、手段之间缺乏协同效应。在房地产市场调控机制中所采用的金融、税收等手段缺乏协同推进的合力。

四是房地产市场长效机制的构建与其他领域改革之间的关联性不强。以往的机制构建旨在对房价的调控,抑制房地产泡沫及相关金融风险的化解,缺乏更为宏观的考虑,没有将其置于如何促进南宁市经济平稳健康及高质量发展、改善市民居住条件等背景下进行宏观构建。

三 南宁市构建房地产市场平稳健康发展长效机制的对策

（一）加强规划的引导指导

1. 强化城市总体规划的指导作用

目前，南宁市正在修编《南宁市城市总体规划》，建议该总体规划重点突出土地、人口、产业规划的科学性与宜居生活，强化城市资源的合理配置，为全市房地产有序开发提供强大的指导。

2. 编制住房建设规划

编制《南宁市住房建设中长期规划》。建议该规划着重从房地产开发投资与城市固定资产投资、房地产开发投资与城市国内生产总值的比例关系出发①，合理确定居住用地总量、结构和布局等。

（二）建立科学合理的房地产土地供应机制

1. 有序推进土地供应

全面落实《南宁市住宅用地供应三年滚动计划和中期五年规划（2017～2021年）》，在年度住宅用地供地总量保持平衡的基础上，及时跟踪市场需求，通过在供给侧对土地供应的时序及规模进行合理调整，稳定市场预期，

---

① 按照经济学的经验逻辑，每年房地产投资不超过固定资产投资总额的25%，如果比重过高且长期持续，则会绑架国民经济发展。2008年之前，南宁市房地产投资占固定资产投资总额的比重都超过了25%，2007年更是达到了33.46%，2009年以后一直保持在25%以下，但2012年之后所占比重持续攀升，预计2017年房地产投资将突破1000亿元，房地产投资占固定资产投资总额的比重突破25%大关近在咫尺。鉴于房地产持续过热特别是其高利润机制，将使过量的社会资金和资源向房地产集中，而对其他亟待改造升级的制造业、服务业投资产生抑制作用，南宁市应充分发挥政府的调控作用，确保房地产投资占固定资产投资总额的比重保持在合理空间内。重庆市政府就明确提出每年房地产总投资不超过固定资产投资总额的25%。

保证刚需群体的购房需要。

2. 优化土地供应结构

积极争取将"城市用地20%用于住宅开发、5%用于商业开发"作为法制性的规则，在做好保障性住房和普通商品住房项目建设用地供应的基础上，重点加大城市基础设施和医疗卫生、教育文化事业建设用地供应。

3. 合理分配用地区域

在全市年度住宅用地供地总量的基础上，综合考虑各县区的具体情况，根据房屋租赁比、房价收入比、去化周期、产业发展空间、流动人口规模等情况，合理分配住宅建设用地供应量。

4. 推行多方式土地竞价

全面总结已开展的"双限双竞"出让模式①的经验，并对其成效予以综合评价。根据南宁市各地区房价增长情况，灵活确定土地出让的竞价方式（如"限房价、限地价"、"限地价、竞房价"、"限房价、限地价、竞产权移交房"、超过溢价率一定比例后缩短缴款期限等方式），积极探索推行"限地价、竞人才住房（人才公寓）面积"土地竞价模式②。建议设置土地价格相关硬性指标，建议借鉴重庆市的经验，确定楼面地价不超过当期房价的1/3作为设置土地价格硬性指标。

5. 推进农村集体经营性建设用地入市试点

加快推进农村集体经营性建设用地入市制度建设，制定出台集体经营性建设用地入市指导性意见，落实完善农村集体经营性建设用地产权制度。制定出台《南宁市农村集体经营性建设用地入市管理办法》，明确农村集体经营性建设用地入市范围和途径，建立健全市场交易规则和服务监管制度。

---

① "双限"是指限预售房价和限成交地价；"双竞"是指竞成交地价和竞公租房配建面积。
② 在土地出让文件中明确人才住房（人才公寓）面积建设标准和装修标准，可实现"拎包入住"。

(三)建立精准高效的房地产调控机制

1. 建立差别化的住房金融体系

进一步加大与南宁市地方金融机构的对接协调力度,加强沟通联系,推动驻邕主要金融机构与市国土房产部门实现信息互联,对房地产开发企业和购房人施行差别化信贷政策。完善信贷支持体系,明确按揭贷款首套、二套利率标准,首付比例,贷款期限,严禁用银行贷款进行三套及三套以上的住房投资活动。加大公积金贷款对首次置业群体及租房群体的支持力度。

2. 积极推进精准调控

积极推动楼市行政性调控向经济手段分类调控转变,加强楼市精准调控,建立房价调控政策储备包。建议从增量和存量两端完善全市房地产调控政策,从增量住房着手,通过对转让交易在时间上做出要求(如商品住房获得产权证后需一定时间后才能入市交易,建议由现在规定的2年调整为5年[①]),在需求侧收紧政策增大炒房的成本,有效扩大增量住房的供给质量;从存量住房着手,积极构建出租房屋平台,促使租赁住房供给方与需求方的直接联系,释放存量住房的潜力。

3. 稳步推进财税体制改革

深入研究上海、重庆房产税试点城市的经验和做法[②],在房地产税未落地之前,对不同的住房实施具有一定差别化的税收政策,对首次购房的予以一定税收减免,第二套及以上住房在交易转让过程中采取一定比例增长的累

---

① 根据《关于进一步加强房地产市场调控促进房地产市场平稳健康发展的通知》,购房人在南宁市区(不含武鸣区,下同)购买第三套及以上住房的(含新建商品住房和二手住房),须取得不动产权证书满两年后方可转让。

② 房地产税具体包括两种:一是国家规定的包括商业办公等房源的房产税征收,属于常规性工作;二是上海和重庆先行试点的房产税,主要针对住宅新增量开征,重庆已经逐渐开始扩大到存量,上海则是如果不新购房屋,之前存量面积不计算房产税,但如果新购房将叠加之前存量一起计算房产税。因房产税存在较大争议,中央已确定停止房产税扩围,转为推进房地产税立法工作。

进税率,有效遏制炒房行为。扎实稳妥推进财税体制改革,按要求有计划推进房地产税征收工作,使房地产税等财产行为税成为地方主要税种和支柱税源,有效转变土地财政的模式①②。

(四)建立强大有力的住房供应体系

1.建立规范的公共租赁房制度

全面贯彻落实国家、自治区关于租赁市场发展的相关文件,制定出台激励机制,从税收、金融等方面给予租赁项目开发企业相应优惠鼓励政策③。积极培育以住房租赁为主营业务的专业化企业,支持市属政府平台公司建立租赁子公司,积极参与住房租赁市场运营。制定《南宁市产业移交房租赁管理办法》,明确产业移交房租赁涉及的各项事项(包括房源准入分配、租赁和使用管理、续租和退出管理等)。委托评估公司对住房租赁价格进行评估,下浮一定系数后面向社会公开出租,优先面向在南宁市工作但不能享受人才公寓政策的本科及本科以上应届毕业生以及南宁市重点发展产业紧缺人才等。

---

① 房产税与目前市场预期将来成为长效调控政策内容的房地产税并非一个事物,"房地产税"是一个综合性概念,一切与房地产经济运行过程有直接关系的税都属于房地产税,在我国包括房地产业营业税、企业所得税、个人所得税、房产税、城镇土地使用税、城市房地产税、印花税、土地增值税、契税、耕地占用税等,房产税是房地产税的一个组成部分。

② 2017年国务院出台的《关于创新政府配置资源方式的指导意见》明确提到"支持各地区在房地产税、养老和医疗保障等方面探索创新";2017年10月10日,国家发改委副主任、国家统计局局长宁吉喆在国新办新闻发布会上透露,房地产长效机制正在紧锣密鼓地制定,会适时出台;《房地产税法》已经列入全国人大常委会2017年立法工作计划预备及研究论证项目。2017年11月发布的《党的十九大报告辅导读本》中财政部部长肖捷《加快建立现代财政制度》一文指出:按照"立法先行、充分授权、分步推进"的原则,推进房地产税立法和实施。对工商业地产和个人住房按照评估值征收房地产税,适当降低建设、交易环节税费负担,逐步建立完善的现代房地产税制度。未来一切税收都将法定,房地产税立法这项工程将在2020年全面完成。

③ 《国务院办公厅关于加快培育和发展住房租赁市场的若干意见》(国办〔2016〕39号)指出"实行购租并举,培育和发展住房租赁市场,是深化住房制度改革的重要内容,是实现城镇居民住有所居目标的重要途径"。《广西壮族自治区人民政府办公厅关于加快培育和发展住房租赁市场的实施意见》(桂政办发〔2017〕19号)要求贯彻落实并"进一步健全我区住房租赁体系,促进住房租赁市场健康发展"。

2.加强租赁市场管理

加快推进建立房屋租赁市场综合管理长效机制,建议与阿里巴巴集团等开展合作,充分利用其在住房租赁监管服务平台建设方面的经验和资源,搭建安全高效的南宁住房租赁平台,加强对住房租赁关系的服务和监管①。建立健全全市统一的服务租赁登记备案信息系统,逐步实行房屋租赁网上登记备案。

3.探索住房供应新模式

积极探索"先租后买""租售结合""倒按揭""共有产权""过渡性产权"等多种形式灵活的产权制度,开展廉租房"租房券"试点,积极推广统建房"房票"模式,建立住房保障对象同城置换、调剂保障性住房机制。积极试点"租赁住房"②。稳妥开展住房"预售制"向"现售制"转变研究论证,适时分阶段予以推进,建议近期试点将"竞现售"与"双限双竞"结合起来,探索土地出让新模式。

(五)建立完善系统的房地产监测机制

常态化房地产市场监测机制的建立可检测楼市动向,提前预判市场走向,储备政策调控,避免市场失控,实现管控精准化。

1.建立房地产库存和交易监测平台

依托南宁选房网,积极搭建南宁房地产库存和交易监测平台,实时监测库存数据和指标,进一步完善全市房地产动态监测系统。健全土地二级市场动态监测监管制度,完善监测监管信息系统。建立住房、国土等相关部门联动的沟通机制,实现实时监测、动态管理,为后续调控政策提供依据。

---

① 杭州市与阿里巴巴集团、蚂蚁金服集团搭建了全国首个智慧住房租赁监管服务平台,在原有的杭州市二手房交易监管服务平台基础上搭建的杭州住房租赁平台结合了阿里巴巴大数据、线上交易、评价系统及蚂蚁金服旗下的网上支付、芝麻信用体系等技术,实现租赁环境、租赁房源、租赁信息"三个全"的目标,成为杭州被列入首批开展住房租赁试点城市之后的重要举措。

② 要求在70年内竞得人须100%自持,所建物业严格按照"只租不售"模式管理,仅用于出租,不得出售。

2. 建立房地产预警机制

进一步完善南宁市房地产市场动态监测与风险预警系统，从土地供应量、房屋租金与房价比、信贷资金流向房地产的比例、房价与居民收入的比较、房屋建设面积与房屋销售面积、房屋供给结构比例、房地产投资占全社会固定资产投资的比重等指标入手，建立统一、有效、权威的房地产调控预警机制。

3. 加强房地产市场的跟踪分析

加强对国内城市房地产市场发展的研究分析，总结其发展经验，吸取教训。建议组建房地产研究机构，积极开展首付比、利率、契税等调控政策变动对房地产市场的影响研究，为政府科学决策提供参考。鼓励和支持《南房动态》等房产杂志做出品牌，打造成为南宁市房地产类精品研究性杂志。

（六）建立严格高效的房地产市场监管机制

1. 探索不动产登记管理新模式

进一步完善南宁市不动产登记综合服务平台，不断增加业务办理类型，探索形成"互联网不动产登记"新模式。加快整合不动产登记数据库，推动利用"互联网+"技术，在银行营业网点开设不动产登记便民服务点，以"并联+串联"的办理模式，让广大群众和企业就近办理不动产抵押类登记业务。

2. 加强房地产信息发布管理

建立健全房地产市场交易信息系统，健全房地产信息披露制度，加强房源信息发布管理，禁止发布虚假信息，防止开放式利用信息的不对称推高房价。进一步规范统计渠道，建立统一规范的房地产市场统计体系并实行网上公示。

3. 全面推进农村住宅建设管理

积极落实《南宁市农村住宅建设管理及推荐户型奖励办法（试行）》，探索建立以乡镇规划建设管理机构为主体的新型农村住宅建设管理体系。按照《南宁市农村住宅审批制度改革工作方案》《南宁市人民政府关于下放农村住宅行政审批管理权限的决定》文件要求，扎实推进南宁市农村住宅审批制度改革，全面开展农村住宅"一站式"审批管理服务创新。积极贯彻落实《南宁市关于存量农村宅基地确权登记工作的意见》，全面加强和规范农村宅基地确权登记管理。

4. 建立守信激励和失信惩戒机制

健全房地产市场监督管理机制，进一步完善房地产业诚信"红黑名单"制度和相应的联合奖惩机制，将诚信房企和中介企业列入"红名单"，提供各类事项办理便利通道；依法将严重失信的房企和中介企业列入"黑名单"，采取惩戒措施。

5. 加强对房地产销售监管

全面落实《南宁市商品房预售资金监管办法》，不断完善新建商品房预售制度和商品房预售资金监管。落实《关于开展存量房买卖网上签约工作的通知》，全面推行存量房买卖合同网签制度。定期和不定期组织开展房地产市场联合执法行动，重点加强对房地产销售中介、商品住房买卖合同、房地产信息公开等方面的监管。严肃查处捂盘惜售等违法违规行为，不许用任何形式（包括阴阳合同/房屋改造费/现金/入会/银行预存冻结/员工内部指标房转让等）收取所谓预约金或变相加价，严厉打击房地产市场乱象，如捆绑车位销售、房地产开发企业和代理机构在购房款外另行收取各种名目费用等现象，对出现的问题予以严厉惩处。进一步加强全装修商品住房建设和销售管理，有效避免房企"钻空子"行为。建议建立南宁市房产网络在线投诉平台，接受公众监督，实时投诉举报。

参考文献

［1］邵挺：《2017年房地产市场走势分析及政策考虑》，《发展研究》2017年第4期。

［2］陈永杰、张影强：《短期对策与长效机制结合促进房地产市场稳定健康发展》，《经济研究参考》2014年第33期。

［3］中国行政管理学会课题组:《房地产市场短期政策与长效机制政策研究》,《中国行政管理》2014年第5期。

［4］颜莉:《房地产市场长效机制的核心问题探析》,《上海房地》2017年第11期。

［5］国家信息中心宏观政策动向课题组:《房地产调控需抓紧建立长效机制》,《发展研究》2012年第9期。

［6］朱庄瑞:《经济新常态背景下我国房地产市场长效机制建设研究》,《现代管理科学》2016年第10期。

［7］余凯:《论我国房地产宏观调控的长效机制的构建》,《城市发展研究》2008年第5期。

［8］杨彦奇:《论新常态下房地产市场宏观调控长效机制》,《产业论坛》2016年12月下。

［9］《南宁市人民政府办公厅关于进一步加强房地产市场管理的通知》。

［10］《南宁市住宅用地供应三年滚动计划和中期五年规划（2017~2021年）》。

B.14 南宁市支持实体经济发展的政策有效度研究

——基于南宁市中小企业发展的角度

南宁市社会科学院课题组[*]

摘 要： 课题组经过实地调研，对全市情况进行摸底，发现南宁市中小企业普遍存在竞争力不强、管理机制不健全、创新能力不足、融资难、政府的扶持不够等问题。基于南宁实际，文章借鉴国内部分地区中小企业的发展经验，提出了南宁市发展中小企业的对策建议。

关键词： 南宁市 实体经济 中小企业

习近平总书记在党的十九大报告中指出："建设现代化经济体系，必须把发展经济的着力点放在实体经济上，把提高供给体系质量作为主攻方向，显著增强我国经济质量优势。"习近平总书记强调，我国是个大国，必须发展实体经济，不断推进工业现代化、提高制造业水平，不能"脱实向虚"。中小企业是实体经济的重要组成部分，是技术创新的主战场，是供给侧结构性改革的重要领域。因此，中小企业的发展对推进实体经济发展尤为重要。

---

[*] 课题组组长：蒋秋瑾，南宁市社会科学院农村发展研究所所长、副研究员；黄燕，南宁市社会科学院，副处级调研员；课题组成员：谢振华、许颖、周娟。

一 南宁市政策支持中小企业发展的现状分析

（一）南宁市政策支持中小企业发展的基本状况

近年来，南宁围绕4个重点中小企业产业集群培育和发展一批竞争力强、带动能力大的小巨人型企业，完成200户具有成长潜力的微型企业成为中小型企业，新增规模以上工业企业70家以上，新增亿元工业企业30家以上。2016年，全年全市规模以上中小工业企业完成工业总产值2736.747亿元，同比增长8.64%，占全市工业总产值的比重为75.43%。2017年，南宁市着力解决中小微企业融资难问题，提升中小微企业培训和创新能力，扎实开展促进中小微企业转型升级、平稳健康发展的各项工作。2017年上半年，全市规模以上产值超亿元工业中小企业335户，完成工业总产值871.42亿元，同比增长19.62%。同时，中小企业已成为扩大就业的主渠道，提供了南宁市约86%的城镇就业岗位。截至2017年6月，全市规模以上工业中小企业从业人员95.5万人，同比新增5.6万人。

（二）南宁市政策支持中小企业发展的做法及成效

1. 提高服务水平，狠抓重大项目

近年来，南宁市以重大项目为着力点，强化跟踪服务，协调解决问题，有序推动项目顺利建设。2016年以来，南宁市四家班子领导亲自联系和服务产值10亿元、投资5亿元以上的企业和项目，紧抓100项新建重点项目和50项续建项目，各县区、开发区紧盯亿元以上企业和5000万元以上投资项目，做好服务工作。截止到2017年6月中旬，组织全市中小企业（担保公司、金融机构）申报2017年自治区中小企业发展专项资金、自治区担保风险补偿金、自治区小企业贷款风险补偿金，审核推荐41个项目申请各项补助扶持资金4294万元。南宁市获得自治区中小企业专项扶持资金1070万元（含700万元自治区财政专项扶贫资金）。各级财政对促进南宁市中小微

型企业结构调整和优化,改善中小微型企业服务环境在资金上给予了大力支持,有力地促进了中小企业平稳健康发展。

2016年以来,南宁市有序推进一批新建项目:源正新能源汽车、中车轨道装备一期、皇氏乳业、华润怡宝、海王药业、研祥、八菱、燎旺等一批项目有序推进。南南铝高端铝材产品进入航空航天、高铁、地铁、轮船、汽车、IT等领域,成为苹果、特斯拉、宝马、美国HEIL、西飞国际、中车、比亚迪等国内外知名企业的供应商。一批特重大项目增产达效。源正新能源汽车下线全铝车身新能源客车超过400台,实现"南宁公交南宁造";中车轨道装备完成13列地铁车辆制造,实现"南宁地铁南宁造"。南宁制造业开始由中低端向中高端转型升级。一批在谈重大项目得到全力推进。

2. 出台政策措施,推动降本减负

2016年,南宁市加快供给侧结构性改革的各项重大举措,为实体经济降本减负,支持了实体经济发展。出台电子信息产业、先进装备制造业、生物医药产业发展行动计划,进一步推进了重点产业发展。出台"3+1"新兴产业发展政策(电子信息制造、先进机械装备制造及新能源汽车、生物医药及节能环保产业发展若干意见),重点支持投资20亿元以上企业、三大重点产业企业和项目。出台《关于减轻企业负担、降低企业成本的若干意见》(南府发〔2016〕10号),提出了26条创新措施,从降低制度性交易成本、降低项目用地及建设成本、降低人工成本、减轻税费负担等方面入手,为企业减负。取消和调整了96个行政审批事项,清理规范了99项行政审批中介服务,降低了社保缴费比例,降低了企业用电成本等,累计全年为各类企业降本减负39亿元。

3. 加快园区建设,提升承载能力

2016年,南宁市大力实施园区经济倍增计划,推进工业园区化、园区产业化。推进基础设施建设,利用市财政7亿元滚动资金收储15个工业项目7767.4亩工业用地;利用3亿元滚动资金支持全市园区24个重点基础设施项目建设,完成基础设施建设投资76.5亿元,江南工业园和邕宁新兴产业园基础设施进一步完善。重点推进高新区综保区、生态产业园一期建设,保障南宁综合保税区（一期）于2015年10月18日顺利通过验收，进入正式运行；推进经开区南宁生物医药产业园二期、北部湾现代产业园以及吴圩空港园区开发。强化园区招商，引进工业项目119个，合同投资总额约200亿元。明匠智能制造、哈工大智能机器人、广西石墨烯研究院落户高新区；葫芦娃药业入驻经开区；兰州科天进驻东盟经开区。全市已租售标准厂房130万平方米，占竣工验收备案厂房面积的近50%。

4. 加强技术创新，提升工业发展新动能

多年来，南宁市深入实施科技创新驱动发展战略，围绕"转型升级、提质增效"，推进技术创新工作，2016年完成技术创新项目410项，完成投资11.33亿元。推进技术中心建设，博世科、田园生化两家企业被认定为全国技术创新示范企业，新增2家自治区技术创新示范企业、9家自治区级企业技术中心、13家市级企业技术中心，自治区级企业技术中心数量居全区各市之首。广西石墨烯研究院挂牌成立，建成年产15吨石墨烯三维构造粉体中试生产线，在全国率先发布石墨烯三维构造粉体材料领域5个地方标准。推进品牌培育，金雨伞的"西牛皮"被认定为中国驰名商标；源正新能源汽车等3家企业列入全国工业品牌培育试点企业；新增2家广西质量管理标杆企业；100个新产品被认定为广西工业新产品，占全区的40%，居全区各市之首，认定南宁市工业新产品123个；30个产品被认定为广西名牌产品；3家企业获第二届南宁市市长质量奖。

5. 推进两化融合，促进转型发展

2016年，南宁市积极响应"互联网+"国家战略，推进信息化和工业化深度融合。推进示范试点工作，获得国家级两化深度融合示范企业1家，南宁市两化融合管理体系贯标试点企业4家，国家两化融合管理体系贯标咨询服务机构4家，自治区级两化融合示范试点园区2家，广西信息化示范企业17家，广西信息化应用企业104家。利用互联网金融模式，扩大融资服务总量和覆盖面。2016年以来，互联网金融服务"助融贷"解决平台小微企业小额短期贷款需求，累计解决603家（笔）企业8.42亿元的短期、急用资金缺口，较好地缓解了小微企业小额资金缺口难题。推进"互联网+"

先进制造,皇氏集团"互联网+"智能化工厂示范建设、富桂公司"互联网+"、"广西智造2018"等4个项目被评为2016年自治区"互联网+"制造业示范项目。南南铝业商业智能应用平台、博世科纸浆漂白二氧化氯制备自动控制及远程技术服务系统等39个两化融合项目实施完成并通过验收。加快信息基础设施建设,城市光网覆盖率达98%,3G网络实现了城市地区连续覆盖,行政村覆盖率为100%,4G网络实现主城区、县城中心城区和乡镇覆盖。

6. 加强企业服务,助力企业发展

一是注重对中小企业融资服务和支持,2011年以来,先后出台《南宁市中小企业成长工程实施方案》《南宁市贯彻落实全区中小企业"十百千万"工程实施方案》,提出促进中小企业成长壮大的目标任务、资金支持等具体措施,积极推进中小企业成长工程实施计划,推动和培育中小企业成长。南宁市强化"两台一会"(市中小企业服务中心为融资平台、市企业信用协会为推介平台、市南方融资性担保公司为担保平台)贷款平台支撑作用,加强合作金融机构工作协调推进和业务创新洽谈,不断完善项目申报、组织评审、风险控制、贷后管理等各项制度,促进贷款平台健康发展,解决小微企业融资难的问题。为提高中小微企业供货份额,2015年6月,南宁市政府采购总预算把30%留给中小企业,而在面向中小企业采购的政府采购项目预算中,预留给小微企业的份额将不低于60%。2016年11月中旬,南宁市级财政安排专项资金对中小企业流动资金贷款给予贴息,扶持范围惠及食品、机械装备制造、铝深加工、电子信息、生物医药、清洁能源6个重点产业及相关配套产业的规模以上工业中小企业,帮助中小企业降低融资成本,促进生产平稳较快增长。

7. 完善中小企业公共服务平台建设

一是加大对公共服务平台的资金投入。2017年上半年,南宁市投入中小企业公共服务平台建设和运行资金3000万元,为"两台一会"中小企业贷款平台配套资金。财政资金的扶持保障有效确保了南宁市中小企业公共服务示范平台建设各项工作的有序开展和稳定运行。

二是搭建中小微企业孵化基金平台。通过南宁市中小企业服务中心牵头搭建小微企业创业孵化基金公共服务平台,投资运作"南宁市中小微企业孵化基金",孵化基金总规模为15亿元,2年内完成15亿元资金的募集和投放,第一期规模3亿元。其中,南宁市中小企业贷款平台配套资金不超过基金规模的30%。通过基金孵化企业发展,撬动国内外更多的资金用于南宁市的经济建设,助推处于种子期、初创期的科技型、创新型中小微企业的成长。南宁市中小微企业孵化基金设立方案已正式印发,基金进入募集阶段。

三是中小科技型企业知识产权质押。根据广西壮族自治区人民政府《广西实施发明专利双倍增计划(2016~2020年)》(桂政办发〔2015〕123号)文件,结合《关于印发南宁市企业专利权质押融资项目贴息和补助资金管理办法的通知》(南科规〔2017〕1号),制定了《南宁市科技型企业知识产权质押贷款方案》,引导和扶持南宁市科技型企业采取专利权质押方式实现市场价值,促进专利商用化及产业化,通过"两台一会"中小企业贷款平台,利用"助保贷"的融资模式,对专利发明有实质性实施或处于使用阶段,且技术含量高、市场前景好的科技型企业通过"知识产权质押贷款"的模式给予贷款支持。

四是正式启动"产学研"平台建设和运营。建设南宁先进技术育成中心,促进科研成果转化,建成包括技术创新成果转化、共性技术和关键技术研发、专业技术测试、人才引进培养、合作研发、资本整合六大专业功能的"产学研"开放平台,提升南宁自主创新能力。

二 南宁市中小企业发展存在问题分析

(一)中小企业竞争力不强

"小"是由于南宁市企业规模普遍不大,生产效率不高;"散"是由于在南宁市的几个行业中,其内部企业比较分散,集中度不够;"乱"即无序竞争，同质化竞争，市场不规范。由于南宁市中小企业普遍存在"小、散、乱"的问题，自身发展局限性较大，发展动力不强，竞争力不强，难以取得长足发展。

（二）中小企业融资难

一是中小企业总体经验风险比较高，在同等条件下，金融机构更愿意发放贷款给大型企业。二是中小企业的内部管理不完善，信用缺失现象较多，信用观念不够强，加上中小企业能用于抵押的资产少，银行不愿贷款给这类企业。中小企业只能寻求其他融资途径，如小额贷款P2P和入股分红亲朋好友借款以及地下钱庄等。但小额贷款公司和P2P贷款利率大概是15%，地下钱庄的利率高达15%～35%，导致中小企业存在融资贵的问题。

（三）中小企业管理机制不健全

南宁市的一些中小企业内部管理过于松散，规章制度不完善，加剧了人才流失，导致其陷入一种恶性循环。此外，一些中小企业在选用财务人员时任人唯亲，但这些亲属未必具备足够的财务管理和会计知识。很多中小企业还缺乏内部审计制度，财务管理混乱，财务信息登记不及时、不准确。这些都会导致企业做出错误决策，不利于企业发展。

（四）政府扶持不够

尽管2016年以来南宁市的地方政策已经有所改变，开始向中小企业倾斜，但落实还不到位。据调研，南宁市相关科研机构对中小企业进行技术指导的较少，政府在资金、技术、信息、财政等方面对中小企业的扶持较少，由政府牵头组织的专门针对中小企业的社会化服务不够。

（五）中小企业创新能力不足

2016年，南宁市中小企业有R&D活动的企业为870个，仅占南宁市中小企业总数的7.8%；南宁市中小企业内部R&D活动经费支出为9.85亿元，占南宁市生产总值的比重为0.26%。2016年全国规模以上企业内部R&D活动经费支出占GDP的比重在2.0%左右，昆明市、贵阳市也都超过了1.2%，而南宁市仅为0.54%。由此可见，南宁市中小企业对创新投入能力不足。

三 南宁市支持中小企业发展的建议

（一）培育适应经济转型的多层次金融市场

1. 持续加大"引金入邕"支持力度

切实优化改善金融机构营商环境，积极吸引各类金融机构来南宁设立总部、区域性总部和分支机构。推动在邕外资金融机构分支机构提档升级，争取新增一批外资、港澳台机构分支，有序发展小型银行以及中小微金融组织，构建完整的金融产业链条。在大力支持发展银行业金融机构的同时，鼓励和支持证券、保险、基金等非银行金融机构进驻南宁。积极做好民营银行的筹建和开业工作，提升银行对金融业协调发展的引领带动作用。着力优化保险业组织体系，鼓励保险业机构创新发展。组建或引进公募基金、期货、消费金融公司，填补金融体系空白。

2. 支持地方金融机构发展壮大

支持北部湾银行、村镇银行、农村信用社等地方金融机构做大做强，成为南宁金融创新和发展的重要平台。加快组建地方法人财产保险公司、信用再担保公司等机构；吸引和鼓励区内外有实力的发起人到南宁市设立村镇银行，实现村镇银行县域全覆盖。规范发展小额贷款公司，积极培育辖内融资性担保机构，确保小额贷款公司实现乡镇全覆盖。深化现有地方金融机构改革，盘活农村信用社存量金融资产，引导和鼓励政策性银行、大型商业银行、股份制商业银行与邮储银行、农村信用社加强同业合作，通过代理行等方式提升对地方金融的服务能力。

3. 有序规范互联网金融发展

扶持和引导互联网金融企业加快发展,积极探索股权众筹、网络信贷、跨境结算、第三方支付等跨境金融业务、金融业态,形成"互联网+跨境金融"的新模式、新机制、新产品,并以金融的推进和发展,进一步拓展中国—东盟的投资与经贸合作的领域,促进双向投资贸易的便利化,打造"永不落幕的中国—东盟博览会"。

4. 加快建立普惠金融体系

积极运用好差别准备金率、支农再贷款、再贴现等货币政策工具,引导更多信贷资金投向"三农"和小微领域。探索将农村普惠金融体制建设与脱贫攻坚、美丽乡村建设、棚户区改造、新农村建设等项目有机结合,寻求中央和地方财政资金的集约投入,争取在点上实现农村普惠金融发展的突破。创新农村金融改革政策,加快脱贫攻坚步伐。

(二)优化金融信贷政策

1. 落实差别化工业信贷政策

按照"三去一降一补"的要求,实施差别化工业信贷政策,提高企业技改中长期贷款在制造业贷款中的比重。通过鼓励引导产业、创业、风险投资基金等方式,加大对南宁市新兴产业金融支持力度,支持产业链升级,提高产品附加值。积极稳妥做好"僵尸企业"信贷退出,实施市场化法治化债转股,优化资产负债结构,降低杠杆率。创新信贷产品,支持房地产去库存。坚决防止金融资源过度向房地产行业集中,向政府融资平台、大型国有企业扎堆以及向产能过剩行业沉淀。

2. 重点支持科技型小微企业发展

一是建立科技型小微企业的评估体系。筛选出有潜力的小微企业给予重点扶持,从用地、资金等方面加强保障。二是研究助保贷等中小企业风险分担机制,探索推出无还款续借、年审制、期限拉长法、现金流匹配法等创新产品。三是发展完善科技金融,依托社会资本、金融机构和国有企业发起设立涵盖科技成果转化、战略性新兴产业、科技企业孵化器等方面的各类投资基金，撬动更多社会资本支持创新型企业培育和初创期科技型中小企业。四是加强对小微企业有关人员的培训。组织小微企业融资学习班等，对小微企业进行融资培训。制定创业服务手册，开设面向小微企业的南宁创业网站等，加强对各类政策、渠道的普及宣传。

3. 积极创新金融服务方式

完善不动产融资服务，支持发展动产抵（质）押贷款业务，鼓励以知识产权、股权、商标权和订单等为抵（质）押物的新型融资方式。建立企业转贷应急机制，通过政府出资建转贷资金池，打造转贷应急周转资金管理平台，建立和完善企业转贷应急机制，促进政银企携手合作、良性互动，重点支持机器人、无人机、石墨烯、智能装备等先进制造业企业。积极开展收费权、特许经营权抵押质押等业务，鼓励金融机构探索推广基于购买服务协议、预期收益质押等方式的金融产品创新业务。加快发展绿色金融，大力推进绿色信贷、绿色债券、绿色保险、绿色信贷资产证券化，引导资金等要素资源向节能、减排、降耗、再利用等绿色产业聚集，探索建立南宁市绿色金融统计指标体系。创新信贷支持模式，针对高新技术企业的特点，充分释放企业的无形资产价值，实施以环境服务合同权益、特许经营权及专利权等知识产权抵押质押获得贷款的间接融资模式。

4. 健全政策性融资担保体系

推动南宁市及各县（区）政府注资控股的政策性担保机构建设，加大财政资金杠杆功能，帮助企业提升金融信用水平。由南宁市金融办统筹，市一级及各县区分别建立"企业稳定资金池"，用于企业贷款资金过桥以及对银行业金融机构、融资性担保机构贷款担保的风险补偿，鼓励企业"抱团取暖"、互帮互助，为科技型中小微企业提供供应链金融服务。

（三）拓宽民间资本投资渠道

1. 着力扩大民间投资领域

除传统的原材料、制造业、农业和贸易领域外，交通运输、港口码头、通用航空、休闲旅游、健康养老、保险等，除法律法规明确禁止的以外，均可以向社会资本开放，鼓励和引导民间资本进入南宁市基础设施、市政公用事业、保障性住房建设等领域，不断扩大利用民间资本的范围。

2. 促进PPP模式推广运用

加大PPP项目策划包装力度，包装一批PPP重大项目，梳理出一批规模大、周期长、带动力强的大型项目，优化南宁市PPP项目库。理顺PPP推进机制，落实具体部门职责，强化PPP项目联合联动审查，优化审批流程。加快完善项目操作规程，分批次向社会公开推荐合作项目。科学编制项目实施方案，依法公开优选社会资本合作伙伴。对社会资本不愿进入的领域和项目，实施投资"工程包"，通过"捆绑打包""肥瘦搭配""上下游串联"等方式激发社会投资意愿。

（四）加大招商引资力度

1. 积极谋划重大招商引资活动

重点抓好以中国—东盟博览会为载体的系列投资促进活动，推出招商"项目包"，主要面向港澳台、东盟和欧美策划系列专题招商活动，从众创空间、资金支持、培育机制、服务方式等领域发力，制定一揽子扶持政策，大力吸引知名外企、央企和民企来邕投资兴业。吸引创新创业团队、高端项目进驻。对特别重大的招商项目，实行"一事一议"政策，着力从"粗放招商"向"精准招商"转变、从"数量招商"向"招商引智"转变，使招商引资政策聚焦产业的高端化发展。

2. 强化项目建设

一方面，从对接国家政策、新旧动能转换总体布局、新旧动能转换发展方向等方面，明确先进制造、金融、总部经济、高新技术、旅游等重点产业领域项目策划方向，重点引入谷川联行、华夏幸福基业等知名招商机构，采取"分批筛选、分批制作、分批发布、分批推进"的方式，策划一批滚动投资周期长、短期见效快、资金争取面宽的项目群。另一方面，重点引进实施一批技术先进、附加值高的重大工业项目，促其尽快建成投产、发挥效益，推进建设一批产业链上、下游延伸的重点关联项目，谋划启动一批带动产业升级的项目，形成"开工一批、在建一批、竣工一批、储备一批"的项目建设新格局。

3. 加大招商引资优惠力度

充分利用国家鼓励各地制定招商引资优惠政策的重大机遇，重点从投资、土地、人才、财税、金融等方面发力，抓紧研究制定一批具有突破性、创新性的政策措施。在投资激励方面，重点引进高新技术、高端装备制造等企业入驻；在土地激励方面，优先向大客户抛出地价优惠政策，重点减轻各类型企业前期投资及生产成本；在金融和财税激励方面，加大金融和税收扶持力度，着力降低企业的前期投资成本，进一步减轻企业运营过程中的负担；对固定资产投资亿元以上的工业项目，从土地、重资产、产业基金、税收、物流等方面给出突破性政策，包括允许工业项目用地"先租后让""弹性出让"、按固定资产投资额的4%~6%给予补助等；在招商引资奖励覆盖面方面，既要囊括高端制造业、现代服务业、高新技术产业等产业扶持领域，也要有针对相关行业、企业的奖励项目，包括人才引进、招商机构、中介机构等的奖励。充分利用商会、协会和联谊会等机构与平台的优势，积极开展以商招商、以资引资、以企引企等市场化招商方式，着力提高招商引资的效率、质量和层次。

（五）完善保障机制

1. 建立重点督查工作机制

成立重大项目专门推进机构，落实专门力量强力推进项目落地。实行项目动态管理，坚持"一月一督查""一周一汇报""一天一短信"，对项目进度进行督查公示，用项目甄别英雄，用项目考验干部，加快项目开工和完成进度。继续组织开展专题招商、驻点招商和产业链招商活动，在南宁市的优势领域和热点领域，引进一批新项目大企业大品牌。

2. 建立高端人才培育机制

强化高端人才的引进和人才在南宁辖区内校企之间的交流，激活现有高端人才的活力。加大南宁辖区内研究开发机构、高校与高新技术企业的人员交流力度，探索研究开发机构、高校研究人员在高新技术企业任职或持股的新模式。

3. 打造工业设计促进平台

依托南宁·中关村创新示范基地，主要围绕增强南宁制造业的创新能力和生产力，依托高新区、经开区等高新技术企业集中、工业设计需求旺盛的园区，联合产业政策部门、大型制造企业、工业设计科研院所和专业设计公司，整合各方资源，打造工业设计促进平台，推动政产学研用紧密结合。利用设计促进平台，进行设计前沿知识、概念作品、企业需求信息发布，构建工业设计以及成果产业化、商品化的转化机制，延伸和拓展工业设计产业链，进一步促进工业设计与先进制造业融合发展。

4. 建立营商环境监测体系

定期公布南宁市县区营商环境报告，强化一些发展指标的刚性约束，通过考核挂钩和督查问责，努力做到办事效率"零延误"、项目入驻"零障碍"、生产经营"零干扰"，形成崇尚创业、竞相创业、褒奖成功、宽容失败的良好氛围。实行营商环境建设"一票否决"、设立隔离线、防护线、高压线"三条线"，坚决治理乱检查、乱罚款、乱收费"三乱"行为，构建透明高效、竞争有序、公平正义、和谐稳定、互利共赢的环境。

5. 建立成效考核评价机制

对各县（区）、开发区、工业园区等，要分类建立成效考核体系，对招商引资、项目落户、投资规模、税收贡献等提出明确目标和要求，并把目标任务层层分解，深入推行一个项目"一名责任领导、一个牵头部门、一套方案、一抓到底"的"四个一"工作机制。定期对现有工业园区进行"体检"，对各园区已供土地指标但闲置出让未建土地进行收回，采取土地指标"调配"的方式，优先供应除"两高一剩"行业外产业结构升级优势明显的行业，或将由于客观原因难以利用的已供土地指标在园区内进行适当调整，供给急需投产的企业。加强绩效考核，对完成任务显著、成绩突出的，加大奖励力度，形成"能者上、平者让、庸者下"的评价机制。

参考文献

［1］赵爱玲：《中国区域中小企业融资及担保体系研究》，科学出版社，2014。
［2］陈东鑫：《浅析我国中小企业的薪酬制度》，《经济论坛》2013年第13期。
［3］陈迎雪、陈小华：《大数据时代中小企业的应对策略》，《企业改革与管理》2015年第1期。
［4］丁晓莉：《我国中小企业融资问题研究与对策分析》，中国经济出版社，2013。
［5］董道梅：《我国中小企业发展存在问题与对策分析》，《中国商界》（上半月）2010年第6期。
［6］耿军华：《我国中小企业发展环境及对策分析》，《品牌》（理论月刊）2011年第4期。
［7］胡彦蓉、刘洪久：《浅谈中小企业竞争力提升的策略》，《经济研究导刊》2011年第17期。
［8］李名利：《谈我国中小企业的发展趋势》，《经济研究》2013年第12期。
［9］刘小敏：《浅谈企业的风险管理》，《商场现代化》2013年第9期。

B.15 南宁市激发民间投资活力研究

南宁市社会科学院课题组*

摘　要： 近年来，南宁市大力推进投融资体制改革，民间投资实现较快增长。2016年民间投资完成2460.97亿元，占全部固定资产投资比重的64.34%，同比增长15.64%，高于广西增速8.14个百分点，高于全国平均水平12.44个百分点。但是，南宁市民间投资依然存在投资项目规模较小、工业民间投资发展趋缓、民营企业步伐较慢等问题。因此，要进一步激发南宁市民间投资活力就必须改善南宁市民间营商环境、拓宽民间投融资渠道、减轻民营企业成本、加强对民间投资的引导服务以及提升民间投资主体的市场竞争力。

关键词： 民间投资　营商环境　投融资　活力

一　南宁市民间投资现状

（一）民间投资总量

近年来，南宁市民间投资在一系列政策措施的支持下，总量逐年增长，2014年、2015年、2016年南宁市民间投资分别完成1801.27亿元、2180.68

---

* 课题组组长：吴金艳，南宁市社会科学院东盟研究所所长、副研究员；课题组成员：黄旭文、王瑶、杨彧、杜富海、宁春园。

亿元、2460.97亿元，但与国内部分城市相比仍然存在较大差距。在统计数据可获得性的基础上，选择东部广州市、中部武汉市、西部西安市作为代表性城市，同时在江苏和浙江两个民间投资发达省份各选择一个城市，分别为苏州市和杭州市。2016年，东部广州市民间投资总量最高，超过2万亿元，达到20504.39亿元。选取的六个城市中，西安市2016年民间投资总量最低，南宁市仅高于西安市33.61亿元（见图1）。

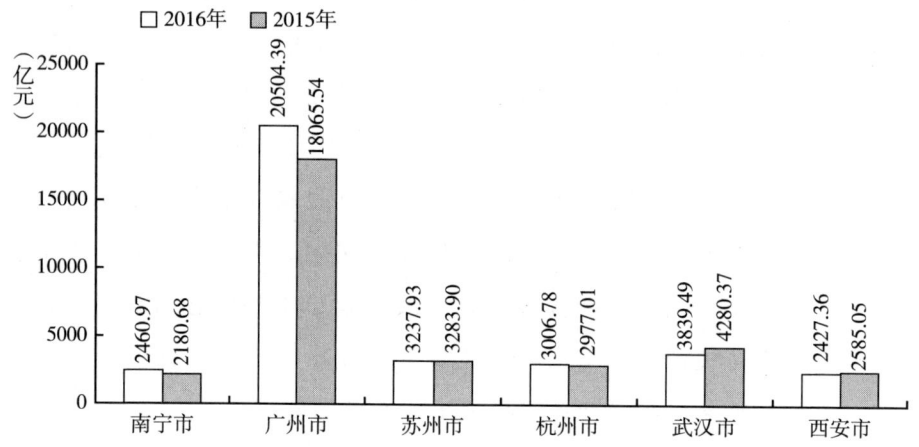

图1 南宁市与部分城市2015年、2016年民间投资总量

资料来源：根据各市统计公报整理。

（二）民间投资增速

2015年全国民间投资增长10.1%，2016年增长3.2%，在全国民间投资增速大幅下降的大背景下，南宁市2014年、2015年、2016年民间投资分别同比增长21.15%、21.06%、12.85%，远高于全国平均水平。

在选择的6个城市中，南宁市民间投资总量不高，但增速最高。受国际国内经济大环境影响，2016年很多城市民间投资信心不足，增长缓慢甚至出现负增长，西安、西宁、武汉、苏州等城市民间投资负增长，而南宁市增速达到12.85%（见图2）。

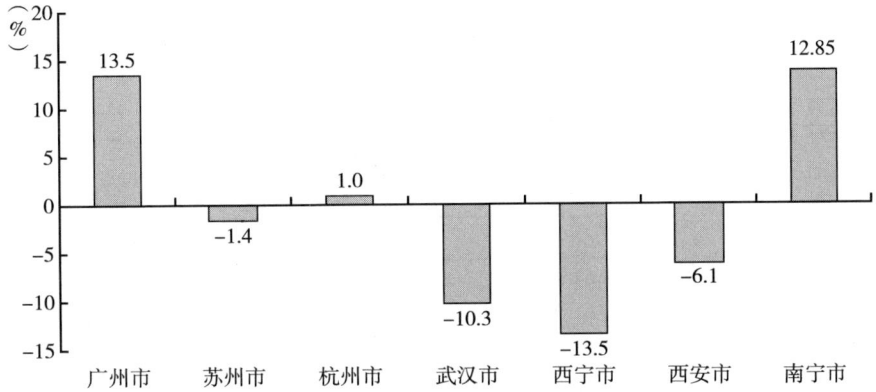

图 2　南宁市与部分城市 2016 年民间投资增速

资料来源：根据各市统计公报整理。

（三）民间投资产业结构

2017 年上半年，南宁市民间投资完成 1189.1 亿元，三次产业民间投资结构为 3.24∶34.47∶62.29，第三产业完成 740.69 亿元，同比增长 16.7%，比全市民间投资增长速度提高了 2.9 个百分点，对民间投资的贡献率达到了 74.2%。

2014~2016 年，南宁市民间投资的产业结构分别为 3.44∶40.37∶56.19、4.49∶40.21∶55.31、5.1∶35.06∶59.84，呈现如下特点：第一产业的民间投资额逐年增加，比重相应逐年提高，由 2014 年的 3.44% 提升到 2016 年的 5.10%，第二产业的民间投资比重逐年下降，由 2014 年的 40.37% 下降到 2016 年的 35.06%，第三产业的民间投资比重出现波动，2015 年比 2014 年比重下降，2016 年又出现回升。

（四）民间投资占固定资产投资的比重

近年来，全国、广西、南宁民间投资占固定资产投资的比重均在 60% 以上，但分年度来看，2015 年较 2014 年比重全国水平略有提升，广西呈下降趋势，只有南宁的比重提升了 2.33 个百分点。2016 年较 2015 年均呈下降趋势，但南宁市下降幅度最小，为0.39个百分点，广西下降2.68个百分点，全国下降2.77个百分点（见表1）。

表1 民间投资占固定资产投资的比重

单位：%

年份	南宁	广西	全国
2014	62.40	62.90	62.81
2015	64.73	62.28	62.99
2016	64.34	59.60	60.22

资料来源：根据全国、广西、南宁统计公报整理。

（五）民间投资占广西民间投资的比重

南宁市民间投资增速较快，占广西民间投资的比重逐年提高，2014年开始南宁市民间投资已超过广西民间投资总量的1/5，达到20.69%，2015年比重达到21.58%，2016年达到22.64%。

与全社会固定资产投资相比，南宁市固定资产投资占广西固定资产投资的比重2014年为20.85%，2015年为20.76%，2016年为20.97%，三年间变化不大，均未超过21%，而民间投资占比高于固定资产投资占比，说明南宁市民间投资近年来发展态势较好，投资积极性较高。

二 南宁市民间投资存在的问题及原因分析

（一）南宁市民间投资存在的问题

1. 民间投资项目规模较小

南宁市民间投资主要分为项目投资和房地产开发投资，在项目投资中，5000万元以上项目投资额明显低于5000万元以下项目。2016年民间投资中，5000万元以上项目完成296.32亿元，同比下降44.06%，仅占项目投资比重的16.18%，占民间投资比重的12.04%，而全年5000万元以下项目投资占项目投资的比重为83.82%。2015年5000万元以上项目民间投资占比31.87%，5000万元以下项目民间投资占比68.13%（见表2）。可见，5000万元以上的重大项目中，民间资本涉足不够，民间投资的项目规模普遍较小，对投资增长贡献率偏低。

表2　南宁市民间投资项目情况

项目投资	2016年(万元)	占比(%)	2015年(万元)	占比(%)	同比(%)
5000万元以上项目	2963184	16.18	5296927	31.87	-44.06
5000万元以下项目	15351516	83.82	11324455	68.13	35.56

资料来源：南宁市统计局。

2. 工业民间投资发展趋缓

南宁市工业民间投资2014年实现683.89亿元，占民间投资比重为37.97%，2015年实现832.99亿元，占民间投资比重为38.20%，2016年实现838.52亿元，占民间投资比重为34.07%。在第一产业和第三产业民间投资均有大幅增长的背景下，工业民间投资2016年呈下降趋势。不仅同比增速很低，仅为0.66%，且比重明显下降，下降了5.05个百分点。在南宁市大力实施工业强市战略的大背景下，南宁市工业民间投资发展缓慢将是南宁市工业发展的重要制约因素。

3. 民营企业发展步伐较慢

近年来，发展较好的民营企业上市步伐明显加快，截至2016年12月31日，全部A股上市企业总数3033家，其中，民营上市公司1749家，占比57.7%。民营企业总市值20.11万亿元，占总市值的比重为36.7%。而新三板中，民营企业是绝对主体。截至2016年12月31日，新三板挂牌公司达10163家，其中民营企业9550家，占比94%[①]。

[①] 资料来源：大成企业研究院：《2016年民营经济发展与民间投资重要数据分析报告》，社会科学文献出版社，2017。

但截至2017年12月31日，南宁市新三板挂牌企业26家，与西部地区省会城市相比，仍存在一定差距。与上市企业最多的成都市相比，相差215家，与西安市相差113家，与昆明市相差39家。同为少数民族自治区首府城市的乌鲁木齐市和银川市新三板挂牌企业家数均多于南宁市（见表3）。

表3 截至2017年底西部地区新三板挂牌企业数量

单位：家

城市	新三板挂牌企业数量	省份	新三板挂牌企业数量
南宁	26	广西	72
昆明	65	云南	92
成都	241	四川	332
西安	139	陕西	164
贵阳	38	贵州	59
兰州	19	甘肃	34
西宁	3	青海	5
乌鲁木齐	34	新疆	98
呼和浩特	23	内蒙古	66
拉萨	17	西藏	22
银川	42	宁夏	66
重庆	141		

资料来源：wind数据库。

从省会城市新三板挂牌企业数量占全省比重来看，南宁市占广西的比重也较低，为36%，而其他省会城市大多数占全省比重的50%以上，昆明占云南省的比重为70.65%，西安占陕西省的比重为84.76%，贵阳占贵州省的比重为64.41%。说明南宁市新三板挂牌民营企业不仅数量较少，而且在广西发挥首府的支撑带动作用有限，因此南宁市民营企业发展水平有待提升。

（二）原因分析

1. 投资环境有待进一步优化

良好的投资环境是激活民间投资活力必不可少的因素，缺少良好的投资环境不仅不能有效地发挥民间资本应有的作用，甚至无法吸引民间资本的进入。近年来，虽然南宁市在包括自然环境资源、公共设施、基础设施、社会环境、法制环境、政务环境、经济环境等硬环境和软环境两方面进行培育与优化，在一定程度上完善了南宁市民间的投资环境，但是南宁市的投资环境依然存在不足，有待进一步优化。

一是从整体上看，民间投资者对南宁市投资环境的满意度不够高，投资环境存在较大提升空间。国家统计局南宁调查队《关于2017年南宁市投资环境监测调查报告》显示，2017年南宁市企业对南宁市投资环境总体满意度较2016年有所下降，居全区第五位。说明南宁市在完善投资环境方面依然存在问题，未能很好地满足民间投资者的需求，在投资环境满意度方面仍然有较大的提升空间（见图3）。

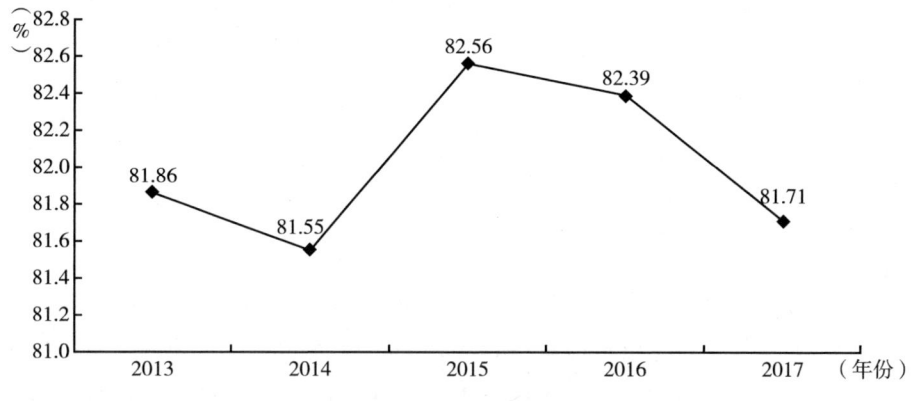

图3　南宁市总体投资环境满意度

资料来源：《关于2017年南宁市投资环境监测调查报告》，国家统计局南宁调查队。

二是人才环境和市场环境需要进一步培育和规范。随着供给侧结构性改革的深入推进，大多数企业处于转型期，需要大量的高素质人才来支持企业转型，但是调查结果显示，2017年南宁市仅有35%的企业认为当地的劳动技能能满足自身的发展需要，与2016年相比下降了1.83个百分点，说明南宁市还缺少吸引高素质人才聚集的条件，未能很好地培育高素质人才聚集的环境，直接影响到了良好投资环境的形成。在市场环境方面，依然存在假冒伪劣商品、同行间恶性竞争等问题，影响了市场秩序。在当前整体经济形势下行压力较大,新旧动能转换期,各行业、各领域分化特征突出,实体经济面临较大困难,市场需求不旺,一些民营企业的市场订单减少,扩大投资的意愿不强,民间投资信心不足。

三是投资服务水平有待进一步提高。2016年11月,广西投资项目在线并联审批监管平台成功上线试运营,12月底正式投入运营。广西投资项目在线并联审批监管平台的建设为激活南宁市民间投资活力提供了良好的平台。虽然在线监管平台已经正式投入运营,并取得初步成效,但是其功能依然不够完善。第一,存在平台办理程序衔接不够流畅的问题。《企业投资项目核准和备案管理条例》《企业投资项目核准和备案管理办法》中提出"项目单位需要备案证明的,可以通过在线平台自行打印或者要求备案机关出具""项目备案后,项目法人发生变化,项目建设地点、规模、内容发生重大变更,或者放弃项目建设的,项目单位应当通过在线平台及时告知项目备案机关,并修改相关信息"。然而,在实际的办理过程中,仍存在不能通过在线平台打印项目备案证明、核准机关无法获取项目业主在在线平台自行修改的项目备案变更信息等相关问题。另外,在线平台目前仅能输入项目基本信息,无法在在线平台上提交投资项目所需的相关审批材料,投资项目的预审信息依然不够完善,未能完全实现线上审批简化程序的目标。第二,存在广西投资项目在线并联审批监管平台尚未与各审批部门现有的网上审批系统实现信息共享互通的问题。各部门工作人员还未能在各个系统上实时提取各类项目的基本信息、审批信息,这主要是因为在线监管平台投入正式运营时间较短,同级不同审批部门和不同层级之间部门的系统未能及时做出调整,导致各系统之间未能实现兼容,影响了在线监管平台作用的发挥,也对部门提高工作效率造成了阻碍。在线监管平台实际作用未能发挥和监管工作效率不高使得南宁市民间投资活力未能充分释放。

2. 民营企业融资渠道有待拓宽

民营企业融资渠道单一是阻碍民间投资活力激发的重要因素。南宁市民营企业融资困难问题的长期存在是激活南宁市民间投资活力的一大瓶颈。

一是融资贷款的数量相对有限,限制了中小企业融资贷款的总量。一般情况下，中小企业的资金主要来源于商业银行，但是因为中小企业规模小，资信等级较低和缺少抵押资产等原因，其无法在商业银行获得足够的信赖和支持，因而无法得到足够的资金。另外，因为商业银行对中小企业贷款交易和监控成本较高，商业银行不愿贷款给中小企业，进一步增加了南宁市中小企业获取资金支持的难度，限制了中小企业融资贷款的总量。

二是融资贷款的渠道相对狭窄，阻碍了中小企业实现融资贷款来增加投资的目的。从目前来看，资金短缺的企业主要是采用在资本市场通过出售自身的有价证券的方式来直接获取资金。但是，由于国内的资本市场并不够发达，资本市场发育仍不够完善，不仅从总体上看缺少一个多层次、能够为南宁市广大中小企业提供融资服务的资本市场，而且中小企业本身较小的经济规模也使得中小企业达不到上市的要求。因此，中小企业在资本市场上的融资空间相对较小，难以筹集足够的资金，投资活力未能得到足够的释放。南宁市地处西部欠发达地区，与中东部地区相比较为落后，无论是资本市场还是资金市场也都欠发展，所以南宁市中小企业的融资渠道相对来说更为狭窄，民间投资活力的激发更为困难。

三是融资贷款的方式比较单一，减少了中小企业融资贷款选择方式。南宁市中小企业融资贷款方式比较单一，缺少多元化的资金融资方式。现阶段，南宁市中小企业的资金主要通过向商业银行进行贷款融资，权益性投资则较少，权益性投资当中的股东投资和风险投资只占中小企业融资的一小部分，将近八成中小企业权益性投资来源于自身资本金积累。单一的融资贷款方式不仅不能有效增加中小企业投资的动力，反会加大中小企业的营运风险，增加投资风险。

3. 民间投资成本有待进一步降低

吸引民间投资，激活民间投资活力必须有效地降低民间投资的成本。虽然国家、自治区和南宁市出台了一系列支持民间投资活力的政策措施及配套细则，但是因为政策落实和实施过程中执行不到位，企业未能实际地享受到优惠政策所带来的实惠，民间投资的成本依然处于较高的水平，一定程度上阻碍了南宁市民间投资活力的激发。

一是收费较多，加重了民间投资的营运成本。虽然2015年底编制并对外公布了《南宁市本级政府定价的经营服务收费目录清单》、《南宁市本级政府定价的涉企经济服务收费目录清单》和《南宁市本级政府定价的行政审批前置经济服务收费目录清单》，在一定程度上规范了政府的收费行为，做到收费办事有章可循，但是行政审批中介服务事项清单和收费清单等尚未公布，涉企行政审批中介服务仍然存在环节多、收费贵和垄断性强等问题，涉企承受的收费压力依然较大。

二是限制较多，加重了民间投资的操作成本。随着南宁市市场经济的不断完善和发展，民间投资的范围不断扩展，许多领域急需民间资本的投入，但是日益成熟和竞争激烈的市场经济提高了民间资本进入的技术性和规模性门槛。南宁市的民间投资规模较小、技术水平低，在面对国有投资和外来实力雄厚的其他企业时，在资金、技术、管理和人才等方面皆处于劣势，很难获得较为理性的投资空间，无形中加大了企业进行民间投资的运作成本。

三是税负较高，加重了民间投资的资金成本。近年来，虽然"营改增"的税收改革取得丰富的成果，在一定程度上缓解了中小企业资金紧张的状况，然而较高的企业所得税依然是限制民间投资的重要因素。根据《中华人民共和国企业所得税法》的规定，我国企业所得税采用25%的比例税率。相对于处于上升阶段，还不够成熟的民营企业而言，25%的比例税率依然是不小的课税负担。即使制定了针对小型微利企业和需要重点扶持的高新技术企业专门税收条款，但是也未能从整体上减低民营企业的赋税成本。

4. 民营企业自身管理组织水平有待提高

民营企业是民间投资的主体，也是激活民间投资的关键。拥有较强的组织管理能力的民营企业具有较高的投资能力，反之则投资能力低下。南宁市民营企业多以中小企业为主，能力不足、实力较弱，在面对日益高涨的土地成本、人力成本和融资成本时，因本身管理和组织能力低下，普遍具有抗风险能力不强、环境适应力不足等特征。

一是缺少转型升级的储备力量。随着供给侧结构性改革的深入，南宁市也进入产业转型升级的攻坚阶段，民营中小企业在产业转型过程中因为缺少人才储备、资金储备和技术储备，难以应付转型过程中的对于人才、资金和技术的要求，使得自身难以在产业转型升级的大环境中顺利地实现结构优化、技术升级和适应市场等目标，进而导致投资能力不足，影响民间投资。

二是缺乏有效的市场信息。获取足够的信息可以使企业组织充分了解产业的状态，及时掌握市场发展动态，适时地做出相应的调整，避免因市场、政策等因素的变化所带来的冲击。但是，大多数民营中小企业本身不具备获取大量有用信息的有效技术手段，也缺少分析信息的主观意识，因而无法有效地获取大量有用信息，也未能很好地将碎片化的市场信息转换成为有用的系统性信息。所以也就无法针对市场、政策的变化及时做出正确调整，最终结果只能是在激烈的市场竞争中逐渐被淘汰，直接影响民间投资的规模。

三是缺少严格系统的管理体制。民营中小企业规模普遍较小，在管理上相对于大型企业更为简单，这就往往使得民营中小企业管理者产生企业管理不需要严格系统管理体制的错误意识而致使管理过程产生随意性。在组织生产方面，不按照预定计划进行生产，企业管理者和员工进行沟通也较为随意，甚至部分企业管理者还存在一些官僚主义倾向。无论是生产组织的生产过程还是企业内部的信息传递上都具有较大的随意性。在财务制度方面，存在缺乏有效的效益和成本监督、会计数据核算不足等问题，导致企业在日后的发展过程中没有足够的规划，使得企业难以通过竞争赢得机会而发展壮大。

5. 促进民间投资政策未能充分发挥作用

为了激发南宁市民间投资活力，南宁市各部门以激活民间投资活力为中心，出台了《南宁市进一步优化环境促进非公有制经济跨越发展的若干意见》《南宁市推行行政许可和行政处罚等信用信息公示工作实施方案》《南宁市本级政府定价的经营服务收费目录清单》《南宁市本级政府定价的行政审批前置经营服务收费目录清单》等一系列具体的规范措施，降低了民间中小企业的投资成本，在一定程度上激活了南宁市民间投资活力。但是，各项具体规范办法和具体措施依然存在执行不到位、理解存在偏差、细则不够明确等问题，政策的作用未能有效发挥。

一方面存在"玻璃门"现象。"玻璃门"是指让民间资本止步软性阻碍和隐形制约。南宁市虽然出台了一系列激活民间投资活力的政策法规和具体措施,但是作为一个经济欠发展的后发地区,有些政策法规和具体措施还是对国家、自治区出台的办法措施进行生搬硬套,没有很好地结合南宁市民间投资发展的实际进行细节设计,使得南宁市民间资本进入的规则、标准、程序等不够清晰透明,导致民间资本出现"不敢进""不想进"的顾虑。

另一方面存在"弹簧门"现象。"弹簧门"是指由于缺乏公平竞争的环境,民间资本即使推开了大门,又会因亏本或无利可图给"弹"出来。虽然诸多国民经济重点领域已经向民间资本打开大门,欢迎民间资本进入,但是实际上南宁市公平竞争的环境没有随着重点经济领域向民间资本敞开而完善,南宁市民间资本进入这些重点经济领域并没有获得足够的竞争优势,无法因为自己资本的投入而获得利润。然而,资本本身所具有的逐利性又使得民间资本不得不在这些开放的经济领域中退了出来。例如在石油、电力等方面,民营企业难以介入相对完善的产业链条,也缺乏议价能力,所以即使领域的大门已经打开却没法让民间投资顺利进入。

三 南宁市激发民间投资活力的对策建议

(一)着力改善民间投资营商环境

1. 转变思想认识增强民间投资信心

首先,要促进民间投资的快速发展,就要从思想上彻底去除根深蒂固的传统观念以及社会偏见。改变以往对民间投资感官与思维定式,认真了解对待民间投资,认识到激发民间活力对促进南宁市经济发展的重大意义,从而做到在思想上一视同仁地对待国有资本、民间资本,在实际中不偏不倚鼓励各类资本充分竞争。同时,还应敢于突破,先行先试,不断推进各类体制、机制的创新,为南宁市民间投资营造更好的营商环境。其次,应充分发挥各类媒体的舆论引导作用。通过各种媒介、各类手段,广泛深入地宣传政府大力发展南宁市民间投资的决心、信心与相关政策。并通过宣传，转变民众的传统思维，改变部分民众只看到民营经济在发展过程中的质量低劣、资源浪费、环境破坏等问题的负面看法，为南宁市民间投资的快速发展营造出良好的社会舆论氛围。

2. 完善和落实各项相关政策

一是应加快审批制度改革，按照自治区批复的《南宁市推行相对集中行政许可权改革方案》的要求，加快推动行政审批局实质性运行，进一步优化审批流程，并不断完善网上审批功能。二是应加快推进权力清单和责任清单"两单"融合，厘清政府权力边界，编制和公布行政权力运行流程，营造有利于各类市场主体公平竞争的市场环境和政策条件。三是应持续推进重点领域信息公开，建立重大政策解读机制，完善信息公开制度，以公开促服务。四是应加大力度推行"双随机、一公开"监管等政府管理新模式，建立联合抽查机制，全面推进抽查工作。五是应推动政府和社会资本合作（PPP）模式发展，优化投资环境，完善制度和流程，力促民间资本参与南宁市PPP项目建设。

3. 加快服务型政府建设

要激活南宁市民间投资的活力，第一，应不断转变和理顺政府与市场的定位和关系。逐步转变政府投资的功能与定位，使政府的角色由"监管者"向"服务提供者"转变，使政府投资的方向由"经济建设型"向"公共服务提供型"转变。同时，政府的投资应该从一般竞争性领域退出，避免出现以往政府既是"运动员"又是"裁判员"的状况，政府投资应更多地投向基础设施、民生、环保等领域，使政府投资的功能"归位"，以弱化政府投资对民间投资造成的"挤出效应"。第二，继续推进政企分开、政资分开、政事分开，减少和规范行政审批，提高行政效率，使政府职能向宏观经济调整、市场监督与管理、社会治理、提供专业化的公共产品与服务的方向转变。第三，南宁市还应不断增加有助于激发民间投资活力，能为民间投资营造良好市场环境的公共产品如教育、医疗等基础设施的供给，只有如此不断提升南宁市民间投资的盈利空间与能力，降低民间投资的风险与成本，才能有效地激发民间投资的活力，从而促进南宁市经济可持续快速发展。

4. 加强南宁市企业服务在线平台建设

2016年12月，国务院发布《企业投资核准和备案条例》，以法规的形式要求投资项目核准和备案工作必须通过投资项目审批监管平台进行。2017年1月，国家发展改革委、自治区政府进一步要求从2017年2月1日起，除涉及国家秘密的项目外，项目审批、核准、备案以及所涉及的各类审批事项都必须通过在线平台办理，各级政府有关部门统一使用在线平台生成的代码办理相关手续。面对国家及自治区的有关要求，南宁市应大力推广在线平台的使用，并进一步加强在线平台建设，完善平台相关功能及应用，推动网上审批服务升级，实现审批提速增效。同时，推进南宁网上办事大厅与广西及区内其他各地市在线平台的互联互通，实现信息共享，为企业提供更为便捷、高效的服务。

（二）不断拓宽民间投资融资渠道

1. 引导金融机构不断完善现有的金融政策

应进一步引导驻邕各类金融机构转变自身观念，了解南宁市经济发展特点，顺应经济发展的要求，逐步消除对民营企业尤其是中小企业的歧视，消除各类企业间的不平等待遇，对南宁市民间投资的融资需求进行深入调研，依据实际情况，有针对性地增加对南宁市民间投资的融资比重。同时，应尝试适当降低南宁市各类金融机构的准入"门槛"，大力引进各类金融服务机构，并鼓励其开展针对民间投资的各类融资服务，为南宁市民间投资融资提供更多的可能性。

2. 促进南宁市民间投融资体系加快完善

政府应重视南宁市中小企业信贷担保体系的建设和完善。首先，南宁市的国有资本应逐步建立一些主要针对南宁市民营企业为其提供融资担保的非营利性担保公司。其次，不断推进如"4321"政府性融资担保业务等项目，构建新型政银担合作关系，充分发挥政府性融资担保对破解民间中小企业融资难融资贵问题的重要作用，形成覆盖广泛、层次分明、服务优良的新型融资担保发展格局,提升南宁融资担保行业发展水平,为民间资本提供广阔的投资空间以及更多的发展机会。

3. 提供高效优质的金融服务

应出台相关政策,支持和鼓励驻邕各类金融针对南宁市民间投资开发层次丰富、种类多样的金融产品,不断加大对南宁市民间投资融资的支持力度。应逐渐突破现有的南宁市国有商业银行高度垄断的局面,引进、组建、培育多管齐下,逐步发展各类中小型金融机构,构建多层次、多元化的金融市场体系,促进各类金融机构的充分竞争,不断改善当前南宁市金融市场利率偏高、网点覆盖面窄、整体服务水平较低的现状,降低南宁市民间投资的融资成本。同时,南宁市还应大力培育和发展多层次的资本市场,借力资本市场的功能作用,鼓励满足上市条件的本市企业直接融资,有针对性地出台不同的奖励措施,扶持实力较强的大中型民营企业在国内主板或在境外上市,鼓励区域内的小微企业在"新三板"或区域性股权交易市场挂牌融资,不断拓宽各类企业的融资渠道,激发南宁市民间投资的活力。

4. 设立民间投资发展基金

针对民间投资南宁市还可以尝试设立各类民间投资发展基金。投资基金是对所有以投资为形式的基金的统称,它是一种利益共享、风险共担的集合投资制度。投资基金就是把投资者的资金集中起来,由基金托管人委托专业人员管理,并专门从事股票、债券等证券投资的一项活动。南宁市民间投资发展基金的设立,更有利于有效利用各类社会闲散资金,并引导其投入到证券投资领域,最终使得南宁市民间投资快速发展。

(三)切实减轻民营企业成本负担

1. 不断规范各类涉企收费项目

首先,建议每半年依据南宁市经济发展的实际情况对《南宁市本级政府定价的经营服务收费目录清单》、《南宁市本级政府定价的涉企经营服务收费目录清单》和《南宁市本级政府定价的行政审批前置经营服务收费目录清单》三项收费目录清单进行更新和重新发布,并建立动态调整机制,即根据价格收费政策的调整对收费项目、收费标准、收费依据等清单内容进行实时更新。收费清单的常态化公布和实时更新，将有利于确保企业和社会可以随时获取最新的收费项目信息，有助于从源头上防范各类乱收费行为的发生。其次，应加快清理规范行政审批中介服务事项，将大多数行政审批中介事项调整为由审批部门通过竞争方式委托中介机构开展，费用一律由审批部门支付并纳入部门预算。再次，进一步放宽社会举办中介服务机构市场准入门槛，培育形成中介服务机构有序竞争的市场环境，破除中介垄断现象。最后，尽快公布行政审批中介服务事项清单和收费清单，未纳入清单事项一律不得作为受理条件，任何部门与机构不得以任何形式收取服务费用。

2. 不断完善支持民间投资发展的财税政策

首先，应确保财税政策的公平合理。对各类民间投资主体，政府相关的财税政策应坚持权利、机会、规则平等的原则，对于存在各类显性或隐性的壁垒，影响民间投资健康可持续发展的制度、规定，应及时予以清理。其次，应不断加大财税扶持力度。南宁市作为后发达地区，应该大胆突破，实施力度更大的税收优惠政策，促进民间投资的发展。一是给予南宁市重点发展领域或优势领域的初创企业和小微企业更大幅度的税收优惠和财政专项资金补贴。二是可通过免税、减税、补助等方式，促进民间投资进入南宁市重点发展的领域和投资项目。三是采取设备亏损抵免、加速折旧、再投资退税等一系列措施，鼓励各类企业加大研发投入，加快设备更新换代的周期，促进企业的技术改造及转型升级。

（四）加强对民间投资的引导与服务

1. 不断拓宽民间投资的领域

首先，应进一步消除垄断。应针对当前南宁市民间资本的特点，不断调整垄断行业的准入政策，使相关政策在实际操作中更具针对性和可操作性。建议根据当前南宁市不同行业的发展阶段、发展特点及行业自身的发展需求来制定相应的政策，尤其是对南宁市的重点发展产业，应大力鼓励民间资本的介入。其次，当前促进南宁市民间投资的发展，重点还应放在优化民间投资结构，引导和支持民间资本优化和升级产业结构上。可尝试建立南宁市专门的民间投资管理机构，在加强对民间投资的监督管理的同时，为民间投资提供专业化的社会服务和法律支持。最后，南宁市在不断拓宽民间投资覆盖面，为民间投资构筑更多渠道的同时，还应考虑民间投资在数量和质量上的关系。应结合南宁市经济发展现状和产业发展特点，合理地引导民间投资的方向与数量，避免出现因盲目追求数量而导致投资质量不高的状况，而应将投资效率放在首位，尽量减少投资浪费等现象。

2. 成立民间投资促进中心

首先，南宁市可逐步探索建立民间投资决策咨询信息库。该信息库在收集和整理南宁市民间投资领域的现状及所出现问题的基础上，建立相关专家库和决策咨询平台，针对不同的问题为民间投资者提供相应的信息及专家咨询，有针对性地解决投资主体在投资过程中所遇到的技术、金融、政策、劳动力等方面的问题，让民间投资少走或不走弯路，减少民间投资成本。其次，依托南宁市民间投资促进中心建立南宁市民间投资信用评估体系，对南宁市范围内的民间投资者进行登记及相关信息采集，联合有关部门及机构对其开展信用评估，并据此决定是否予以提供政策、金融、项目等方面的支持，以形成诚实守信的良好社会氛围，减少三角债、相互推诿扯皮等失信行为的发生。最后，可依托民间投资促进中心，形成南宁市民间投资项目库，选优除劣，在剔除夕阳产业、技术落后竞争力不强的产业或目前已出现产能过剩的产业项目的基础上，将南宁市成长性强、价值高的项目纳入项目库，让南宁市民间投资者能更好地了解当前南宁市产业发展方向，了解项目的实际发展状况，促进南宁市民间投资的健康发展。

（五）增强民间投资主体的市场竞争力

1. 加快现代企业制度建设

民间投资的壮大与发展，民间投资活力的激发，一方面离不开政府的扶持与鼓励；另一方面也有赖于民营经济自身发展质量的提升。政府在资金、政策上大力扶持民间投资的同时，作为南宁市民间投资主体的民营企业更应奋起直追，引入现代企业管理制度，包括对企业实施科学的绩效管理，不断改善优化企业的产权结构等，使企业的整体素质得到不断提升。南宁市本地私营企业及私人投资者也要加强对现代企业制度及其管理理念经验的了解与学习，由内而外树立现代企业发展理念及投资理念，真正实现从"老板"到"企业家"的转型升级。同时，私营企业及私人投资者必须时刻保持对国家、地方大政方针政策的敏感性，紧跟国家地区相关政策及法律法规，做到对相关政策及法律法规的变化及时反应，并对其充分利用，不断增强企业自身的实力和生命力。

2. 促进企业竞争力得以不断提升

首先，南宁市应不断推动企业自身的技术改造、技术创新、产品结构的调整和升级换代，如此才能使企业在市场上保持旺盛的竞争力、具有充沛的盈利能力和抗风险能力。其次，对于企业的规范化管理应给予足够的重视，如企业财务制度、管理制度等，只有不断提升企业的财务透明度及相关的报表可信度，才能树立良好的企业形象，不断扩大企业的影响力。再次，加强人才管理。企业的兴衰成败，人是最关键的。因此，建立完善的用人制度，则必须先树立"人才是第一生产力"的观念，重视人才、善待人才，建立完善的人才成长体系，激发人才创新的动力，创造人才成长的空间，让人才感受到在企业里受尊重、有机会、有前途，增强人才对企业的归属感。最后，企业还要树立科学的选人用人观，在选拔、任用人才方面唯才是举，重视人才的成长性、可塑性和实践能力，不拘一格选用人才。

3. 加强企业投资风险和绩效管理

首先，促进企业风险管控制度的建立健全。企业在开展项目前，应在充分了解该项目具体信息的基础上，认真组织开展对该项目的可行性分析，如可运用净现值法、折现回收期法以及内部收益法等方法作为决策参考，科学合理地确定项目的优劣势，据此来选择最佳的项目投资方案。同时，应避免私人资本及私人投资者在投资决策过程中重收益、轻风险的毛病，在投资决策过程中对风险进行充分的衡量考虑，做到只有在收益和风险比达到比较均衡及预期可承受的范围时才考虑进行投资，最大限度地降低投资风险。其次，加强对企业绩效的管理及相关制度的建立。南宁市相关企业应加快对原有传统的计划经济时代的老旧绩效管理制度的改革，采用科学方法加快关键绩效指标和工作目标的设定，建立现代企业绩效管理制度，以充分调动员工的积极性、创造性，不断提升企业的运行效率与质量。

参考文献

［1］葛文鑫：《江西省民间投资活力的影响因素及提升对策研究》，江西师范大学硕士学位论文，2015。

［2］彭彦：《成渝地区民间资本投资现状研究》，西南财经大学硕士学位论文，2012。

［3］桂婷婷：《唐山市民间投资发展现状分析与对策研究》，河北工业大学硕士学位论文，2012。

［4］贾楠亭：《陕西省民间投资效率实证研究》，中共陕西省委党校硕士学位论文，2015。

［5］杨大楷、周晓泽、杨晔、刘庆生：《中国民间投资问题研究》，西南财经大学出版社，2005。

［6］杨天荣：《西部地区民间资本投资环境研究》，经济科学出版社，2013。

［7］张秀利、祝志勇：《城镇化对政府投资与民间投资的差异性影响》，《中国人口·资源与环境》2014年第2期。

［8］王晶：《政府投资与民间投资对经济增长拉动作用的比较》，《中国市场》2013年第1期。

［9］张超：《北京市民间投资发展问题研究》，首都经济贸易大学硕士学位论文，2012。

［10］生康利：《促进黑龙江省民间投资发展研究》黑龙江大学硕士学位论文，2012。

［11］韩鹏：《陕西民间投资发展研究——基于陕西与浙江的比较分析》，西北大学硕士学位论文，2012。

［12］丁雪玲：《民间投资效率及其影响因素的研究》，山东大学硕士学位论文，2014。

［13］李博：《民间投资对地区经济增长的作用研究——以广东省为例》，《中国商贸》2013年第13期。

［14］刘希章、李富有、南士敬：《民间投资运行特征及经济增长效应分析——基于区域差异视角》，《经济与管理研究》2015年第7期。

B.16
"两会一节"落户南宁以来产业结构特征研究

南宁市社会科学院课题组*

摘　要： 自2004年"两会一节"落户南宁以来，南宁市的产业结构得到了不断的优化，2004～2016年，南宁市第一产业产值增加了2.72倍，第二产业产值增加了6.38倍，第三产业产值增加了4.90倍，其中，第二产业产值的增幅最大，发展最快，年均增长率达19.00%，其次是第三产业，年均增长率达16.16%。但是，当前南宁市的产业结构仍存在工业新旧动能尚未有效接续转换，服务业结构有待优化，外向型经济发展滞后，与东盟的产业合作水平有待提高等问题。因此，未来南宁市必须充分发挥"两会一节"落户南宁的政策优势，采取推动工业存量转型升级的同时培育壮大新接续产业，不断提升现代服务业发展的质量，大力发展各类新型生产性服务业的新业态等促进南宁市产业结构不断优化升级。

关键词： "两会一节"　产业结构　转型升级

"两会一节"是指"中国—东盟博览会"、"中国—东盟商务与投资峰会"和"南宁国际民歌艺术节"。"两会一节"落户南宁以来，南宁市紧紧

---

* 课题组组长：覃洁贞，南宁市社会科学院副院长、研究员；课题组成员：陈展图、莫拓、杜富海、陶艳兰。

抓住国家赋予的特殊使命,努力架设中国与东盟互联互通的桥梁,着力打造区域性国际城市,大力建设我国西南中南新的战略支点,全力打造连接"一带一路"重要节点城市,有力地推动了产业升级发展。本研究对南宁市2004~2016年产业结构的变动情况进行系统剖析,分析产业结构存在的问题,为调整优化南宁市产业结构提供决策咨询。

一 "两会一节"落户南宁以来产业结构特点分析

(一)第二、三产业发展迅速,三次产业结构持续优化

2004~2016年,南宁市第一产业产值增加了2.72倍,第二产业产值增加了6.38倍,第三产业产值增加了4.90倍(见图1)。第二产业产值的增幅最大,发展最快,其次是第三产业。

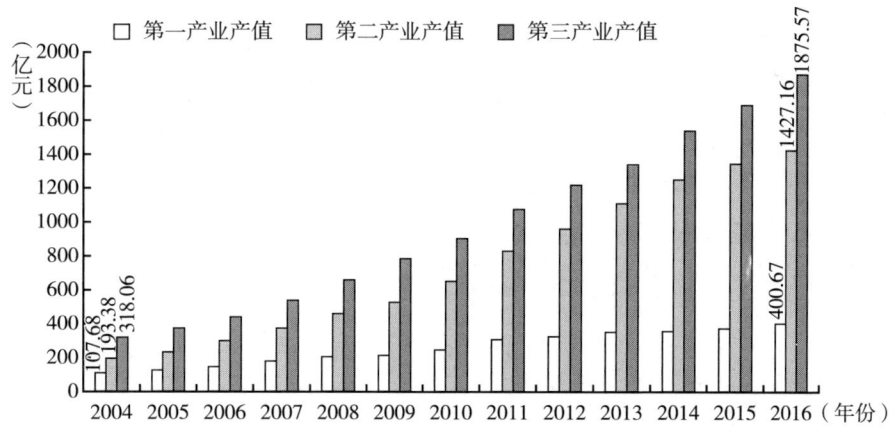

图1 2004~2016年南宁第一、第二、第三产业产值

从增长率来看(见图2),增长最快的是第二产业,年均增长率达19.00%;其次是第三产业,年均增长率达16.16%;再次是第一产业,年均增长率为11.51%。且第三产业增长率比第一、第二产业稳定,说明南宁市第三产业发展较为稳定、成熟。第二产业年均增长率遥遥领先于第三产业

和第一产业,与南宁市实施"工业强市""产业旺市"战略,大力发展工业密切相关。

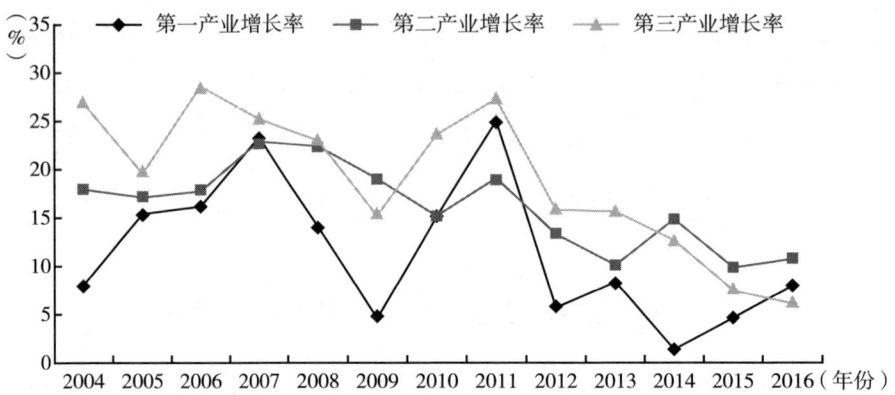

图2 2004~2016年南宁第一、第二、第三产业产值增长率

从三次产业结构来看(见图3),第一、第二、第三产业的比重由2004年的17.39∶31.23∶51.37调整为2016年的10.82∶38.54∶50.64。第一产业比重有进一步下降的趋势;第二产业比重在2014年达到峰值39.75%,2016年则降至38.54%;第三产业比重在50%左右小幅波动。

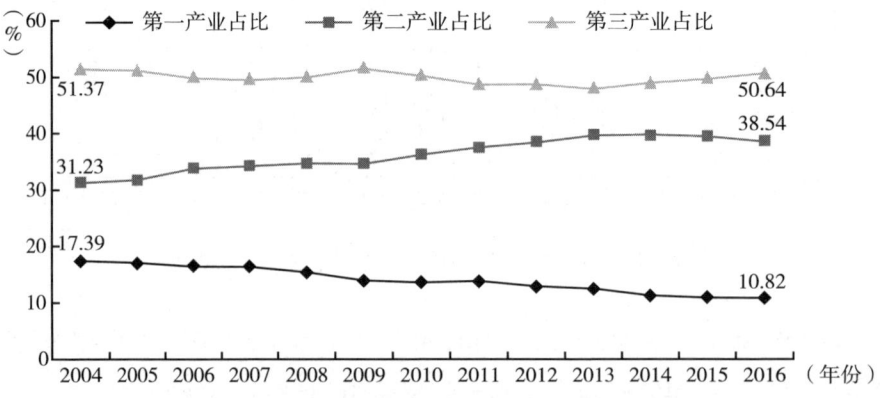

图3 2004~2016年南宁第一、第二、第三产业比重

(二)农业增长趋缓,传统农业比重大

1. 农业产业增长全面趋缓

2004~2016年,南宁市农林牧渔业总产值从179.86亿元增长到689.03亿元,年均增长率为12.55%,明显落后于第二产业(19.00%)、第三产业(16.16%)的增速,且增速趋缓;而其农业(指传统的种植业,本节同)、林业、畜牧业、渔业、四大产业的增速也趋同放缓(见图4)。

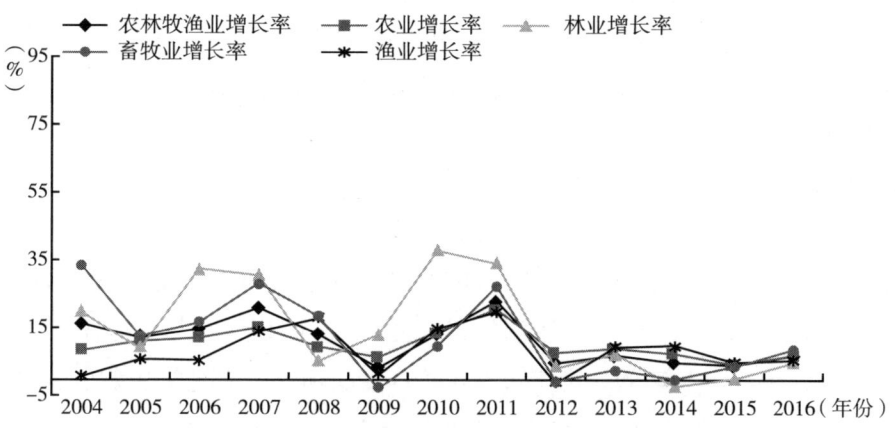

图4　2004~2016年南宁市农林牧渔业及其构成产业增速

2. 传统农业占比大

南宁市农业所占比重牢牢占据农林牧渔业总产值一半以上(见图5),2004~2008年占比呈下降趋势,但2016年上升到55.56%;畜牧业走势与农业相反,2004~2008年上升,到达2008年的峰值37.76%,2016年跌至30.87%。林业和渔业占比变动不大,服务业得到一定的发展,总体呈波动上升趋势。南宁市农业结构需要结合供给侧结构性改革进一步调整优化,提升畜牧业和渔业发展水平。

(三)工业发展质量明显提升,工业短腿有所缓解

1. 重点产业集群化趋势初显

南宁市"十一五"期间形成了铝加工、机械装备制造、农产品加工、

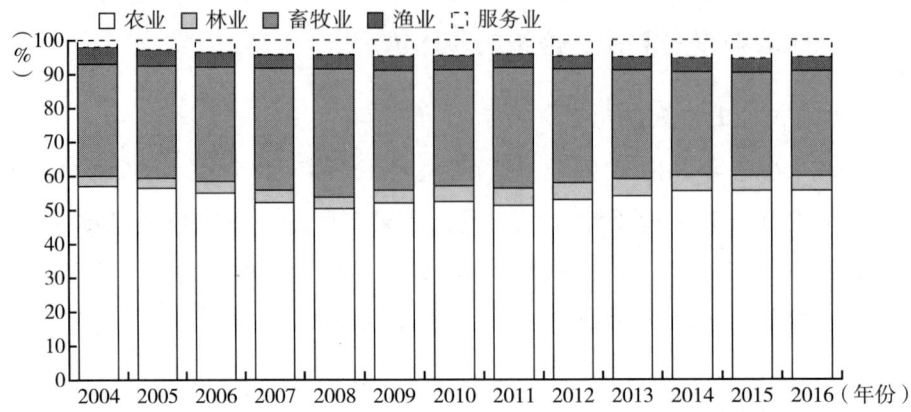

图5 2004~2016年南宁市农林牧渔业构成比重

电子信息、生物工程与制药、化工、建材、造纸八大优势产业。"十二五"期间坚定不移实施"工业强市"战略,加快产业转型升级,推动现代工业发展。2015年,南宁市六个重点发展产业生物医药、电子信息、铝深加工、机械装备制造、食品加工、清洁能源产值占全市规模以上工业总产值的64.3%。"十三五"期间,南宁市重点培养食品加工、先进机械装备制造和电子信息三大产业,形成千亿元产业集群。南宁市重点产业更加集中,集群优势更加明显(见图6)。

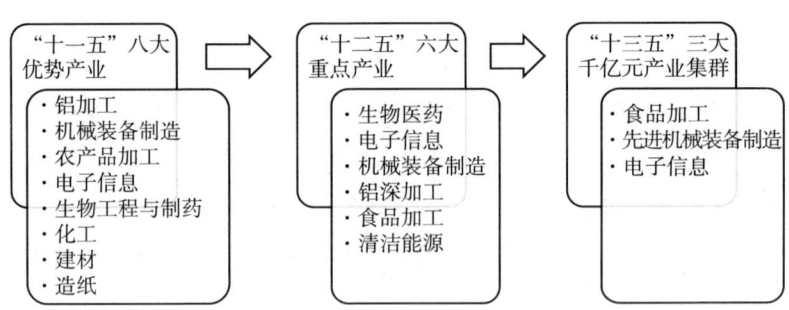

图6 各时期南宁市重点培育产业

2. 规模以上工业进一步扩大

2004~2016年,南宁市规模以上工业总产值由300.34亿元增加到

3537.05亿元，年均增长率达23.23%，规模以上工业总产值平均增速高于全部工业总产值平均增速2.82个百分点。规模以上工业总产值占全部工业总产值的比重也由2004年的74.33%提高到2016年的97.49%，规模以上工业进一步集中（见图7）。

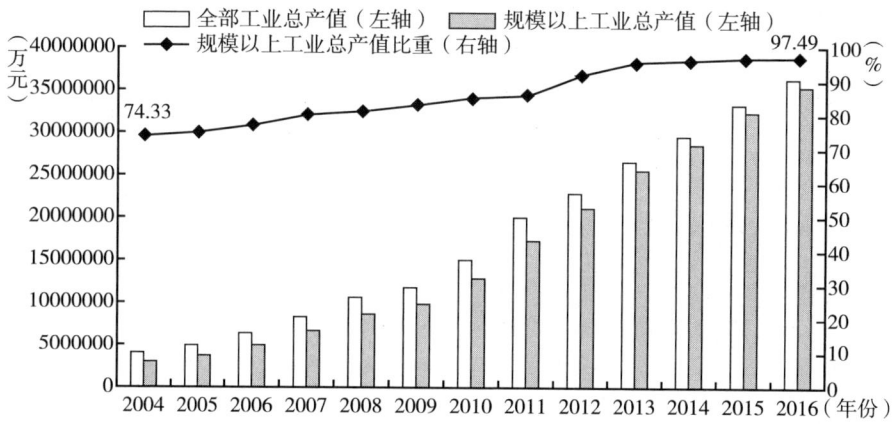

图7 2004～2016年南宁市全部工业总产值、规模以上工业总产值及其比重

3. 非公有制工业较快发展

在南宁市规模以上工业总产值中，公有制工业从2004年的29.95%下降到2015年的6.82%，下降了23.13个百分点；而非公有制工业则由70.05%增长到93.18%，增长了23.13个百分点（见图8），这种剪刀差的变化说明非公经济、民营企业得到较快发展，民营经济日益活跃，占据主导地位。

4. 呈现重工业化趋势

2004年，南宁市轻、重工业比重大致相当。2004～2011年，南宁市轻、重工业比重交替波动；"十二五"期间，南宁市重点发展装备制造、铝深加工、电子信息等产业，轻工业比重持续下降，至2016年降至39.96%；重工业比重则不断上升，2016年升至60.04%，南宁市工业出现重工业化趋势（见图9）。

5. 工业向园区集聚

2004～2016年，南宁市三大国家级工业园区（南宁高新技术产业开发

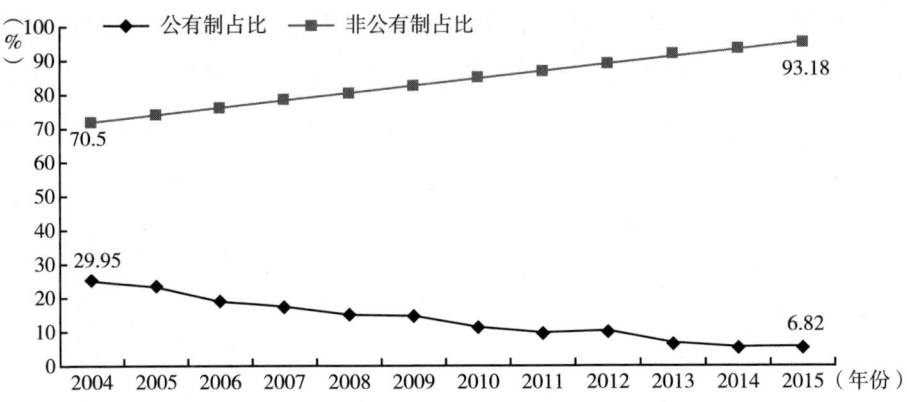

图8　2004~2015年南宁市公有制和非公有制工业比重

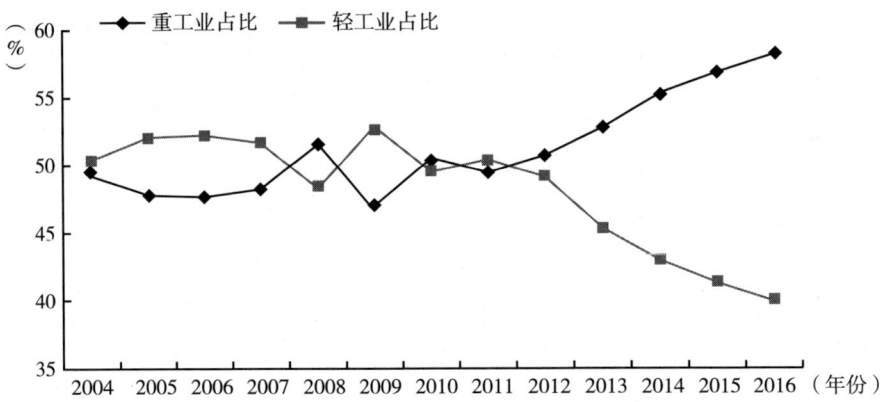

图9　2004~2016年南宁市轻、重工业比重

区、南宁经济技术开发区和广西—东盟经济开发区）财政收入从4.56亿元增长到82.52亿元，年均增速达29.67%，占全市财政收入的比重从6.11%增加到13.44%；规模以上工业总产值从48.78亿元增长到1913.76亿元，年均增速达37.36%，占全市规模以上工业总产值的比重从16.24%增加到54.11%；全社会固定资产投资从23.08亿元增长到789.22亿元，年均增速达38.30%，占全市全社会固定资产投资的比重从8.78%增加到20.63%。三大工业园区累计入区企业从2005年的3167家增加到2016年的15824家，

翻了两番多。工业不断向三大园区集中,园区对全市工业的集聚作用、辐射作用不断增强。

(四)第三产业稳步健康发展,新业态不断涌现

1. 金融保险蓬勃发展

南宁市大力实施"引金入邕""引资入邕"战略,初步形成了金湖金融中心、五象新区总部基地金融街、东盟商务区互联网金融产业基地等金融集聚区。沿边金融综合改革稳步推进,跨境人民币业务创新等试点取得突破性进展。区域性跨境人民币业务平台(南宁)于2014年底正式运行,结算平台覆盖港澳台、东盟、南亚及美、欧、日等主要经济体,超过1000家境外银行机构支持平台运行。"十二五"期间南宁市金融业增加值年均增长16.5%,2015年占GDP和服务业的比重分别高达10.55%、21.24%,金融业成为仅次于工业的第二大经济助推器。保险业也得到较快发展。2004年南宁市仅有10家保险公司,全年保费收入仅有17.15亿元;2016年,南宁市保险公司发展到38家,全年保费收入达到146.98亿元,是2004年的8.57倍,年平均增长率达到19.94%。

2. 物流业爆发式增长

"两会一节"以来,南宁市的物流业得到井喷式的增长,货运量从2004年的6791万吨猛增到2015年的36281万吨,年均增长率高达167.90%。这主要得益于近年来"南宁渠道"的建设——2013年12月30日,广西首列动车开动,南宁进入高铁时代,南广高铁、云桂高铁相继贯通,南宁市将建成"12310"高铁经济圈;南宁新航站楼(T2)于2014年9月25日启用,进一步增强了南宁市航空运营能力。作为大西南出海通道和中国—东盟门户的南宁交通运输条件得到极大完善,运输能力大大提升,生产要素加速在南宁汇集。截至2016年底全市获得国家A级以上评定的企业增加到15家,6家物流企业年营业额超过1亿元,已有42个快递品牌入驻南宁,南宁市快递业务收入占到全区收入总量的一半。中国—东盟国际物流基地(基地内布局有南宁综合保税区、中国—东盟电

子商务产业园等重要功能区)、金桥物流集聚区、沙井物流集聚区、安吉物流集聚区等重点物流园区集聚效应初显。

3. 旅游业有所突破

南宁市接待境外旅游者由2004年的6.56万人次发展到2016年的55.54万人次,年均增长率达25.75%;国际旅游收入也由0.17亿美元增加到2.32亿美元,年均增长率达31.89%。国内旅游市场持续旺盛,接待国内旅游者由2004年的1386.91万人增长到2016年的9499.62万人,年均增长率达17.75%;国内旅游收入也由71.65亿元增加到903.24亿元,年均增长率达23.07%。2016年末全市拥有5A级旅游景区1个,4A级旅游景区21个;拥有旅行社118家,星级宾馆48家,接待能力进一步提升。

4. 消费市场快速发展

人口的集中带来了消费品市场的旺盛。南宁市社会消费品零售总额从2004年的332.05亿元增加到2016年的1980.36亿元,年均增长率达16.03%。南宁市消费品市场的销售热点逐步由温饱型消费向小康型消费转变,消费档次换代加速,各类享受类、保健类、家装类商品保持热销,汽车、石油及制品、中西药品、家用电器和音像器材及粮油食品等消费保持连年增长。

5. 电子商务走向纵深

南宁电子商务总体发展势头良好,电子商务应用普及率不断提高,优势产业、实体市场与电子商务的融合趋势明显,并于2011年获得了"国家电子商务示范城市"称号,一大批具有东盟特色、地方特色的电子商务网站和交易平台逐步建成并形成一定影响力,已形成中国—东盟电子信息港、南宁高新区电子商务核心集聚区、中国—东盟电子商务产业园、中国—东盟(南宁)跨境电子商务产业园、中盟科技园、华南城电商产业园等一批特色电商产业园区。2015年6月南宁跨境贸易电子商务综合服务平台成功上线,实现跨境电子商务零售出口业务实单运作。农村电商和社区电商发展成效显著,横县、宾阳县成功申报2016年全国电子商务进农村综合示范县。2016年南宁市重点电子商务企业交易额达2201亿元。

6. 会展业"周周有展,天天有会"

2003年10月23日,南宁国际会展中心正式启用,为南宁会展业的发展注入了生机和活力。南宁国际会展中心近三年年平均展览80场次以上,会议450场次以上,实现"周周有展,天天有会"。南宁国际会展中心荣获2016年度中国会展业十佳品牌会展中心。东博会服务范围已从中国—东盟"10+1"拓展到区域全面经济伙伴关系(RCEP)"10+6"乃至更大区域,成为增强政治互信、推动经贸合作和文化交流的有效公共平台。

(五)产业开放度有所提高,"引进来、走出去"步伐加快

1. 对外贸易依存度有所上升

2004年,南宁市进出口总额仅为52.66亿元,2016年增加到416.23亿元,年均增速达18.79%,高于GDP增速。2004~2016年南宁市对外贸易依存度(进出口总额/国内生产总值)从8.51%增加到11.24%,但并未恢复到高峰年2009年12.49%的水平(见图10)。南宁"总部经济"集聚效应特点越来越凸显,已有近百家国内外知名企业把区域总部设在南宁,涉及物流、金融保险、运输、服务等行业。

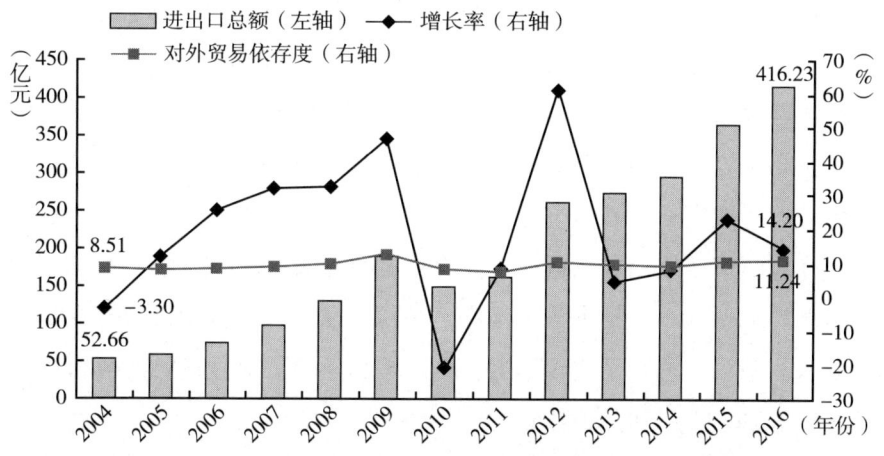

图10 2004~2016年南宁市进出口总额及其增长率、对外贸易依存度

注:2004~2015年统计单位为亿美元,根据《中国统计年鉴2016》美元对人民币汇率年平均价进行折算。

2. 产业（企业）"走出去"步伐加快

南宁借助"两会"平台积极推动产业"走出去"，主动参与国际市场竞争，融入全球产业链，在继续深耕欧美、东盟等传统市场的同时，大力拓展非洲、拉美等新兴市场，紧跟国家战略积极开拓"一带一路"沿线市场，对外贸易市场格局更加优化。博世科环保科技股份有限公司开发的二氧化氯制备系统实现了我国该类技术产品出口零的突破，代表了"中国智造"的高水平①。2016 年南宁市外贸主体数量快速增长，全年新增对外贸易经营者备案企业 493 家，新增备案境外投资企业 19 家。

二 "两会一节"落户南宁以来产业结构存在的主要问题

（一）工业新旧动能尚未有效接续转换

1. 旧动能难以为继

主要表现在以下两个方面。

一是规模小、效益低。南宁市至今没有千亿元级别的工业子行业。2016 年，规模以上工业产值最高的六个行业总产值为 1898.45 亿元，其中产值最高的是农副食品加工业，为 484.43 亿元，不到 500 亿元。但南宁市农副食品加工业产业规模偏小，企业规模化程度偏低，除制糖、卷烟、粮油加工行业具有较大的规模外，其他行业大多为中小企业。大部分食品加工企业缺乏稳定的优质原料基地，难以适应食品工业的集聚发展要求。农产品加工率低于全国平均水平，产品技术含量不高，精深加工产品和高附加值产品少。总体上技术装备、工艺水平比较落后，创新投入不足，企业的技术和管理人才缺乏，技术自主创新和品牌建设力度不够。

---

① 详见《南宁：构建"一带一路"合作新高地》，新华网，http://www.gx.xinhuanet.com/nanning/20160622/3224434_c.html，2016 年 6 月 22 日。

二是受到资源、环境的约束越来越严重。造纸业曾经在较长一个时期是南宁市产值较高的产业，但造纸行业一直存在污染大、耗能高、效率低的问题。南宁市从2014年开始对造纸行业进行转型升级，相继关闭了一系列排放不达标的造纸业企业，使得造纸行业规模急剧缩小，造纸行业从此在南宁市六大规模以上工业中消失。而接替造纸业成为六大行业的是木材加工和木、竹、藤、棕、草制品业，依然是高耗能、高污染、低附加值的传统行业，且随着"禁桉令"的实施，木材加工业发展的可持续性也将面临考验。

2. 新动能发力尚需时日

南宁市"十三五"重点发展的电子信息产业、机械装备制造业、生物医药产业是新动能的代表性产业，事关南宁市工业的转型升级以及核心竞争力的打造。但由于起步较晚，积累不足，这些产业在规模上暂时还难以取代传统工业，在带动力、影响力上还不够强。以生物医药产业为例，南宁市建设了生物医药产业园，引进了中恒、海王、柳药等知名企业，尽管近年来该产业发展很快，约占广西医药工业产值的1/3。但由于积累较少，基数不大，还没有发展成为工业产值最高的六个行业之一。这说明南宁市正处于新旧动能转换的关键时期，新动能在某种程度上还没有很好地接替旧动能。

（二）服务业结构有待优化

1. 国际化水平低

以金融业为例，南宁市金融业近年来发展迅速，占地区生产总值的比重从2006年的5.3%上升到10.9%，成为支柱产业之一，对第三产业增长的贡献率最高达到47%（2014年），是推动南宁市第三产业发展的重要力量。但金融业的发展也存在国际化程度不高的问题，如入驻南宁市的国际性金融机构还很少，仅有汇丰银行、东亚银行、星展银行、南洋银行等少数几家银行进入南宁。南宁市在区域内的知名度、影响力还远远不足，建设区域性国际金融中心还任重道远。

2. 现代化水平低

以现代物流业为例，得益于区位优势和政策优势，南宁市发展现代物流业有得天独厚的优势，但也面临着一些问题。总体来看，南宁市物流企业布局分散、规模偏小，综合实力偏弱，专业化水平不高，无法形成集聚和规模效应；硬件软件设施落后，现代物流技术、信息应用程度低，配送效率有待提高；缺少能提供综合物流服务的企业，尤其缺乏具备供应链管理、物流金融等服务能力的现代物流企业。服务于全市的物流信息平台尚未完全建立，推广、应用效果不尽理想。物流公共管理信息平台、物流业务信息交换平台、企业物流信息处理平台在物流活动的各个环节并没有进行有效的规划、组织、协调与控制，未达到整体优化的目标。物流企业有对高管和业务骨干进行培训的迫切需求，但是缺乏培训渠道和培训模式，物流企业人才聚集力不强，缺乏发展现代物流的高端人才。

（三）外向型经济发展滞后

1. 外贸依存度相对偏低

2016年，南宁进出口总额为416.23亿元人民币，占地区生产总值的11.23%。进出口总额和外贸依存度在省会城市中居于中下游。南宁作为北部湾经济区的核心城市、"两会一节"的永久举办地、面向东盟开发合作的区域性国际城市，外向型经济发展却不尽如人意，说明南宁市没有利用好两个市场、两种资源，与城市定位尚不匹配。

2. 利用外资水平较低

一是外资"脱实向虚"现象明显。随着近年来房地产业持续火爆并成为南宁市支柱产业，外商也逐渐将资金大幅度投向房地产业。2006年，外商实际投资中有53.48%投向房地产业，30.98%投向制造业。2015年，房地产业实际到位外资5.81亿美元，占全部到位外资的82.93%，其次是制造业8174万美元，占11.66%，金融业1633万美元，占2.33%。房地产业、金融业使用了多达85.26%的外资，这意味着大量的外资并没有进入实体经济尤其是制造业。

二是外资来源趋向单一化。2006年，南宁市外资来源还相对广泛，有四个国家或地区占比超过10%，其中我国香港占41.05%，英属维尔京群岛占15.97%，东盟占11.95%，日本占10.47%。到了2015年，我国香港到位外资占全部到位外资的88.63%，其次是我国台湾占5.58%，其余的萨摩亚、德国、维尔京群岛、新加坡、我国澳门等国家和地区只占很小的比重。总体来看，近年来，来自我国香港的资金占比越来越大，这说明南宁市在吸引香港资金方面做了大量有效的工作，但其可持续性问题将日益显露，同时也说明其他国家和地区的招商引资工作还有潜力可挖。

（四）与东盟的产业合作水平有待提高

1. 产业互补的优势没有充分利用

东盟国家（新加坡除外）产业多以第一产业为主，第二产业、第三产业不发达。出口产品以初级产品为主，主要进口工业品及日用品。而南宁市当前的相对低端产业结构在某种程度上与东盟国家存在一定的互补性，如果能够充分取长补短，利用好东盟国家的资源、市场，抓住东盟国家产业结构和消费结构的升级，是可以大有作为的。在与东盟国家的产业合作方面，南宁还缺少一个类似钦州中马产业园的特色鲜明的东盟产业合作园区（东盟经开区与其他开发区相比并没有明显的东盟特征）。东盟国家在南宁投资的金额、项目也较少。

2. 与东盟的双边贸易徘徊在较低水平

南宁市与东盟国家的双边贸易实际上处于一种发展相对滞后的尴尬局面。南宁市进出口额年均增速高于对东盟国家的进出口额年均增速，造成东盟国家的外贸占比在持续下降，从2006年的19%下降到2016年的13.7%。从具体的贸易伙伴来看，以2015年为例，南宁市前三大贸易伙伴分别是我国香港地区、台湾地区和美国，三者合计占进出口总额的52.9%。整个东盟的进出口仅占13.1%，并没有在南宁市的进出口贸易中占据主导地位。这种局面的出现有两个方面的原因，一是2012年富士康进入南宁，极大地带动了南宁市加工贸易的发展，使南宁市进出口总额得以迅速增大，发生"质变"。二是南宁市与东盟国家的双边贸易多年以来一直处于"量变"的过程，缺少类似富士康这样带动力强的项目，由此造成东盟国家的贸易额占比总体上呈现下降趋势。这也说明南宁市在抓住中国—东盟自由贸易区建成的有利时机、做大做强与东盟国家的双边贸易方面仍有潜力可挖。

三 进一步加快南宁市产业结构转型升级的对策

（一）推进对外农业差异化发展

1. 实施农产品品牌战略

实施农产品品牌战略要进行规模化生产，建立各种形式的农业产业化组织，并且由农产品协会和农业产业龙头企业组织农民进行生产，形成统一的生产管理体系、生产质量标准，促进各种农业资源以及农业信息的有效利用。政府要发挥引导市场发展和纠正市场缺陷的作用，维护南宁市农产品市场健康发展秩序。充分发挥和利用地方各类农产品行业协会、新闻媒介组织和各类信息服务组织的监督评价和信息传播作用，同时也要从整体的角度出发，协调南宁市各地区农业生产链质量控制体系和对生产过程、流通进行管制，通过对信息的强制性披露来建立质量信号传递机制，从而建立和完善南宁市农产品品牌经营和信誉机制。

2. 实施农业对外合作战略

提高统筹利用国际国内两个市场两种资源的能力，以东南亚国家为重点，构建由省、市、企业层面组成的全方位农业对外合作战略体系。一是做好供求摸底调研。做好农业对外投资与目标国农业发展需求的调研及规划衔接，立足双方需求找准结合点。二是做好重点技术、重点产业与目标区域的规划结合，基于地缘优势和合作便利性，采取差异化策略突出南宁市与东南亚、"一带一路"沿线国家、南美、非洲等区域的农业投资空间布局。

（二）推动工业存量转型升级的同时培育壮大新接续产业

1. 培育壮大工业新接续产业

一是电子信息产业。以提高电子信息产业技术水平和经济效益为目标，着力提高产业集聚和配套水平,以富士康、丰达电机等龙头企业为带动,发展壮大电子信息产品制造业。整合软件产业发展资源,推进两化深度融合,积极发展移动互联网、移动存储、网络安全等融合性服务,带动网络支付、电子商务、云计算、物联网等信息服务,构建技术创新与应用创新互动的软件和信息服务业发展体系。同时通过培育与招商引资并举,在大数据、云计算、移动互联网等领域形成新增长点。

二是生物医药产业。以南宁生物医药产业园为载体,大力发展现代生物制药、保健品和大型医疗器械制造,加快中医药、壮瑶医药培育发展,构建具有区域特色的现代生物医药产业体系。发展生物医药产业应以科技为先导,加大研发投入,强化以企业为主体的创新体系建设,建立科技创新资源配置的市场机制,推进科技成果产业化,不断提升产业核心竞争力。

三是先进机械装备制造产业。大力发展轨道交通装备和智能制造,充分发挥"南宁地铁南宁造"的品牌效应,推动形成轨道交通产业链企业。打造以中重型机械、轨道交通装备、汽车及零部件、节能环保等成套设备制造业为主的区域性机械装备制造基地。提高生产设备、生产过程、制造工艺智能化水平,加快工业机器人、增材制造等先进制造技术在生产过程中的应用,培育数字化车间、智能工厂,推广智能制造生产模式。

2. 夯实产业发展平台

依托"3+4+N"园区发展体系,以南宁高新技术开发区、南宁经济技术开发区、广西—东盟经济技术开发区为高端制造业和高新技术产业的物质载体,持续推进南宁新兴产业园区、江南产业园区、黎塘工业园区和六景工业园区建设,有效发挥四大园区在土地、交通和产业基础方面的优势,形成产业聚集,利用产业聚集优势,扩大产业规模。此外,发挥地方优势和调动其积极性,结合产业特色,积极推进兴宁区产业园区、西乡塘产业园区、良庆经济开发区等区县工业园区建设发展,强化园区基础设施,提升园区公共服务能力,为产业规模扩大提供条件。

3. 发挥财政资金的杠杆作用

一是将分散补助改为股权式投入,提升企业竞争力。过分补助会使企业产生依赖性,最后丧失竞争能力,因此,要根据产业发展状况,选取重点企业进行集中投入。二是要开辟产业资金新渠道,拓宽其他资金进入的通道,用产业发展基金来推动重点产业和战略性新兴产业的创业投资,逐步形成多元化的资金支持。

4. 减低工业企业的生产成本

一方面,政府要发挥积极引导和激励工业企业发展的职能,既要及时清理各种不必要的、不规范的政策,也要放弃通过采用零地价的方式刺激生产经营,及时出台激励政策,激励工业企业创新发展。另一方面,要坚决落实《广西壮族自治区关于降低实体经济企业成本若干措施意见》,减少行政事业收费,减少行政审批,改善基础设施,增加工业信息化建设投入,降低工业物力成本,营造公平竞争的企业发展环境。

(三)不断提升现代服务业发展的质量

1. 提升生产性服务业总量规模和比重

南宁市要把生产性服务业作为产业发展的战略重点,把提升生产性服务业能力作为提升经济竞争能力的重要途径。特别是在供给侧结构性改革过程中,必须顺应国内现代服务业发展的大趋势,满足国内转变经济发展方式和提升产业结构的要求,充分利用南宁市后发优势,积极培育和发展生产性服务业。在优化结构、提升服务水平和科技含量方面加大建设投入力度,从而促进生产性服务业的壮大和发展。

2. 巩固和提升传统型服务业基础与发展水平

一是要提高传统型服务业的技术含量,提高增加值。通过政策和资金支持,鼓励传统型服务业企业转变思想观念,积极引进新技术,改进服务模式、提升服务品质。二是通过向传统型服务业从业人员提供职业技术教育,提升从业人员接受新技术、使用新技术和创新新技术的思维能力及动力,为传统服务业转型发展提供驱动力。三是完善传统型服务业的基础设施,优化传统型服务业发展环境,为传统型服务业发展提供服务创新和技术转型的必要条件。

3. 注重开发和储备人才资源

将开发和储备人才资源作为发展现代服务业的基本方略。当前，应从被动发现人才转向主动聚集培养人才，从满足当前需要使用人才转向着眼未来竞争培育人才，以人才优势推动现代服务业做大、做强、做优。应加强人才需求预测，发布重点领域急需紧缺人才目录，支持引导人才培养和集聚。在高等教育、职业教育以及培育引进专业人才、高层次复合人才等方面加大力度，不断满足金融投资、文化创意、研发设计、品牌建设等现代服务业发展的人才需求。

（四）大力发展各类新型生产性服务业的新业态

1. 大力发展现代物流业

南宁市要紧紧抓住"南宁渠道"这一建设发展机遇，构建面向东南亚、沟通内陆与东盟的物流中心。要加快现代物流中心的建设发展，完善物流中心基础设施，建设完善南宁市综合保税区、南宁大商汇商贸物流中心、南宁市空港物流产业园等物流项目工程。要构建综合物流标准化、信息化建设，推动物流业与制造业等产业联动发展。

2. 大力发展电子商务和信息服务业

依托面向东盟的区位优势，加快建设和发展中国—东盟信息港南宁核心基地。持续完善发展南宁·中关村"双创"示范基地，积极引进高新技术企业进驻示范基地，进一步加快南宁高端信息技术和智能产业的聚集，提升南宁市电子商务和信息服务业的发展水平。着力建设南宁跨境贸易电子商务综合服务平台，重点打造中国—东盟（南宁）跨境电子商务产业园区，不断优化跨境电商的服务链、生产链和监管链。

3. 大力发展金融业

强化建设金湖金融中心聚集区、五象新区总部基地金融街聚集区和东盟商务区互联网聚集区，形成多个金融聚集区，同时加快培育高新区—经开区科技金融圈、青秀—兴宁区股权产权及金融资产交易金融圈。另外，还要扩大南宁市金融市场范围、健全金融机构种类、加快金融改革步伐、优化金融发展环境，使南宁市金融业发展明显提速，格局不断优化，对实体经济的支撑作用进一步增强。

（五）营造产业结构转型的创新环境

1. 激活高新技术产业和中小技术型企业的创新活力

一是完善扶持政策，为高新技术产业和中小技术型企业提供良好的政策环境。继续实施发明专利双倍增计划，鼓励企业发明创造申请专利，支持企业引进新技术、新产品、新工艺、新设备，充分消化吸收再创新后获取自主知识产权。二是要创新激励机制，最大限度激发高新技术产业和中小型技术企业创新活力。定期开展奖励创新大会，对具有创新意识、创新产品以及创新成果的新兴产业技术企业给予相应的报酬，也要提供以市场为导向、政产学研用结合的开发区平台，为激励创新提供硬件条件。三是政府要充分发挥引导作用。制定详细的鼓励和激励创新的规划办法，通过税收优惠、创业补助、贷款贴息等扶持政策和创新合作、上市辅导等专业服务，支持中小型科技企业自主研发或技术引进，扶持中小型科技企业快速成长，形成一批专、特、精、强的科技型中小企业。

2. 推进科技孵化器建设

加大财政科技投入，通过在场所、资金、人才、服务四个方面的有力扶持，实施科技孵化器倍增计划，依托高新区和南宁市·中关村"双创"示范基地，抓好科技企业的孵化工作，扩大孵化规模，优化孵化服务，打造一批新一代信息技术产业、节能环保产业、新材料产业和清洁能源等新兴产业的科技创业社区。

3. 建立产业结构转型的空间平台

一方面，要在根本上做到空间平台的准确定位。准确定位空间平台要以高新技术产业为内容，形成高新技术产业聚集区，坚持将不同类别的产业实行分类管理、重点扶持的管理原则。另一方面，要塑造清晰、确定的建设主体。要持续发展南宁市·中关村"双创"示范基地，从严掌握中关村企业的"准入"机制，引进真正具有先进技术、具有行业代表性的高端企业，聚集一流创新创业资源，为南宁市本地企业发展树立典范，真正实现南宁·中关村促进南宁市产业结构转型的平台作用。

（六）提升与东盟国家的产业合作水平

1. 提升出口产品附加值

加大对出口企业的扶持力度，要有针对性地对具有竞争力、创新力的企业进行技术扶持、政策扶持和资金扶持，确保出口企业拥有足够的技术条件、政策条件和资金基础实现创新发展。促进出口产品产业优化，通过租赁、兼并、承包经营和合作经营等多种方式对规模小、经营分散的企业进行有效重组和整合，形成地区产业规模，达到品牌效应、促进出口的效果。

2. 加快打造"南宁渠道"升级版

打造"南宁渠道+"，不断丰富"南宁渠道"内涵，主动融入中国与东盟全方位、宽领域、多层次的产业合作。创新"一区多园"的模式，拓展与以东盟为重点的"一带一路"沿线国家合作，重点抓好中国（南宁）—文莱农业产业园、中国—东盟现代农业示范园建设，推动南宁—崇左经济带、南宁—新加坡经济走廊建设，力争成为中国—中南半岛经济走廊试点示范，打造中国—东盟博览会和商务与投资峰会升级版。

3. 打造面向东盟的跨境电商基地

加强对电子商务发展的财税支持力度，在金融、人才、用地等方面提供一系列政策保障、奖励措施。以建设面向东盟区域性现代商贸基地为基础，结合网络平台和电子信息技术，打造"南宁服务"品牌，通过跨境电子商务的优化弥补南宁市与东盟国家之间产业优势没有充分利用的不足。建设完善中国—东盟（南宁）跨境电子商务产业园，加快电子商务园区周边基础设施建设，优化跨境电子商务企业发展环境，为南宁市跨境电子商务发展提供物质平台。

4. 构建合作平台

一是充分发挥"两会一节"的平台作用，鼓励进出口企业参加"两会"，通过展会的平台作用，提升进出口企业贸易量。同时吸引国内外企业进驻和参加展会，扩大企业参展数量，吸引国内外知名企业到南宁设立区域总部。二是由南宁市政府牵头，组织南宁市进出口企业奔赴东南亚参加商品博览会，增加双方在商品制造、产业发展、信息技术、资源共享方面的交流，不断挖掘新的商机。三是构建跨境产业链。推广中马"两国双园"国际合作新模式，搭建区域经济合作平台，吸引"一带一路"沿线国家到南宁建立国际合作经济区，推进中国—东盟企业总部基地等项目拓展升级，完善合作机制。政府层面适时成立"走出去"战略合作联盟，支持有条件的企业依托境外园区平台抱团"走出去"。四是推进跨境金融合作。深入推进沿边金融综合改革试验区建设，研究吃透"一带一路"沿线国家、东盟国家的国情尤其是金融政策，推动国际投资、保险等业务创新，为对外投资和对外承包工程企业提供更好的融资服务。

参考文献

[1] 柯颖：《南宁市产业结构的沿边及其优化战略研究》，《东南亚纵横》2010年第1期。

[2] 贺大州：《南宁市战略性新兴产业发展研究》，《经济与社会发展》2011年第10期。

[3] 孟维娜：《南宁市工业经济增长制约因素及对策研究》，《中共南宁市委党校学报》2011年第2期。

[4] 刘彦花、陈伟清：《广西北部湾经济区产业结构演进与经济增长研究》，《广西社会科学》2017年第1期。

[5] 周玲：《城乡一体化建设与支柱产业协调发展研究——以南宁市为例》，《经营管理者》2014年第33期。

[6] 柯善咨、赵曜：《产业结构、城市规模与中国城市生产率》，《经济研究》2014年第4期。

[7] 何平、陈丹丹、贾喜越：《产业结构优化》，《统计研究》2014年第7期。

[8] 毛艳：《服务业发展趋势及南宁市服务业发展对策》，《广西社会科学》2013年第4期。

[9] 柳音：《南宁市生产性服务业发展影响因素分析》，《北方经济》2015年第7期。

[10] 孟维娜：《加强与东盟产业合作，推动南宁跨越发展》，《广西经济》2012年第11期。

B.17
提升南宁市与东盟国家进出口贸易发展水平对策研究

南宁市社会科学院课题组*

摘 要： 近年来，南宁市与东盟国家进出口贸易快速发展，2016年南宁市与东盟国家双边贸易总额为416.01亿元，同比增长14.1%，东盟已成为南宁市进出口贸易的第一大伙伴。但是，当前南宁与东盟进出口贸易仍存在贸易规模偏小、双边贸易不均衡、南宁市开放发展优势尚未充分发挥、外贸增长政策落实不到位、面临周边地区竞争压力大等问题。建议从加强南宁市与东盟国家经贸合作软环境建设，积极转变"劳动密集型贸易"为"创新型贸易"，提升南宁市承接产业转移的能力，推进加快面向东盟跨境电商发展等方面着手，不断推进南宁市与东盟国家进出口贸易又好又快发展。

关键词： 南宁市 东盟 进出口贸易

一 南宁市与东盟国家进出口贸易总体发展概况

（一）南宁市进出口贸易总体发展概况

近年来，南宁市全力打造"南宁渠道"升级版，开放发展水平不断提

---

* 课题组组长：吴金艳，南宁市社会科学院东盟研究所所长、副研究员；课题组成员：黄旭文、岑佳峰、杜富海。

升。2016年,在全国及广西整体外贸进出口普遍低迷的严峻形势下,南宁市进出口贸易主要指标实现逆势上扬。进出口总额为416.01亿元[①],同比增长14.1%;出口总额210.91亿元,同比增长4.2%;进口总额205.10亿元,同比增长26.6%。同期,全国和广西进出口总额同比均为负增长,分别为-0.9%和-0.5%(见表1)。

表1 2016年南宁、广西及全国进出口贸易状况

地区	进出口总额(亿元)	同比(%)	出口总额(亿元)	同比(%)	进口总额(亿元)	同比(%)
广 西	3170.42	-0.5	1523.83	-12.4	1646.59	13.9
南 宁	416.01	14.1	210.91	4.2	205.10	26.6
全 国	243344.21	-0.9	138408.67	-2.0	104935.55	0.6

(二)南宁市与东盟国家进出口贸易额发展情况

近年来,南宁市凭借独特的区位优势,与东盟国家开展了以经贸合作为主的多层次全方位的合作,但由于进出口贸易面临的国际国内环境较为复杂,且环境变化较快,南宁市与东盟国家进出口贸易额呈现较大波动,2011~2013年以较快速度增长,分别为23.49%、25.21%、54.1%;2014年和2015年呈现负增长,分别为-22.2%、-16.9%;2016年又逆势上扬,实现进出口额同比增长18.9%(见表2)。在出口方面,2011~2015年发展趋势与进出口总额基本相似,但2016年出口仍为负增长。

2014年,东盟成为南宁市第一大贸易伙伴,第三大出口市场和第一大进口市场;2015年东盟为南宁市第四大贸易伙伴,第三大出口市场和第二大进口市场;2016年东盟为南宁市第三大贸易伙伴,第三大出口市场和第一大进口市场(见表3)。

---

① 本课题所有数据均来源于南宁海关。

表2 2011～2016年南宁市对东盟进出口贸易情况①

年度	出口额(亿美元)	进口额(亿美元)	进出口额(亿美元)	进出口额累计同比(%)
2011	3.09	3.16	6.26	23.49
2012	3.84	3.99	7.83	25.21
2013	4.07	7.99	12.07	54.10
2014	3.99	5.40	9.39	-22.20
2015	4.59	3.12	7.71	-16.9
2016	4.27	4.30	8.57	18.9

表3 东盟作为南宁的贸易伙伴关系

年份	贸易伙伴	出口市场	进口市场
2014	第一大	第三大	第一大
2015	第四大	第三大	第二大
2016	第三大	第三大	第一大

(三)南宁市发展对东盟进出口贸易的举措

1. 全面深化区域通关一体化改革

南宁市充分利用新闻媒体加大宣传力度，加强对企业的政策指引、信息咨询和通关指导，建立关企例会机制，落实相关便利措施。密切与区内外其他海关的沟通联系，全面实现电子放行，加强部门间的沟通协作，实现部门间信息互换、监管互认、执法互助。企业可自主选择申报口岸、通关模式和查验地点，可提前完成商品预审价、预归类、原产地预确定等海关专业认定，认定结果实现"泛珠"四省关区互认。允许代理报关企业"一地注册、多地报关"。2016年区域通关一体化模式通关货物货值约4.88亿美元。邕州海关辖区2016年无纸化方式报关比例为99.22%，主要税源企业平均通关时间由35.54小时缩短至16.81小时。为富士康等南宁市重点企业设立专门服务窗口，及时解决企业问题，做好重点服务保障。密切与区内外其他海关的沟通联系，协调货物流转事宜。2017年第一季度，邕州海关进口24小

---

① 由于统计口径原因，表中部分年份增长率与计算结果不同，下文不再一一说明。

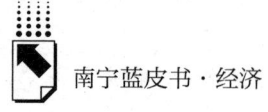

时通关率为96.9%，同比增长22.3%；出口24小时通关率为99.7%，同比增长7.6%，有效提升了通关和贸易便利化水平。

2. 积极落实简政放权措施

配合商事制度改革，邕州海关积极做好企业年度信息报告、"三证合一"改革、关企合作平台上线工作。落实海关税收征管改革措施，实现首票汇总征税业务试点。落实加工贸易审批制度改革，与主管部门衔接配合简化审批手续，对富士康集团内销货物采用提前备案、集中申报模式。

3. 深化海关、检验检疫"三个一"合作

南宁辖区报关企业已全部成功切换统一版"一次申报"系统，实现申报数据的一次申报；与南宁检验检疫局商定邮件监管合作机制，持续提高关检合作"三个一"运作实效；下一步将根据商务部门及南宁海关的统一部署和安排推进国际贸易"单一窗口"建设工作。

4. 加强南宁综合保税区与区内各沿海口岸海关的合作

2017年4月13日，南宁综合保税区举行封关运营仪式，标志着南宁综合保税区建设发展进入了新的阶段。目前南宁综合保税区已吸引8家保税仓储物流企业及两家生产型企业签约入驻，该特殊监管区的正式运营，为南宁市复制推广自贸区政策，推动相关开放发展政策先行先试提供了平台载体。同时，在南宁综保区推行"保税+"发展模式，推动广西邮政公司南宁综保区邮件互换局、中国—东盟跨境电商监管中心建设，为企业开展个人快件、跨境电商自购进口业务提供政策指引。通过统一物流监管平台的运行，实现转关车辆及卡口信息的互联互通。南宁综合保税区加强与广西区内各沿海口岸海关的合作，将为南宁市外贸进出口企业提供更便捷的服务，对提升开放型经济发展水平，深化南宁与东盟经贸及各领域的交流合作具有重要意义。

二 南宁市与东盟国家进出口贸易发展特点

（一）占南宁市对外贸易比重呈下降趋势

自2011年以来，南宁市对东盟贸易占南宁市整体对外贸易的比重不稳定，2013年比重最高达到27.3%，此后逐年呈下降趋势，2014年比重下降到19.5%，2015年比重下降到13.1%，2016年缓慢回升至13.6%（见图1），这与"一带一路"倡议提出以来南宁市积极开拓国际市场有关。2015年南宁市与"一带一路"沿线56个国家开展进出口贸易，贸易额达57.15亿元，占全市外贸进出口总额的15.68%。2016年南宁市与"一带一路"沿线国家进出口额达到64.89亿元人民币，同比增长13.5%，占全市进出口额比重的15.6%，2015年和2016年南宁市与"一带一路"沿线国家进出口贸易额比重均高于南宁市与东盟国家进出口贸易额比重。

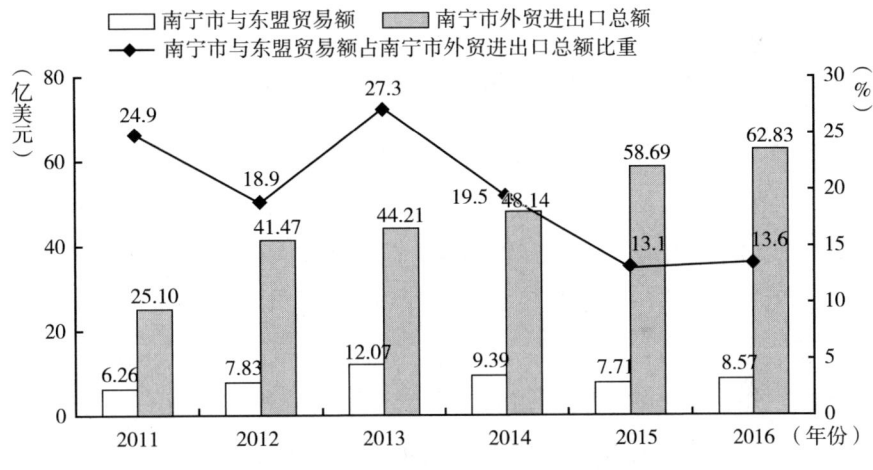

图1 南宁市与东盟贸易占南宁市对外贸易比重

（二）一般贸易是南宁与东盟主要贸易方式

近年来，在南宁市与东盟的进出口贸易中，一般贸易仍占据绝对的优势，2011~2014年南宁市对外进出口贸易额中，一般贸易的贸易额绝大部分年份基本维持在80%以上，但从2015年开始一般贸易比重下降至66.5%，2016年下降到63.3%（见表4）。虽然一般贸易2015年以来受国际国内市场需求不振及汇率波动等因素影响持续走弱，但是其在南宁对东盟贸易中的比重仍然较大，是南宁对东盟的主要贸易方式。

表4　南宁市对东盟贸易方式占比情况

单位：万元，%

年份	南宁对东盟进出口贸易总额	一般贸易		加工贸易	
		进出口额	占比	进出口额	占比
2011	441410	392089	88.8	26886	6.1
2012	534044	413964	77.5	73287	13.7
2013	748807	655980	87.6	78510	10.5
2014	576708	480159	83.2	81876	14.2
2015	479078	318693	66.5	101239	21.1
2016	579461	366627	63.3	144748	25.0

（三）南宁市与东盟加工贸易发展势头强劲

近年来，南宁市加工贸易发展势头显著增强，加工贸易在南宁市对东盟贸易进出口额中所占比重，已由2011年的6.1%提升到了2016年的25%。尤其是自2014年起南宁委市政府加大了对发展南宁市加工贸易的扶持力度，相继制定了《南宁市加工贸易倍增计划实施方案》，出台《南宁市加快加工贸易产业发展的若干措施》，加快发展以高新技术为重点的南宁市加工贸易产业，2015年南宁市对东盟的加工贸易进出口额达到101239万元，同比增长23.65%，2016年南宁市对东盟的加工贸易进出口额达到144748万元，同比增长42.98%。2016年南宁市实现了第一轮加工贸易倍增计划三年翻一番的目标，同时启动了第二轮加工贸易倍增计划，未来南宁市加工贸易也将在东盟进出口贸易体系中扮演越来越重要的角色。

（四）南宁市与东盟各国进出口贸易额差别较大

南宁市与东盟各国进出口贸易国别差别较大，且不同年份波动较大。南宁市与东盟进出口贸易主要集中在越南、马来西亚、泰国、印度尼西亚等国。2016年南宁市与东盟国家进出口贸易额排名前三的国家分别是越南、泰国、马来西亚，分别是217688万元、109773万元、105467亿元，排名第一的越南和排名第二的泰国相差也很大，南宁市与越南的进出口贸易额是泰国的1.98倍。南宁市与东盟国家进出口贸易额最小的国家是文莱，2016年为45万元，其次是老挝，2016年进出口贸易额为411万元。

南宁市与东盟国家进出口额不同年份变化较大。在南宁市与东盟国家进出口额份额最大的越南市场，2015年出现7.1%的负增长，2016年实现增长10.3%。南宁市与印度尼西亚进出口贸易额2014年出现53.1%的负增长，2015年负增长71.7%，2016年实现增长100.4%（见表5）。

表5　南宁市与东盟各国进出口贸易情况

单位：万元，%

国别	进出口额及增长率	2014年	2015年	2016年
越南	进出口额	212336	197305	217688
	增长率	13.5	-7.1	10.3
马来西亚	进出口额	59574	63732	105467
	增长率	-38.3	7	65.5
印度尼西亚	进出口额	111737	31663	63443
	增长率	-53.1	-71.7	100.4
泰国	进出口额	77566	87105	109773
	增长率	-30.5	12.3	26.1
新加坡	进出口额	38196	37063	28731
	增长率	-50.3	-3	-22.5
菲律宾	进出口额	64115	49005	43739
	增长率	108.1	-23.6	-10.7
缅甸	进出口额	6337	6620	3506
	增长率	157.8	4.5	-47
老挝	进出口额	2786	426	411
	增长率	250.7	-84.7	-3.5
柬埔寨	进出口额	3978	6131	6658
	增长率	-7.2	54.1	8.6
文莱	进出口额	84	26	45
	增长率	-75.2	-69.1	73.1

（五）南宁市与东盟国家进出口商品结构不断优化

2014年以来，南宁市与东盟国家进出口贸易中，机电产品、高新技术产品作为份额最高的两类主导产品,出口额明显增长,机电产品和高新技术产品占南宁市与东盟进出口商品的比重不断上升。机电产品进出口比重由2014年的40.8%上升到2016年的54.9%,高新技术产品进出口比重由2014年的13.14%上升到2016年的22.21%(见表6)。

表6 南宁市与东盟国家进出口贸易主要产品

单位:万元,%

年份	机电产品进出口额	比重	高新技术产品进出口额	比重
2014	235319	40.80	75759	13.14
2015	275221	57.45	98510	20.56
2016	318111	54.90	128707	22.21

(六)占广西与东盟贸易的比重低且呈下降趋势

2011年以来,南宁市与东盟的进出口贸易占广西对东盟进出口贸易的比重呈下降趋势,且所占比重一直不高。从2011年的6.55%下降到2015年的2.65%,2016年缓慢回升至3.17%(见图2)。广西与东盟进出口贸易中边境贸易占较大比重,而同时口岸城市和港口城市进出口贸易相对具有更明显的优势。2016年,崇左市实现与东盟进出口贸易额11851678.05万元,凭祥市实现与东盟进出口贸易额7750868.16万元,东兴市实现与东盟进出

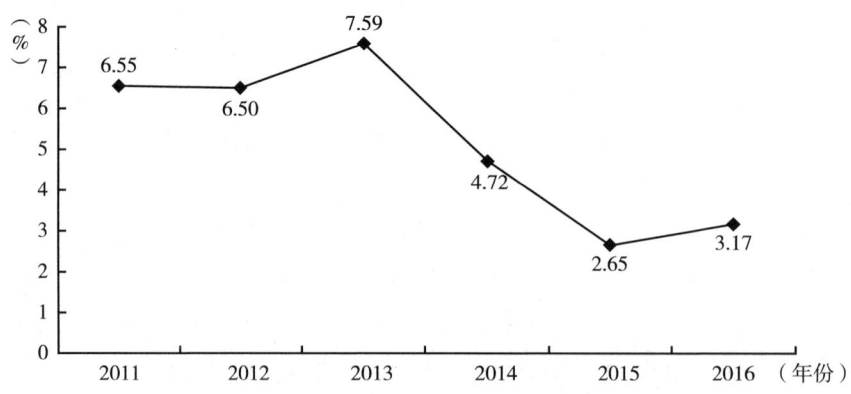

图2 南宁市与东盟进出口贸易占广西与东盟进出口贸易的比重

口贸易额 2031004.88 万元，防城港市实现与东盟进出口贸易额 1330041.51 万元，百色市实现与东盟进出口贸易额 1129514.84 万元，均远远高于南宁市与东盟进出口贸易额 579460.52 万元。

三 南宁市与东盟国家进出口贸易存在的问题

（一）南宁与东盟国家贸易规模偏小

南宁市与东盟国家虽然互为重要贸易伙伴，但双边的贸易额却偏小。2016 年南宁市与东盟国家进出口贸易总额为 57.95 亿元。从广西占比来看，2016 年广西对东盟国家进出口 1826.89 亿元，南宁市仅占全区的 3.17%；从南宁市占比来看，2016 年南宁市外贸进出口总额 416.01 亿元，其中与东盟国家进出口贸易占比仅为 13.93%；从全区 14 个地级市与东盟国家进出口贸易额排名看，南宁市排在第 5 位。由此可见，虽然近年来南宁市与东盟国家贸易经济实现较快发展，但贸易规模较小，对拉动全市贸易增长作用有限。

（二）南宁与东盟国家双边贸易存在不均衡

近年来，南宁与东盟国家贸易保持增长态势，但双边贸易结构呈现不均衡，主要表现在以下几个方面。

一是外贸商品结构过度集中。目前南宁市对东盟国家出口商品主要是机电产品和高新技术产品，其中又以机电产品占比较大，主要是依托富士康企业产品进出口。这种过于依赖某一企业的贸易出口拉动形式不利于对外贸易的可持续发展，因为一旦富士康调整市场策略，产品转为内销，南宁市外贸进出口将受极大影响。而且随着"一带一路"建设全面推进，国内其他地区纷纷参与到对东盟贸易活动中，向东盟国家出口优势机电产品、高新技术产品，这将对南宁市与东盟贸易往来和经贸合作形成较大竞争。

二是贸易地区发展不平衡。目前南宁市在东盟国家的排在前三位的贸易伙伴是越南、泰国和马来西亚。据海关部门统计，2016年南宁市对越南的进出口贸易额为21.77亿元，对泰国的进出口贸易额为10.98亿元，对马来西亚的进出口贸易额为10.54亿元，三者相加占对东盟国家贸易的74.71%，已经接近3/4，而对其他7个东盟国家进出口额占比较低，贸易额非常小（见表7），说明目前南宁市外贸企业对其他东盟国家市场开拓力度不够，合作潜力尚未充分挖掘。而且，值得注意的是越南仍然是南宁市主要出口市场，2016年对越南出口贸易占对东盟国家出口额的57.5%。出口市场过于集中，极易受到进口国经济发展状况、进口政策乃至国际政治环境的影响，近年来越南通货膨胀走高，货币贬值压力增大，货物贸易逆差持续扩大，国内经济环境或将导致越南企业减少进口，由此将直接影响南宁外贸企业对越南的接单。

表7 2016年南宁市对东盟各国进出口贸易额占比

单位：%

国别	越南	印度尼西亚	马来西亚	新加坡	泰国
进出口总额	37.57	10.95	18.2	4.96	18.94
出口额	57.5	8.59	3.94	0.74	24.05
进口额	17.75	13.29	32.37	9.15	13.87
国别	菲律宾	柬埔寨	缅甸	文莱	老挝
进出口总额	7.54	1.17	0.6	0.001	0.07
出口额	3.43	0.58	1.05	0.01	0.10
进口额	11.64	1.71	0.16	—	0.05

三是外贸主体结构不均衡。2016年南宁市具有进出口业绩的企业有692家，进出口额超过1亿元人民币的企业有37家，超过1000万元人民币的企业有141家，即外贸额低于1000万元企业占总数的74.2%，由此可见南宁市外贸企业整体实力不强，对拉动外贸的增长作用不突出。

（三）南宁市开放发展优势尚未充分发挥

南宁作为广西的首府，在开放合作方面有较好的基础条件，比如交通便利，南宁已经实现东盟国家航班全覆盖，每周都有航班直飞东盟各国首都，南宁与越南北部多个城市还有国际联运的火车和汽车，2016年开通了东盟（越南）—中（南宁）欧国际列车公铁联运新通道。但这些交通区位优势尚未完全转化为发展优势，南宁仅成为中国通往越南及东南亚其他国家的通道，很多外贸企业只是将南宁作为货物中转站，然后再把货物拉到凭祥、东兴等边境城市出关，或者将货物进口后通过南宁运到国内其他城市进行深加工，因此带来的仅仅是简单的"通道经济"，而不是"口岸经济"。近些年来先后搭建了多个开放合作平台，比如南宁作为中国—东盟博览会永久举办城市，每年都举办规模盛大的中国—东盟博览会和中国—东盟商务投资峰会，南宁拥有南宁综合保税区（2017年成为海关特殊监管区）、中国—东盟信息港等多个开放合作平台。但从目前情况看，南宁市开放合作平台未能充分发挥作用，面临不少发展困境。以南宁综合保税区（海关特殊监管区）为例，其早在2009年就通过验收正式封关运营，但从这些年发展情况看，与区内其他3个海关特殊监管区相比，南宁综合保税区发展功能较单一，发展质量不高，在入驻园区企业数量、进出口额等多项重要指标方面都存在较大差距。由于保税区货物量小，甚至货源不足，海关监管的围网面积越来越小，部分保税仓甚至退化为普通仓出租以增加收益。巨资购置的用于吊装集装箱的龙门吊到位后基本没用过①。综合保税区（海关特殊监管区）发展滞后已经成为制约南宁市开放经济发展的重要瓶颈。

（四）外贸稳增长政策落实不到位

近年来，面对国际严峻复杂的经济形势，自治区、南宁市出台了一系列激发外贸发展活力、促进经济稳增长的政策，也取得了积极成效，但有些政策在落实中还存在配套不够完善、落实不够协同、执行效果不够明显等情况。主要表现在以下几个方面：一是进出口环节不合理收费仍然存在。运

---

① 《南宁综合保税区发展建议》，http://www.mofcom.gov.cn/article/resume/dybg/201612/20161202331386.shtml。

费、仓储费、报关代理费等费用仍然较高，无形中加重了外贸进出口企业负担。二是融资难融资贵的问题没有得到根本缓解。在与东盟国家经贸往来的外贸企业中大多数是中小企业，这些企业对资金需求较大，但融资渠道狭窄，获得银行贷款或授信难度较大，于是不少外贸企业为获得资金，不得不选择年利率超过10%的私募基金甚至民间高利贷，导致融资成本攀升，极大地制约了外贸企业发展壮大。三是贸易便利化水平仍需提高。外贸企业反映的退税时间长、进出口货物通关时间长、报关手续烦琐、报关成本高等问题仍然存在，极大地影响了企业的库存周转。于是，一部分南宁市本地外贸企业在开展对外贸易活动中宁可选择到区内沿海城市、边境城市通关，甚至到湛江、深圳、广州通关，也不愿意从本地通关。四是进出口贸易秩序仍待进一步规范。很多出口企业特别是从事定牌加工贸易的企业，在接到外商订单时，未充分考虑知识产权问题，导致侵权货物时有发生。还有部分外贸企业没有在海关部门办理知识产权海关保护备案，导致自主技术和品牌被侵权，维权成本过高。五是加工贸易差异化政策有待进一步完善。与周边边境市相比，南宁市承接产业转移成本优势不明显，仍存在产业链配套不完善、物流运输成本偏高等瓶颈，难以吸引知名加工贸易企业来南宁投资发展。

（五）面临周边地区竞争压力较大

经济新常态下中央和地方政府都在提倡扩大对外开放，大力发展外向型经济，促进产业结构转型升级，各市都纷纷出台政策扶持外贸经济发展，南宁市既不沿边、也不靠海，发展对东盟外贸正面临着周边地区激烈的竞争。比如崇左市依托资源优势和地理优势，主动融入"一带一路"建设，充分利用边境口岸优势，大力发展口岸经济，在凭祥、龙州、大新等地边境规划建设产业园区，吸引国内外知名企业和商会组织到边境口岸开展与东盟贸易。防城港市充分利用自身独特的区位、港口、地缘优势，全方位推动与东盟的港口、公路、铁路、口岸和信息等互联互通，有效促进了与东盟国家的外贸经济发展，全市每年出口东盟货物和关税收入占广西总量的一半以上。

随着"一带一路"建设的推进和贸易基础设施的逐步完善,这些地方对东盟国家的对外贸易将继续保持竞争优势,对南宁市形成巨大压力。

四 提升南宁市与东盟国家进出口贸易发展水平的对策建议

(一)加强南宁与东盟国家经贸合作软环境建设

南宁处于中国与东盟大市场的枢纽位置,南宁在与东盟国家经贸合作方面存在独特的优势。但也应看到,就当前而言,这些仅仅是潜在的优势,要将其转变为真正的区位优势,还需要不断强化南宁与东盟经贸合作的软环境建设。

1. 加快南宁市服务型政府建设

应从以下几个方面着手,逐步推进与东盟的经贸合作。首先,应鼓励本土企业积极开拓国内国外两个市场,建立双边更紧密的经贸合作关系。其次,各经济主管机构应加强与东盟各国相应机构的交流与沟通,不断协调双方存在的竞争合作关系,并对存在问题进行有效磋商,突破南宁与东盟经贸合作中存在的瓶颈。再次,应探索建立南宁与东盟市场信息发布平台,不断提高本土企业的信息综合分析能力和抵御市场风险的能力。最后,应积极搭建和拓宽双方在产业、技术转移上的渠道,积极培育各类中介组织,使双方经贸向全方位、多层次、多角度的方向发展。

2. 建立完善南宁与东盟经贸合作相关机制体制

随着中国—东盟自由贸易区升级版的加快建设,南宁市与东盟国家的贸易往来得到了迅速的发展,在经贸交往中所涉及的方面和领域越来越多,急需一个专门的机构进行统一的管理。目前,南宁市还没有专门针对东盟事务的管理机构,这不利于南宁市作为面向东盟开放发展的区域性国际城市地位作用的发挥。同时,从国内外发达地区的相关经验来看,针对与东盟国家经贸合作设立专门的管理机构,有助于快速处理与东盟有关的事务,不断提高南宁本地政府与东盟贸易合作的服务水平。另外,从国内外的重大区域开发和跨国、跨区域合作的相关经验看,区域合作的平稳发展、成功运行基本都伴随着与之相符的相关法律法规的制定,例如上海自贸区和北美自由贸易区等。借鉴国内外在这方面的发展经验,建议南宁市亦可利用地处少数民族地区,具有一定的立法权的优势,对一些有助于推进与东盟贸易往来的法律法规先行申报国家,将南宁市与东盟经贸合作政策措施的方方面面以法律法规的形式稳固下来,为今后南宁与东盟贸易的进一步发展铺平道路,同时,在建立相关法律法规及政策的时候,也应该考虑到南宁与东盟各国的差异,在立法与制定出台政策时可通过各种渠道途径与东盟国家进行磋商,使这些法律法规成为南宁市与东盟国家进行长久经贸合作的坚定基石。

3. 不断加大南宁市对外宣传力度

在当代国际的经贸合作中,政府的服务水平对国际经贸合作起着至关重要的作用。当前,我国东部沿海发达地区对外开放合作水平能达到现今的高度,与当地政府的开放服务意识是分不开的。南宁市要加强与东盟的经贸合作,不仅要同其他国家竞争,和周边地区乃至沿海发达地区都存在一定的竞争关系。在未来,南宁市要想在这种激烈的竞争中取得优势,脱颖而出,则需不断提高政府的服务水平。同时,南宁市的对外知名度远逊于东部沿海发达地区,甚至与周边的昆明、成都、重庆等城市相比仍有不足,这也导致了东盟如新加坡、马来西亚等较发达国家的投资与贸易伙伴首选一般都是沿海发达地区。因此,在这方面南宁市应加大对外宣传和推介的力度,让东盟各国的企业有更多的渠道,深入了解南宁市的投资环境和区位优势,吸引国外的企业、资金、人才、技术流入,为加深南宁市与东盟国家的经贸合作打下坚实的基础。

(二)积极转变"劳动密集型贸易"为"创新型贸易"

建议南宁市应有意识地将传统的"劳动密集型贸易"培育成"创新型

贸易"。一方面，政府应加大对高新技术产业的投入，逐步确立高附加值、高技术产业作为南宁市对东盟贸易的主导产业，应充分依托高新区、经开区等开发区重点培养一批高技术出口企业，加快形成南宁市面向东盟的高新技术产业集群；另一方面，南宁市应抓住"21世纪海上丝绸之路"合作机遇，积极参与国际专业化分工与资源优化配置，应充分发挥自身的区位优势，利用国内大型跨国企业向东盟国家扩张机会引进高新技术，加大南宁市新兴产业的配套发展力度，从而加速南宁市产业结构的转型升级。同时，政府还应加强对南宁市本土企业的扶持和引导鼓励企业加大创新力度、实行品牌及产品差异化战略，通过不断的科技创新和新产品研发，降低南宁市企业产品与东盟国家企业产品的同质性和可替代性，鼓励企业努力拓展东盟市场，实行市场多元化战略，以减少南宁市与东盟国家在出口市场的直接竞争。

（三）提升南宁市产业转移承接能力与转出能力

从对外的角度来说，在当前的区域性产业转移中，我们通过对东盟国家相关产业发展数据的比较发现，南宁市当前的经贸发展水平、产业结构及相关产业的发展水平可以说是处于马来西亚、泰国、新加坡和老挝、越南、缅甸等国之间的。南宁市处于这一中间层次，如果能承接新加坡、泰国等东盟较发达国家的相关产业，然后将自身附加值较低、劳动密集型的产业向越南、老挝等国进行转移，更符合南宁市当前经济发展水平及中国—东盟自贸区总体发展的大格局。产业转移应紧紧抓住技术转移与资本转移两个方面，南宁应出台相应政策在技术上、资本上分别大力推进"引进来"与"走出去"，如可通过南宁东盟经济开发区加强与区内如钦州中马产业园、崇左中泰产业园等的合作，形成产业园联盟，不断扩大南宁与东盟的经贸合作，并将这些合作引向深入。

从对内的角度来说，南宁市属于后发展地区，其经济发展水平在全国处于中等偏下，经济总量较小，因此，单以南宁自身作为对东盟各国贸易的经济腹地显然容量偏小、纵深不足，不可能促进对外经贸的快速可持续发展。因此，南宁市应加强与如昆明、成都、南昌、贵阳、重庆等地区的合作，建立区域经济合作机制，形成西南部针对东盟市场的优势区域产业合理分工，以期发挥各地区的优势，共同形成西南地区的优势特色产业，提升自身产业的竞争力，以此将东盟贸易的集中点从东部沿海发达地区吸引转移过来，并作为与东盟工业贸易的基础。在加强与西南地区主要城市合作的同时，南宁市还应重视吸引东部沿海发达地区如江浙、广东的投资，借助南宁市享受国家给予西部大开发等国家战略的各种优惠政策的优势，不断吸引东部资本、科技密集型产业落户南宁，或者与东部发达地区的城市如广州、深圳等合作共同建立东盟产业园及边境贸易区，以使得南宁市与东部沿海发达地区的关系由竞争转为合作，最终实现多方共赢。

（四）鼓励支持南宁市企业跨境投资东盟地区

1. 合理选择投资领域

积极研究《中国—东盟自由贸易区服务贸易协议》，尤其是我国与东盟各国具体的协定，从中找到适合南宁市可以开展合作的领域，突出重点，积极开展与东盟各国的投资与服务贸易。加强对企业到东盟投资的管理和引导，推动其选择可靠、有信誉和影响力的合作伙伴，避免对外投资的盲目性、重复性和无序竞争。认真研究和制定务实动态的对外投资国别指导政策，可采取渐进式的方式，在某些领域率先突破（如旅游、运输网络建设），并通过其示范和模仿，使相互投资从局部向全面拓展。有针对性地向东盟国家转移产业，充分发挥南宁市铝加工、农产品加工、建材、医药等行业的比较优势，支持和推动有条件的企业到东南亚投资办厂，提高区域合作水平。当前，有重点地推进消费者服务业如旅游、劳务承包、商贸等与东盟的合作，进一步扩大到生产者服务业（如金融、专业服务等）领域，有步骤地开展服务贸易。

2. 选择合适的投资方式

企业在东盟投资可继续做大做强制造业，还可以大力发展与制造相关的服务业的出口，面对东盟产品市场，可充分利用在东盟生产的有利条件，更多地进入当地的服务市场。南宁市企业开拓东盟市场可根据不同国家、不同产品而采取不同的方式，企业可运用合资经营、非股权安排、建立独资企业等合作方式，在自由贸易区内构筑企业国际化经营战略框架，甚至在参与或启动某一个大型项目的合作时可考虑采用多种形式相结合的方式，从而在跨国经营中实现利用两个市场、两种资源的良性发展。

3. 加大对企业与东盟投资贸易合作的扶持

加强对企业投资东盟的扶持和服务工作，加强对东盟国家投资政策的深度研究，围绕与东盟合作的相关政策，为有意向投资东盟的企业提供真正有价值的经贸投资政策信息与相关市场规则培训；加快落实中国与东盟的投资、贸易便利化政策；针对广西制定的《关于加快实施"走出去"战略的意见》，加紧制定《南宁市关于加快实施"走出去"战略的意见》，积极引导中小企业通过参与大型企业产业链合作、与各类专业外贸公司加强分工等，扩大开拓东盟市场的广度和深度；加强资金扶持，设立扶持资金，重点支持全市优势产业的骨干企业到东盟投资。

（五）加快推进面向东盟的跨境电商发展

1. 大力扶持南宁市跨境电商的发展

东盟各国尤其是与广西邻近的越、老、柬、缅等国电子商务发展仍比较落后，其电子商务平台有着较高的开放性，目前在东盟十国的总体零售额中，电子商务所占的份额不足1%，远低于中国、欧洲和美国的6%~8%，东盟国家电子商务市场的空间和潜力巨大。近十年来，随着信息技术的普及与发展，东盟国家也在不断加快自身的信息基础设施建设，东盟各国的互联网逐年增加，其国民的消费习惯也随着互联网的普及在不断改善。预计未来几年，东盟的电子商务市场将以更快的速度不断增长。面对这一机遇，南宁应依托自身独特的区位优势，构建面向东盟的电子商务总部基地，不断提升广西跨境电子商务产业的竞争优势。

南宁市应借鉴"加工贸易倍增计划"的成功经验，对本地从事跨境电商业务的企业给予政策扶持和补贴，支持本土的电商企业利用自身平台面向东盟开展跨境电商业务。应鼓励南宁市内的传统外贸企业，加强信息技术的应用，采用跨境电商的商业模式发展业务，推动传统外贸企业转型升级。同时，南宁还应进一步有针对性地加大对国内大型电商企业的招商力度，吸引国内较有影响力的跨境电商企业、支付平台、跨境物流企业入驻南宁，从整体上构建起南宁市跨境电商支撑服务体系。

2. 构建跨境物流配送体系

南宁市要加快跨境电商的发展，仍需要大力推动面向东盟的陆、海、空物流基础设施建设，以此为南宁市跨境电子商务的发展打下坚实的基础。南宁市应建立现代物流配送体系，将"云计算、大数据、物联网"等新一代信息技术应用于物流配送体系中，减低跨境物流、跨境配送的成本，提高效率。同时，南宁市的跨境物流产业还应加强与西南周边地区、东部沿海发达地区和东盟各国物流产业的对接，加强各区域间在物流产业领域的合作，构建标准统一的跨境物流配送体系。南宁市应充分发挥自身优势，针对东盟各国的物流现状，南宁可尝试设立面向东盟各国的跨境物流大型邮路交换中心，此类交换中心的设立，可大大降低跨境物流的物流成本，提升物流效率，为南宁与东盟跨境物流 48 小时物流圈的建设提供前提与保证。同时，南宁市还应充分利用中国—东盟信息港核心基地落户五象新区这一机遇，构建面向东盟的跨境电子商务云中心、跨境大宗商品交易平台、南宁与东盟贸易合作信息中心、东盟特色商品交易展示中心等。将南宁市打造为中国和东盟各国经贸合作的电子商务信息枢纽，使南宁成为中国与东盟"信息丝绸之路"的关键节点。

3. 完善跨境电商电子支付系统

除了信息基础设施、物流配送体系外，制约跨境电商发展的另一个重要方面当数跨境电子支付系统。而各国解决跨境支付行之有效的方法则是构建第三方支付，当前，我国外汇管理局向国内 17 家第三方支付机构授予了跨境电子商务外汇支付业务试点牌照，使得支付结算方式的选择更加多元化，进一步推动了跨境电商的高速发展。南宁市应以完善跨境电子支付系统为出发点，出台一系列政策支持跨境支付服务市场健康发展，应加大对落户南宁市的具有跨境电商外汇支付资质的第三方支付机构的扶持力度，鼓励其开拓东盟国家市场，推进第三方支付机构在南宁市开展跨境电子商务支付的试点业务，并引导本地金融机构加强与第三方跨境支付机构的合作，为面向东盟的跨境电商实现人民币结算提供合适的路径，不断提升南宁市跨境电商的支付能力和水平。

（六）积极引进培养国际贸易相关专业技术人才

培育英语和小语种人才。实施小语种人才培养项目，设立小语种人才培养专项经费，以越、老、缅、柬、泰及印度语等语种为主，培养一批通晓一门周边国家语言又具有某一专业功底的复合型人才。与广西民族大学开展合作，建立南宁市东盟小语种人才培养基地，加强东盟小语种人才的培养。积极开设各类小语种人才培训班，建立小语种人才库，汇总全市小语种人才资源。

建立仲裁员专家库。仲裁员不但要求具有丰富的法律、国际贸易、《框架协议》涵盖事项的专门知识，同时还应具有解决国际贸易协议争端方面的经验与修养。建议人事等有关部门与高等院校可将招录和培养这方面的专门人才列入议事日程。

参考文献

［1］吴海燕：《我国对外贸易转型升级的评价体系、关键因素与路径研究》，江苏大学硕士学位论文，2016。
［2］朱晓涧、耿萍、陈宏付：《影响江苏中小外贸企业转型升级的因素分析》，《统计与管理》2015年第5期。
［3］汪德荣、严志强、彭定新：《中国—东盟贸易概论》，中国财富出版社，2011。
［4］陈秀莲：《中国—东盟服务贸易一体化研究》，中国社会科学出版社，2013。
［5］黄静波等：《中国—东盟经济合作与广州经济贸易的发展》，经济管理出版社，2011。
［6］杨培雷：《国际经济学》，上海财经大学出版社，2007。
［7］李立民等：《中国西南与东盟国家产业内贸易发展研究》，对外经贸大学出版

社，2010。
- [8] 宋云:《洛阳对外贸易发展现状与对策研究》,河南科技大学硕士学位论文,2013。
- [9] 王珊:《洛阳市对外贸易存在的问题及对策研究》,河南大学硕士学位论文,2014。
- [10] 刘会巧:《我国进口贸易结构问题研究》,东北财经大学硕士学位论文,2012。
- [11] 邱伟茜:《现阶段美国贸易保护主义对我国外贸的影响》,《中国商贸》2012年第11期。
- [12] 耿伟:《外贸企业转型升级的影响因素研究——以天津为例》,《天津师范大学学报》(社会科学版)2015年第1期。
- [13] 阳红梅、刘飞驰:《中国农产品贸易保护探讨》,《宁夏农林科技》2011年第2期。
- [14] 刘殿敏:《河南省对外贸易发展方式存在的问题及对策研究》,《河南工程学院学报》2010年第25期。

B.18 "一带一路"背景下南宁市文化、商业、旅游融合发展研究

南宁市社会科学院课题组*

摘　要： 文化、商业、旅游融合发展顺应国家供给侧结构性改革，能够有效推动产业结构调整和经济稳定增长。南宁市在三大产业融合发展中取得一定成效，但仍然存在认识不足、政策不够、体制不活等突出问题。文章在深入分析制约因素的基础上，提出了理顺管理体制、制订发展规划、加快园区建设，打造高品质载体、培育大型企业集团、加强人才队伍建设等建议。

关键词： 文商旅　产业融合　"一带一路"

在"一带一路"建设深入推进的背景下，文化、商业、旅游融合发展有利于实现资源共享和产业共荣，对拓展发展空间、促进结构调整，提高产业竞争力具有极其重要的意义。南宁作为广西壮族自治区首府，是中国面向东盟开放合作的前沿城市、中国—东盟博览会举办地、北部湾经济区核心城市、国家"一带一路"有机衔接的重要门户城市，这些优越的地理条件和政策条件，为南宁市文化、商业、旅游融合发展提供了前所未有的机遇。

---

* 课题组组长：龚维玲，南宁市社会科学院城市发展研究所所长，副研究员。课题组成员：刘娴、莫拓、苏立雄。

一 南宁市文化、商业、旅游发展总体情况

（一）文化发展总体情况

近年来，南宁市实施"文化立城""文化建城""文化强城"战略，公共文化服务体系不断完善，文化事业和产业得到较快发展。目前，南宁市有顶蛳山遗址、昆仑关战役旧址、伏波庙遗址等各级文物保护单位243处，其中国家级5处，自治区级20处，市级、县级218处；有壮族歌圩、壮族三声部民歌、邕剧、宾阳炮龙节、百鸟衣、广西粤剧（南派粤剧）、壮族三月三等7项国家级非物质文化遗产保护项目。注重文化企业培育，华蓝集团、千年传说、榜样传媒等一批企业脱颖而出。打造"南宁国际民歌艺术节"系列文化活动，引进《沙湾往事》《天鹅湖》等中外经典剧目，推出《百鸟衣》《水街》等地方艺术精品，形成南宁市文化艺术品牌。南宁市文化综合实力不断增强，产业总量持续增长，2010~2015年，南宁市文化产业增加值从59.29亿元增加到120.8亿元，年均增速达15.29%，较2010年翻一番，2015年文化产业增加值占全市GDP比重达到3.54%，占全区文化产业增加值总量的1/3左右。

（二）商业发展总体情况

近年来，南宁市商贸业持续较快发展，面向东盟的区域性消费中心城市服务功能不断完善。社会消费品零售总额由2010年的905.9亿元增加到2016年的1980.36亿元，年均增速达13.92%。完善商贸功能区、中央商务区、特色商业街、邕江两岸及地铁、快速环道沿线商贸带等设施建设，推进朝阳、埌东、凤岭商、五象新区等商业中心建设，加快城市综合体发展，有效满足广西乃至国内外来邕消费者的购物、观光、休闲和商务等需求。据不完全统计，目前南宁市市区拥有20多家百货店、28条商业街及80个大中

型商品交易市场,其中大型专业市场共22个。从经营方式来看,这些专业市场以批发为主,占全市亿元商品交易市场总数的2/3,有效满足了南宁及周边地区的生活及生产需求。

(三)旅游发展总体情况

近年来,南宁市加快旅游基础设施建设,创新旅游营销方式,加强旅游市场监管,旅游业保持较快增长态势。全市旅游总收入由2010年的238.57亿元增加到2016年的918.67亿元,年均增长25.2%,其中国内旅游收入由234.78亿元增加到903.24亿元,年均增长25.18%;旅游外汇收入由0.56亿美元增加到2.32亿美元,年均增长26.73%。全市游客接待量由2010年的3559.45万人次增加到2016年的9555.16万人次,年均增长17.89%,其中国内游客接待量由3542.7万人次增加到9499.62万人次,年均增长17.87%;入境旅游人数由16.75万人次增加到55.54万人次,年均增长22.11%。南宁市接待旅游总人次和旅游总收入稳居广西首位。截至2015年底,南宁市国家3A级以上景区已达29家,其中5A级景区1家,4A级景区16家,3A级景区12家,全国及广西工农业旅游示范点24个,广西乡村旅游区11家,广西星级农家乐55家。旅游星级酒店50家,旅行社96家,在册各语种导游3247人。

二 "一带一路"背景下南宁市文化、商业、旅游融合发展现状

(一)产业集群形态初显

南宁市文商旅资源在空间上主要集中分布在城区,呈现多中心的空间布局。南宁市都市级文商旅中心主要有朝阳文旅商中心、埌东—凤岭文旅商中心、五象新区文旅商中心。朝阳文旅商中心是以朝阳路为中心,由友爱路、南环路、江北大道、解放路、华强路、中华路围合而成,这些区域是南宁

历史城区，文物古迹众多，商业网点密集，旅游资源丰富，是感受老南宁历史文化的核心区域。埌东—凤岭文旅商中心和五象新区文旅商中心均位于城市新发展的城区，是南宁新的文化和商贸中心，主要展示南宁现代都市风貌。会展中心、南宁领事馆区位于埌东—凤岭文旅商中心，"东盟"元素较为突出，华润中心、航洋国际、地王大厦等城市商业综合体集观光、休闲、购物、商务、酒店为一体，吸引大量人流拉动消费。五象新区文旅商中心的总部基地金融街全面完成项目布局，建成广西体育中心、广西规划馆、广西美术馆、南宁博物馆、南宁市国家档案馆、青少年活动中心、五象湖公园、总部休闲公园，推进广西文化艺术中心、广西新媒体中心建设，南宁万达茂正式开业运营，五象新区将打造成为活力四射的新型文商旅中心。

南宁周边其他地区文商旅资源主要位于周边县区，以民俗风情、自然资源为主，发展空间较大，休闲养生产业集聚初步显现，形成武鸣突出壮式养生，隆安突出那文化农耕养生，马山突出长寿生态养生，上林突出山水生态养生，宾阳突出书香文化养生，横县突出美丽产业养生等为特征的乡村旅游产业群。

（二）文商旅融合载体不断丰富

万达茂等文旅综合体打造。2014年，万达决定斥巨资在五象新区打造广西首个集世界乐园、商业中心、度假酒店、文旅商街为一体的文化旅游项目，以文化旅游、体验消费为亮点，包括桂文化主题乐园、科技电影城、文旅度假酒店、商业美食中心、桂文化步行街等多重业态。目前，南宁万达乐园和南宁万达嘉华度假酒店已于2017年6月开业，每到周末、节假日，万达乐园都是客流如云。

历史文化街区保护利用有序推进。近年来，南宁市致力于打造国家历史文化名城，编制了相关的保护规划，制定颁布了保护条例，拟定兴宁路—民生路、解放路片区、共和路—中山路片区、蒲庙老街片区等为历史文化街区，明确对历史文化街区的修缮，既要注重保护历史文化特色，又要坚持与旅游、商贸相结合，推动文化繁荣、产业发展。

举办节庆活动，有效集聚人气，刺激消费。2015年9月成功举办的"2015南宁·东南亚国际旅游美食节"，吸引国内外游客达120万人次，参展商现场营业额达5000万元，带动华南城—中国东盟商品交易中心入场观众和专业买家达150万人次，车流量达13.5万车次，意向签约金额达45亿元，实际现场成交金额9.5亿元，再创历史新高，拉动了东盟商品交易中心的经济快速增长。

注重特色文化旅游商品研发。重点推荐本土文化浓厚的产品，借助展会提升南宁市名特优产品的知名度。开展旅游商品设计比赛活动，设计出众多精美的"南宁礼物"作品。截至目前，共挖掘评选出一批具有南宁元素、南宁特色和市场价值的"南宁礼物"1800多件，进一步推动了南宁旅游商品研发，丰富了旅游商品市场，增加了旅游收入。

（三）文商旅融合新业态不断涌现

过去，南宁市文化、商业、旅游融合的早期业态主要体现为传统大型商圈和旅游主题公园。近年来，随着产业融合的不断升级发展，南宁市实施打造历史文化名城、面向东盟的区域性国际旅游目的地、区域性消费中心城市等战略，文商旅综合体、文化旅游特色商街、文化古村落、特色小镇等文商旅融合新业态不断涌现。目前，南宁市加快产业融合特色精品项目的建设，重点打造文化与科技双向深度融合的华南南国弈园，完善文化与商业结合的华南城东盟特色文化产品体验馆，加快推进文化与旅游融合发展的龙门水都、美丽南方等文化旅游生态休闲项目。

会展业与旅游业的融合发展，促进了区域经济加快发展。南宁市会展业与旅游业随着每年中国—东盟博览会、中国东盟商务与投资峰会在南宁市的成功举办，其国际影响力和品牌号召力得到了外界的广泛认可。中国—东盟（南宁）国际汽车展、南宁国际学生用品交易会、南宁国际茶文化博览会和南宁·东南亚国际旅游美食节等成为本土自主品牌展览，南宁对外吸引力和美誉度不断提高,带动全市交通、旅游、餐饮住宿等相关产业发展。

此外,随着"互联网+"战略实施,科技与文商旅紧密结合,催生了新媒体及动漫产业的发展,为文商旅深度融合发展带来了新的契机。目前,南宁的动漫企业创造出《阿米萝之歌海奇缘》《大海宝贝》《哥布林军团》等优秀作品,还组织各类动漫节展,逐步形成商业品牌。

(四)做精"文化+"促进文商旅融合发展

近年来,通过实现文化跨要素、跨行业、跨平台的融合互动,"文化+"产业将在南宁市得到拓展与深化。加大文化企业培育力度,推进文化企业向"专、精、特、新"方向发展,培育了华蓝集团、华南城、千年传说、榜样传媒、新影响集团等一批具有较强实力、竞争力和影响力的文化产业企业,鼓励企业跨界经营、综合经营取得一定效果。南宁市注重文化项目落地,引进了南宁东盟文化博览园、南宁万达茂文化旅游、南宁禾田信息港等重点文化产业项目落户南宁。截至2015年底,登记入库的全市规模以上文化企业121家,亿元以上文化企业超10家。而且以这些重点项目为依托,加大政策扶持力度,推进国家级、自治区级、市级三级文化产业示范基地建设,通过文化产业助推旅游产业发展,激活商业市场。

三 "一带一路"背景下南宁市文化、商业、旅游融合发展面临的主要问题

目前,南宁市文化、商业、旅游融合的总体程度偏低,尤其是旅游、商业运营中文化含量不高,文化尚未成为商业、旅游产业附加值提升的重要驱动力。2015年,南宁市文化产业增加值为120.8亿元,仅占全市GDP比重的3.54%,考虑到印刷制造业占比较大,南宁文化产业还远未达到支柱产业标准。2015年,南宁市接待入境旅游者51.09万人次,其中外国旅游者39.63万人次,过夜游客平均停留时间2天,停留时间短在一定程度上说明城市

的文化吸引力不足。可见，文化、商业、旅游仍需从产业融合内涵发展中汲取新动力。经过调研，当前制约南宁市文旅商融合发展主要有以下突出问题。

（一）对推进文化、商业、旅游融合发展的重要性认识不够

南宁市文商旅深度融合发展，将进一步激发城市发展活力，为创建历史文化名城，打造面向东盟的区域性国际旅游目的地、区域性消费中心城市注入新的动力。但目前南宁市对文商旅融合发展重要性认识不足，主要表现为：一是对融合的内涵认识不清。在文商旅融合格局中，文化是旅游的核心价值，旅游是文化的重要载体，商业是文化旅游的重要推动力，三者互为支撑，相互促进。文商旅融合并不是简单地增添文化卖点、增加表演节目、增设购物站点就能实现融合了。认识不清容易造成对文商旅融合发展的重视不够，科学规划不足。二是对融合的多样性认识不足。文商旅融合的实现形式是丰富多样的，既有单一载体的培育，也有多载体的融合；既有单主题的开展，也有多主题的推进；既有单区域的发展，也有跨区域的合作。但是有的部门对三大产业融合存在片面性，认为既然要融合发展，多设置一批产业综合体就行了。认识的欠缺极易造成在文商旅融合路径上开放性不够和包容性不强。三是对文商旅融合的综合效益认识不全。文商旅融合发展不仅有利于拓展城市发展空间、优化产业结构调整、提升区域竞争力，也有利于提高居民收入水平、加快人文生态资源开发，最终实现经济效益、社会效益和生态效益共赢。但是在产业融合中仍然存在片面强调经济效益而忽视社会效益和生态效益的观念。

（二）特色不鲜明，缺乏高品质、代表性的融合载体

南宁市文化旅游资源丰富，但分布零散，由于挖掘不够，开发不足，基础设施和交通网络不够完善等原因，并未能将蕴含有特色文化、民俗文化的旅游经典有效连接起来，单个景点对消费的拉动影响效应十分有限。目前，

南宁市对文商旅资源挖掘整理存在技术单一、创新不足的弊端，尤其缺乏标志性的文商旅融合载体。南宁市的老城区历史底蕴非常丰富，应为文商旅融合发展的重要阵地。然而，随着城市重心的东移和公共投资向新区的倾斜，老城区一般都面临着建筑危破、交通拥堵、设施陈旧、环境恶劣、人口老化、产业低端化等现实困境，功能设施配比不合理，制约了"以旅兴商"、旅游带动的效应。此外，由于战略定位不清及历史发展的惯性，大量专业市场、"住改仓"的存在与发展，也对文商旅融合发展产生了较大的"挤出效应"。

（三）缺乏政策支持与突破，制约了文商旅深度融合发展

早在2009年，国务院发布了《关于加快发展旅游业的意见》《关于促进文化与旅游结合发展的指导意见》等文件，要求各地采取积极措施加强文化与旅游等产业的融合。目前，南宁市也制定了推动文化产业与旅游产业融合发展的政策，但从内容上来看，这些政策文件多为鼓励和推动文化产业和旅游产业融合发展的宏观性规定，对文化旅游景区开发享受何种政策优惠却很少明确规定，只有《南宁市关于加快文化产业发展的若干规定》中有所提及。因缺乏较为细化的扶持政策，文商旅产业难以得到充分挖掘和开发，在历史街区的打造及活化利用上表现较为突出。从成都宽窄巷子、福州三坊七巷、岭南新天地等成功案例看，历史街区的兴盛来源于文化遗存、旅游业与商业的跨界融合，但这些都离不开强有力的政策支持。近年来，南宁着力创建历史文化名城，打造三街两巷、中山路和蒲庙老街三个历史文化街区，但由于拟划定的历史文化街区均集中在老城区，且部分区域被列入旧改计划，涉及的人员众多，建筑产权不一，历史遗留问题较多，因此，在对历史文化街区进行改造提升的过程中，需要协调多方利益，项目进展较慢。在活化利用历史文化街区的建设政策上缺乏灵活性，使得民间热情不高，相关项目推进困难重重；而在产业政策上，也缺乏对历史街区中业态调换补偿、抑批限仓、老字号保护等有力支持。此外，现行的文物保护政策也影响了文化部门参与融合的积极性，如当前国

家规定博物馆只有文物保管权，没有所有权，更没有知识产权，所以不能以文物形象授权经营。

（四）缺乏大资本、大项目的引领与带动

香港知名开发商瑞安集团一手打造新天地，江苏一德集团操盘的南京1912，成都文旅集团主导复建的宽窄巷子，中青旅打造的乌镇，这些品牌大开发商的资本实力及专业的创造性开发手法，都是文商旅融合项目成功的基本因素。更不用说，环球影城落户北京、迪士尼落户上海以及长隆、华侨城等国际大资本的专业操作。受制于体制和资金的限制，以政府为主导开发的文商旅融合载体成功的案例不多。目前，南宁市在打造三街两巷等老城区所推进的文化遗存项目中，基本以政府为主导，缺乏大资本的介入，其融合经济效应非常有限。与之对比，位处五象新城区的万达茂，高度融入广西桂文化元素，是万达集团在世界首创的大型室内文化、旅游、商业综合体。目前项目仍在建设中，但从一期建设后开业情况看，已经取得一定成功。

（五）体制灵活性不足，制约国有文化单位融入商旅产业链

文商旅融合发展，不仅依靠商业资本或旅游公司的积极作为，巧用文化资源打文化牌，更需要文化部门特别是掌控着稀缺文物资源的国有文化机构主动作为，积极向商业、旅游领域延伸经营。然而，目前南宁国有博物馆实行严格的收支两条线管理，其对文物仅限于保管和展示，而对藏品、文化古迹、"非遗"等没有动力进行市场化开发和经营，也没有意愿进入旅游产业链中，这种体制性障碍抑制了文化资源向其他领域的渗透增值。台湾的文博单位值得借鉴，如台北故宫博物院则基于相对灵活的体制而与旅游、商业紧密联动。该院在经营上的成功，除展品上的较大吸引力之外，其在内部专门成立了经营中心，负责文物形象的商业开发和运作，同时，还与各大旅游公司达成长期合作协议，与旅游部门形成利益链，通过门票分成的方式反哺博物院的发展。

四 加强南宁市文化、商业、旅游融合发展的对策建议

(一)加强顶层设计

1. 健全完善管理体制机制

文商旅融合发展离不开管理体制机制的有力支持。要积极推进体制机制创新,完善联席会议协调机制,形成良好的工作运行机制。改变以往各部门单兵作战、力量分散的局面。建立文商旅融合发展联席会议制度,及时召开联席会议,加强文化、商业、旅游、财政、土地、发改等相关部门的沟通协调。针对文商旅融合问题,建议领导小组可让旅游行政管理部门牵头做好各地、各部门的协调工作,各相关部门主动配合旅游部门,按照职能分工共同做好文商旅资源的综合利用和开发,以文商旅融合促进发展,共同培育文商旅支柱产业。对重大文商旅项目,各级党委、政府主要领导应亲自抓,完善目标责任制度,对文商旅发展目标任务加强考核和监督检查,确保目标落到实处。

2. 科学制订文商旅融合发展的规划

科学、可行的规划是推动文商旅融合发展的有力保障。应该坚持规划引领,高起点、高标准、高要求制订文商旅融合发展专项规划。要对全市文商旅资源进行深入的摸底调查,进而全面掌握南宁市文商旅融合发展的潜在优势、现状、存在问题,在此基础上,明确未来几年南宁市文商旅融合发展的重点及措施。在编制规划的过程中,应注意把握中央的大政方针和上级党委、政府对南宁市的要求,坚持"创新、协调、绿色、开放、共享"的发展理念,积极融入"一带一路"建设,以优势资源为基础,以重大产业项目为带动,坚持把建设、改造与保护结合起来,确定商圈拓展和历史遗迹、文物的保护范围,使独有的历史文化遗迹和风貌通过科学规划与现代风格相融合,把文商旅产业打造成南宁市支柱产业和新的经济增长点。

3. 建立产业奖励机制

建立专项资金，用于对重点文商旅项目的研究、启动、引导、支持、贴息、补助和奖励。每年以市委、市政府名义召开一次总结表彰大会，对在文商旅产业发展中招商引资、项目建设、创意策划、产品开发、文艺创作、课题研究、企业经营、市场营销、中介服务等方面的先进企业和个人给予重奖。对创建国家 A 级旅游景区、评定星级酒店、星级旅行社的旅游企事业单位给予资金奖励、税收优惠、政策扶持等激励措施，提高企事业单位的参与热情，促进南宁市文商旅的发展。

（二）加强区域文商旅合作

充分利用好"一带一路"的政策东风和南宁市作为"两会一节"东道主的优势，采取"走出去、请进来"策略，大力加强与东盟国家的文商旅合作，推动区域无障碍旅游。充分发挥南宁旅游奖励政策与南宁市各旅行社在东盟各国、泛珠三角区域及泛北部湾区域等城市成立分社的作用，鼓励当地旅行社组团到南宁旅游，通过旅游合作增进客源地民众的沟通、了解，推动当地旅游经济增长。依托旅游资源丰富的优势，与区域内城市共同培育旅游市场，共同开辟旅游线路，共同推介旅游产品，如大力打造北部湾（广西）"秀美南疆、浪漫海滨"的八条旅游精品线路，加强区域旅游合作，推动旅游产业发展。

（三）积极打造南宁文商旅融合发展品牌

1. 打造文化旅游民俗节庆活动品牌

着力打造"1+1"文化节庆会展品牌，即市级重点打造提升 1 个大型文化活动品牌——南宁国际民歌艺术节，不断创新办节的内容、形式和手段，进一步提升市场化运作和产业化发展水平；各县区结合历史传统或现代新兴节庆资源，着力打造 1 个文化节庆精品，其中，兴宁区重点打造昆仑大道生态休闲旅游节、江南区重点打造"扬美古镇龙舟上水节"、邕宁区重点打造"邕宁壮族八音文化旅游节"、良庆区重点打造"香火龙"民俗文化旅游节、西乡塘区重点打造"唐人文化节"等特色文化节庆精品,不断增强南宁文化旅游的吸引力,带动南宁文化旅游产品的开发。通过举办论坛、投资洽谈会、项目交易会等形式,推进文化企业与旅游企业的相互合作与共同发展。

2. 打造高品质文化商演产品

深入挖掘特色文化资源,开发标志性文化旅游演艺项目。鼓励社会资本以投资、参股、控股、并购等方式进入文化旅游演出市场,支持旅游景区(点)吸纳文艺演出团体和艺术表演人才以多种方式灵活参与景区经营。支持旅游景区、旅游度假区特别是国家4A级旅游景区引进或自行开发具有民族特色、地域特色的大型旅游演艺项目。鼓励运用现代高新技术,创新演出形式,提升内容创意,突出地域特色,创作一批高水平的旅游演艺产品。完善展示南宁本土粤剧品牌的"天天演"项目,推进梅帅元实景演出项目发展,提升南宁旅游演艺质量和水平,打造成为城市文化品牌。

(四)推动重大项目建设

1. 加快文商旅产业园区建设

依托南宁丰厚的民族文化生态和丰富的历史文化资源,着力打造具有地域和民族特色的文商旅产业群。积极推动文商旅一体化发展,支持文商旅资源集中和产业聚集的地方,加快建设配套齐全、功能完善、特色鲜明的文商旅产业聚集区。深入挖掘整理以壮民族特色文化为主的少数民族文化,建设民族文化特色街区,着力打造具有浓郁地方特色的文商旅品牌。发挥毗邻东盟的区位优势和中国与东盟交流合作的"南宁渠道"作用,打造以面向东盟为重点、体现"东盟"特色的中国—东盟国际文化与旅游交流基地。建立中国与东盟的文化企业、艺术院团有效交流的机制,鼓励双方共同开发项目、演出节目和推介作品。

2. 培育大型文商旅企业集团

推动文商旅企业以资本为纽带跨地域、跨所有制整合资源,实现优势互补、市场共享、强强联合,培育一批覆盖投资、经营、创意、娱乐、影视制作等领域的综合性文商旅企业集团。积极引导国有大型文化企业集团经营开发文商旅产业，支持大文商旅企业集团开发文商旅服务和产品，培育文商旅一体化发展、具有较强竞争力的大型文商旅企业集团。

（五）加强文商旅宣传营销

明确南宁旅游形象定位，在"中国国际养生休闲特色旅游目的地"旅游品牌的统领下，持续打造"壮乡歌海、中国绿城、东盟风情、养生之都"品牌影响力。分目标市场，科学制定市场发展策略。以东盟国家、粤桂黔地区，泛北部湾区域为重点客源市场，大力发展以周末游、商务游、度假游、养生游为营销重点。吸引国内其他地区及入境游客来邕。精准营销产品，主推南宁二、三日游，周末游线路。重点开发二日游、三日游、周末游产品，主推以养生休闲、民族民俗等为主题的八大精品线游。重点加强区内外各大媒体对南宁旅游的宣传报道，积极利用新媒体渠道，全方位宣传和推介南宁旅游。

（六）加强文商旅产业人才队伍建设

1. 加快引进高层次人才

依托自治区和南宁市重大人才计划、产业计划，借助人才开发使用公共服务平台，重点引进一批具有国际视野的文商旅产业领军人物和专业团队，建立重大文商旅项目首席专家制度，扶持资助其主持重大课题、领衔重大项目，尽快提高南宁市文商旅产业管理水平。实行特殊人才特别保护制度。对非物质文化遗产传承人、各类知名文艺家等专门人才，制定特殊保护措施，充分发挥他们在促进文商旅发展方面的独特作用。

2. 加强文商旅人才培养

建立完善文商旅人才教育培训体系。充分利用首府高校云集的优势，进一步加大与驻地大学的合作力度，鼓励和支持在邕大中专院校增设文商旅相关专业或课程，办好文商旅人才培养基地，着力培养善于开拓文商旅新领域的拔尖新人才、掌握现代传媒技术的专门人才、懂经营善管理的复合型人才、适应文化"走出去"需要的国际化人才,为南宁市文商旅融合发展提供人才保障。

3.完善人才激励保障机制

对在文商旅融合发展中招商引资、项目建设、创意策划、产品开发、文艺创作、课题研究、企业经营、市场营销、中介服务等方面的先进企业和个人给予奖励。支持高层次人才创办企业,允许和鼓励人才以其创作成果、技术手段、管理方式、知识产权等生产要素参与利润分配。完善高层次人才创业的配套政策,帮助解决高层次人才在住房、社会保障、子女就学等方面的实际问题。

参考文献

[1] 黄晓慧、邹开敏:《"一带一路"战略背景下的粤港澳大湾区文商旅融合发展》,《华南师范大学学报》(社会科学版)2016年第4期。

[2] 王志标:《文商旅综合体的特征与发展趋势》,《经济纵横》2014年第10期。

[3] 姚腊华:《开封市文商旅一体化发展战略和实施路径分析》,《四川省干部函授学院学报》2014年第3期。

[4] 徐印州:《广州商旅文深度融合发展的思考》,《城市观察》2016年第4期。

[5] 北京市西城区旅游发展委员会:《关于西城区旅游与文化、商业融合发展的实践与探索》,《中国旅游报》2014年5月12日。

[6] 金海龙、章辉:《我国文化产业与旅游产业融合研究综述》,《湖北理工学院学报》(人文社会科学版)2015年第2期。

[7] 王爽:《打造商旅文一体化特色街区》,《济南日报》2011年6月8日。

[8] 支增富:《实施文旅商引领战略 推动文旅商合作共赢》,http://www.people.com.cn/h/2011/1024/c25408-1700205324.html,2011年10月24日。

[9] 龚丹韵:《商旅文"三合一",能否拯救实体商业》,《解放日报》2013年9月9日。

B.19
南宁市推进新能源产业发展对策研究

南宁市发展和改革委员会课题组[*]

摘 要： 发展新能源产业，既有利于构建具有南宁特色的绿色、多元、低碳的能源供应体系，提高能源供应和应对气候变化能力，又有利于打造新的经济增长点，为国民经济增长创造新空间。文章深入分析南宁市新能源产业发展现状及存在问题，借鉴先进城市的成功经验，提出了注重产业顶层设计、完善产业配套政策体系、加强产业市场培育、壮大产业龙头企业、实施技术创新工程、打造产业研发平台、加强人才培养和引进等对策措施。

关键词： 南宁市 新能源 产业化

发展新能源产业是切实推进我国能源供给侧改革、推动我国能源产业升级、拉动我国经济健康发展的新抓手、新方向、新动能。2014年，南宁市获全国第一批创建国家新能源示范城市，重点发展以生物质能为主的新能源产业，探索新能源与常规能源协调发展的综合利用模式。2016年，《南宁市国民经济和社会发展第十三个五年（2016~2020年）规划纲要》提出"大力培育和发展新材料产业、新能源产业和节能环保产业等战略新兴产业"，"大力培育和发展新能源，推动产业发展生态化"。进一步加大新能源产业发展力度，

---

[*] 课题组组长：丁伟，南宁市发改委主任；课题组副组长：尹平，南宁市发改委副主任；课题组成员：周代众、潘浩波、方理、李晚心、陈彬。

既满足南宁市创建国家新能源示范城市的要求，又符合南宁市建设生态文明城市，打造"中国绿城"城市品牌的发展定位。随着全国经济发展进入新常态，南宁市能源发展呈现消费减速换挡、结构持续优化、生产利用方式深刻变革的显著特点。目前，南宁市的能源消费结构仍然以煤为主。随着经济社会的快速发展，能源消费的快速增长，环境问题日益严峻，节能减排任务艰巨。同时，由于南宁市自身煤炭资源有限，石油、天然气资源短缺，推动能源产业转型升级、发展能源多元结构对缓解能源供需矛盾意义重大。

一 南宁市新能源产业发展现状

（一）资源禀赋情况

1. 生物质资源方面

南宁市生物质资源种类丰富、数量可观，可开发空间较大。据有关部门统计，2015年，南宁市木薯秆、桑枝、甘蔗叶等农作物秸秆利用量达25万吨，林木下脚料利用量达15万吨，薪柴和能源林利用量达12万吨；城市生活垃圾清运量达113万吨。

2. 风能资源方面

南宁市可开发风能资源分布较为分散，主要集中在横县、青秀区、宾阳县、上林县、隆安县和马山县一带。

3. 太阳能资源方面

南宁市地处广西壮族自治区南部偏西，北回归线以南，年平均气温在21.6摄氏度左右，年太阳辐射总量为4612~4665MJ/m^2，年日照1500小时左右，有效日照小时数为3.5小时，各区县日照条件差异较小，属于四类太阳能资源条件区域，太阳能资源较为丰富，具备利用太阳能的优越条件。

4. 地热能资源方面

南宁市盆地为新生代喜山期断陷向斜构造盆地，地质结构有利于地壳深部和地幔热流向地壳浅部传递而形成地热资源。同时，南宁市地热田属大型中低温地热田，水质属淡、温、氟水型医疗热矿水，易于开发，应用面广，并可直接利用和直接排放，对环境影响甚微。据统计，南宁市地热田面积223.76k㎡，热田热储积总能量为 5.19×10^{18} J，地热水可开采量为 $1.49 \times 10^7 m^3/yr$，可利用热能为60MW，地热资源开发前景较好。

（二）产业发展情况

南宁市初步构建了生物质能、太阳能、风能发电和地热能四大主导产业，新能源企业及配套产业、地热能、智能电网等共同发展的新能源体系。但目前南宁市新能源产业仍处于初级阶段，新能源企业数量较少，产业规模较小，产业链延伸不足，市场的建立和完善仍需时日。

1. 生物质能产业

目前，南宁市生物质能产业已初具规模，具备一定的发展基础，主要包括生物质供气（含民用沼气）、生物质燃料、生物质发电三大领域。生物质供气产业主要应用于南宁市大型养殖场，户用沼气由于缺乏原料、缺乏维护等原因弃用率较高。生物质燃料产业主要包含生物质成型燃料、生物质乙醇和生物质油脂三大产业。生物质成型燃料产业规模较小，主要集中于横县，年产值达4000万元左右；生物质乙醇产业规模较大，南宁市拥有广西农垦明阳生化集团股份公司、广西武鸣蛟龙酒精能源有限公司等一批骨干企业，但受到木薯种植面积逐年减少、生物质乙醇价格下滑等因素影响，该产业规模开始萎缩；生物质油脂产业是近年来的新兴产业，南宁市共有两家生物质油脂处理企业，年产值达2000万元左右。生物质发电产业以固体生物质直燃和直接气化发电为主，以沼气和生物制气发电为辅。目前，南宁市拥有两个大型生活垃圾发电项目，垃圾处理量占全市生活垃圾总量的80%，年发电量达2.4亿度。

2. 风电产业

南宁市风电产业以风力发电项目为主，项目覆盖南宁市大部分县区和部分城区，以马山、宾阳等风力资源较好的区县为主。截至目前，仅有横县六景风电项目顺利并网发电，装机容量为95.5MW，其余大部分风电项目仍处

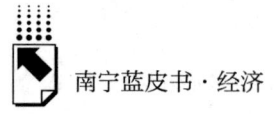

于在建或前期工作阶段,建成后预计装机容量达到1543.4MW。

3. 光伏产业

南宁市现有的光伏项目类型主要有农业大棚光伏项目和屋顶分布式光伏项目两种类型,广西隆安英利农业光伏大棚项目、广西农垦明阳农场农业光伏大棚项目一期、广西武鸣浩德农业光伏大棚一期、上林协鑫太阳能光伏农业大棚光伏项目、广西锦虹屋顶光伏项目等一批光伏发电项目已并网发电,装机并网容量为208MW。"十三五"期间,南宁市拟建或在建光伏项目装机容量达到600MW以上。

4. 地热产业

地热能利用方式主要有地热发电、地热采暖、地热农业利用、地热工业利用、地热医疗与旅游及矿泉饮料业等。目前,南宁市对地热能的利用方式主要以地热发电、地热采暖为主。2016年,全市绿色建筑及建筑节能设计方案评审可再生能源采用浅层地源热泵系统应用面积达24.363万平方米。

(三)现行新能源产业扶持政策

南宁市针对新能源产业的支持政策主要包括财政政策、税收政策和土地政策,现行政策主要以国家级政策为主,自治区级及市级层面出台的支持性政策较少。财政扶持政策主要是通过投资补贴和电价补贴两种形式对新能源发电项目进行支持;税收扶持政策主要涉及企业所得税、增值税及消费税等税种,根据不同产品给予一定比例的退税优惠;土地政策主要针对地面光伏电站、地面风电站用地部分给予一定支持。

随着各级新能源产业政策的实施,南宁市在环境保护和投资带动上均取得较好的成效。在环境保护方面,2015年,南宁市万元地区生产总值能耗累积下降18.2%,化学需氧量排放量下降20.97%,氨氮排放量下降15.77%,二氧化硫排放量降低了14.07%,新能源可替代标准煤量达35.83万吨/年,其中,生物质能可替代标准煤量达33.38万吨/年,太阳能可替代标准煤量达2.82万吨/年,地热能可替代标准煤量达0.09万吨/年。在投资带动方面,2015~2017年,南宁市对新能源产业重点项目总投资达1161334

万元。从产业类型来看，南宁市新能源产业投资最多的是生物质能产业，占总投资的40%，太阳能产业、风能产业及地热能产业分别占总投资的28%、25%和7%。从投资类型来看，新能源产业投资主要以业主投资为主，业主投资占总投资的95%以上，中央投资和地方政府投资较少。

二 存在问题及原因分析

（一）存在问题

1. 产业集聚度不高、产业链不长

南宁新能源整体产业开发利用处于起步阶段，传统生物质能产业逐步萎缩；光伏产业、风电产业尚未形成规模，重发电项目建设、轻产业配套，重引进组装，轻自主研发；地热能规模化开发项目较少。同时，南宁市新能源产业企业单体规模和实力偏小，龙头企业开发的项目尚未形成支撑力；新能源产业链主要处于终端应用阶段，没有形成循环产业链和产业集群。

2. 项目推进过程中制约因素较多

新能源项目前期工作流程复杂，涉及国土、林业、规划等多个部门，受到的制约因素较多，特别是在土规衔接、林地建设用地范围确定、电力消纳三个环节上，导致项目总体推进较慢，推广应用难度加大。

3. 产业发展机制尚不够完善

目前，南宁市新能源产业市场成熟度不足，缺乏连续稳定的市场需求拉动；产业支撑政策体系仍有待完善，各相关政策之间未形成整合力量；部分企业及人民群众对新能源应用综合效益的认识还不深入、不到位，主要是靠强制性的政府规章和规范性文件被动执行新能源应用措施，自觉提高新能源应用比例的意识有待进一步提高。

4. 新能源占比较小

目前，南宁市能源消费结构仍以传统化石能源为主，与发达地区相比，新能源占常规能源的比重过低。南宁市新能源产业链较短，太阳能、风能、生物质能应用形式以发电为主，处于产业链条末端。同时，新能源发电单个项目规模较小，分布零散，新能源还不完全具备与常规能源进行竞争的能力，新能源产品价格市场竞争力不强。

（二）原因分析

1. 顶层设计不够完善

南宁市新能源产业的发展缺乏整体统筹、产业定位、产业发展模式及培育路径，使得各个县区对产业发展定位把握不清，不同程度地存在无序发展的问题。以光伏、风电为例，南宁市风电、光伏产业项目上马较多，但目前各县区普遍采取"以资源换项目"策略，产业开发以下游发电市场为主，而在招引风电、光伏制造企业，打造风电配套产业链上关注较少，致使整个产业存在产业规模较小、发展方向不明确、产业链条较短等问题。

2. 配套政策体系有待进一步完善

目前，南宁市应用的支持政策大部分停留在国家层面，市级政策以宏观战略性规划为主，具体的管理办法、实施方案等配套政策较少，在土地、补贴、价格等方面也缺乏完善的激励政策体系，补贴体系单一。配套政策体系不完善，既不利于南宁市新能源产业的推广应用，也会导致企业投资热情减弱、技术创新积极性不足，再加上大部分城（县）区财政困难，自筹资金能力弱，严重制约了新能源产业的发展。

3. 政府各主管部门未形成合力

新能源产业是一个系统工程，而南宁市尚未梳理出一套合理的管理组织架构，目前新能源产业管理工作统一由市发展改革委能源办负责，但生物质能改造工作由市工业和信息化委负责，并且实际项目审批、推进过程中涉及国土、林业、规划、农业等多个部门，各单位之间相互合作不够，开发、管理力量分散，容易出现多头管理、政出多门、企业"高开低走"，各部门针对新能源产业出台的相关支撑政策之间未形成整合力量等问题。

4. 新兴产业技术、人才短缺

南宁市本地新能源企业大部分生产规模小，创新能力不强，缺乏技术自主研发能力，能源利用技术大多从区外甚至国外引进，没有形成支撑新能源规模化开发利用的技术服务体系。同时，南宁市新能源技术人才匮乏，没有形成支撑新能源规模化开发利用的技术人才体系。基层工作人员对新能源产业缺乏系统学习，造成新能源项目在基层推广缺乏动力。

三 外地成功经验及启示

兰州市、南昌市、六安市金寨县高度重视新能源产业的推广应用工作，特别是南昌市、六安市金寨县两地，在不断摸索中探索出独具特色的新能源推广模式，另外，南昌市在经济条件、资源禀赋方面与南宁市最为相似，深入分析三地新能源产业的推广发展模式，借鉴外地经验，为南宁市新能源产业推广应用大有裨益。

（一）兰州、南昌市发展经验——打好政策组合拳

兰州市和南昌市在充分利用国家、省级配套政策的基础上，结合当地实际情况，研究出台了一套激励性政策及硬性管理办法相结合的产业配套政策体系，涉及财政补助、用地、硬性管理办法、奖惩措施等多个方面。特别值得一提的是，兰州市通过签订三方（餐饮企业、收运企业和各区环卫部门）协议，并将三方协议作为企业办理餐饮服务许可证的前置条件，使得兰州市餐厨废弃物回收率大大提高。南昌市出台了《南昌市推进绿色建筑发展管理实施细则》，强制规定新建建筑用能中可再生能源利用必须达到规定比例，光伏发电或者光热应用成为可选实施措施之一。从两地的实施效果来看，硬性政策措施对当地新能源产业的推动非常大，甚至远远好于财政支持政策。与兰州市、南昌市相比，南宁市新能源产业配套政策体系显得较为薄弱。

（二）金寨县发展经验——找准产业定位，优化产业发展环境

与兰州市、南昌市相比，六安市金寨县针对新能源产业除了国补之外，

并无省级、市级、县级补贴，其更加注重利用市场这只看不见的手。具体而言，金寨模式主要有两大亮点。

一是找准产业定位，科学谋划产业发展模式。从新能源资源禀赋角度而言，金寨县与南宁市条件相似，与我国西北地区相比，金寨县在光照条件方面并无资源优势。但金寨县充分利用其特有的荒坡滩涂和低产林地等资源优势和现有产业基础，牢牢把握脱贫攻坚、大别山革命老区振兴发展、经济结构转型升级等多重发展机遇，独创"分户式、联户式、村集体式、大规模联户式"四大光伏扶贫模式，成功创建"全国光伏扶贫示范县"。随后，在"金寨光伏扶贫"成功打响的基础上，成功创建"国家高比例可再生能源示范县"，同时大力引进东旭、协鑫、华西等产业龙头企业来县内投资高端能源装备制造产业，已形成以光伏农业为主、新能源装备生产为辅的较为完整的产业链和初具规模的产业集群。

与金寨县创建"全国光伏扶贫示范县""国家高比例可再生能源示范县"相似，2007年南宁市也成功申报了国家高技术产业基地，以发展非粮生物质能源为核心。2007年至2012年五年期间，南宁市针对生物质能产业在财政补助、配套政策上给予较大扶持，一些本地企业及项目如安宁淀粉厂酒精项目、武鸣皎龙酒精项目以及一批生物柴油项目均得到较大发展，但近年来由于木薯种植面积减少、企业生产技术落后等原因，南宁市生物质能产业出现萎缩。与金寨县相比，南宁市本身在资源禀赋方面具有比较优势，并且在产业配套、财政支持上也力度很大，出现萎缩的原因，就在于南宁市针对生物质能产业缺乏完善的顶层设计，没有从上至下谋划好产业的发展路线及发展模式，缺乏拉长产业链条的意识，同时也没有引进行业内的龙头企业来带领本地企业发展，导致产业技术革新缺乏动力，企业抗风险能力较弱。

二是强化保障措施，优化产业发展环境。金寨县针对新能源产业发展需要，在项目指标、前期工作、项目推进、后期并网等方面均给予新能源项目最大支持，如建立"一企一策、一事一议"的协调服务机制；加大与国家能源局、国家电网公司对接力度，确保落户项目发电指标及时到位；积极做好电网规划将"用电网"变成"输电网",解决可再生能源电力送出和消纳问题;大力推进分布式可再生能源发电集群灵活并网示范工程,攻克高渗透率分布式电源接入配电网带来的问题等。而南宁市在新能源项目推进上,普遍存在推进缓慢的问题。

四 发展南宁新能源产业的对策思路

(一)注重产业顶层设计,明确产业发展重点

紧紧围绕南宁市"国家新能源示范城市"创建目标,精心编制南宁市新能源产业发展规划及其他专项发展规划,做好产业发展顶层设计,并与"十三五"时期南宁市地区发展规划、城乡规划、土地利用总体规划等有机衔接,产业规划中要明确南宁市新能源产业的产业定位,充分结合南宁市不同县区资源优势、产业基础,谋划具体的产业发展方向和发展路径,细化招商目标和重点项目,明确发展的重点任务和保障措施,从政策、资金、经营、生产、市场等层面制定"南宁市新能源产业发展路线图",将新能源产业真正融入南宁市产业发展"一盘棋"当中。

(二)完善产业配套政策体系,优化产业发展环境

以财政激励、硬性管理办法为突破口,建立健全南宁市新能源产业配套政策体系。一方面,在用好、用活、用透既有优惠政策的基础上,要结合南宁市实际,针对光伏、新能源汽车出台具体的补助政策,明确补贴申请流程、补贴标准及补贴办法,加大对新能源产业的财政支持,充分调动企业、消费者的积极性;另一方面,在已有政策基础上,联合相关部门研究出台如《建筑节能和绿色建筑管理办法》等创新性措施,在诸如可再生能源建筑应用、绿色建筑应用方面明确应用范围、等级和标准,用好"激励政策+硬性措施"这一政策组合拳,合力推动南宁市新能源产业的推广应用。建立新能源重大项目推进机制,充分发挥部门合力打通项目推进过程中的各个关

节，完善协调服务机制，"一企一策"服务企业发展，突出对战略性新兴产业的重点扶持；加大与自治区能源局对接力度，确保落户项目发电指标及时到位。

（三）加强产业市场培育，拉长产业链条

大力开展延链、补链招商。根据各县区不同的产业定位和发展规划，立足各区县的资源禀赋，如马山、上林风力资源丰富，横县、隆安县农业基础较好等资源优势，深入研究产业布局和产业发展方向，加强对新能源产业招商的统筹引导，通过延链、补链承接，开展定向招商。灵活运用市场扶持政策，激发市场需求。加强对本地消费市场特点和规律的分析，研究出台有针对性的税收、财政补贴等方面的优惠政策，灵活运用强制性措施和激励性政策，增强就近消纳的主动性和自觉性。加强宣传和引导，提升消费引导效果。充分发挥政府公信力及引导作用，政府部门应联合新能源企业加大宣传力度，新闻媒体要大力宣传报道新能源开发的新技术、新知识、新成果，扩大宣传范围，如广告宣传、宣传手册、产品展览会、产品体验活动等，注重宣传分布式光伏、光电建筑等新能源产品的节能环保作用，增进消费者对新能源产品及政策的认识、了解，使全社会形成了解新能源、熟悉新能源、应用新能源的浓厚氛围和自觉行动。

（四）培育壮大产业龙头企业，形成梯次发展格局

引导企业围绕细分市场向差异化方向发展，开展产业链横向和纵向结合，选取一批骨干企业集中扶持，培育一批产业链完整、引领行业发展、具有核心竞争力的领军企业和"专精特新"中小企业。在生物质能源产业方面，以广西武鸣皎龙酒精能源有限公司、广西农垦明阳生化集团股份有限公司作为骨干企业，提高沼气和生物燃气产能，做大做强生物燃气产业，支持蓝德环保科技集团在南宁的生物质炼油和发电项目的建设和运营，逐步发展和完善原料种植、生物质燃油、生物质化肥、生物质发电产业链；在光伏产业方面，以项目吸引企业入驻，积极引导华电集团、保利协鑫等国内外大型

企业到南宁市投资建设太阳能光伏发电项目及太阳能配套产业,进一步拉长产业链,使太阳能配套产业成为南宁市新能源产业和经济发展的增长极。在风电产业方面,重点引入国电投、龙源风电、华电等大型企业,鼓励风电企业对已规划的适宜集中大规模开发的风能资源区域进行集中开发,重点扶持集中式风电开发、分散式风电开发以及兆瓦级以上风力发电控制系统、风力发电设备、高效能风机制造等技术研发与产业化,实现风电设备本地化生产。

围绕新能源产业发展的龙头企业和产业基础较好的县(区),开展地企合作。市直各有关单位与驻邕大中型新能源企业、科研院所、金融机构与各县(区)深度对接,不定期举行联席会议,推动上下游企业供需对接、左右链企业协作配套,着力实现产业链、创新链、资金链、政策链有机结合。

(五)实施技术创新工程,打造产业研发平台

以企业为新能源技术集成平台,以示范项目为纽带,鼓励引进新能源产业技术开发研究中心,鼓励新能源企业与国内高等院校及科研机构建立双边或多边技术协作机制,促进产学研结合,鼓励科研机构和高等院校以参股的形式进入企业研究开发中心,建立产学研紧密合作机制;鼓励企业依托科研单位、高等院校的技术人才优势,联合共建行业性工程技术实验室、共性技术研发平台和工程化平台,组织产学研联合开发,为新能源产业发展提供技术支撑。

(六)加强人才培养和引进,建立人才支撑体系

制订实施紧缺新能源产业人才培训行动计划,支持广西大学、南宁职业技术学院等有实力的综合大学、工程技术院校和高等职业技术学院设置新能源学科专业,开设太阳能、风能、生物质能等新能源开发应用及设备制造专业课程,加快培养各类实用技能型人才。鼓励科研机构、企业与高校联合建立新能源科技人才培养基地。设立专项经费实施新能源企业人才培训工程。加大新能源专业技术人才、经营管理人才和技能人才的引进和培养力度。将新能源产业重点发展领域列入南宁市高层次人才、紧缺人才引入范围，完善南宁市引进人才的相关配套优惠政策及实施细则。鼓励引进具有研究基础和技术积累的研究团队，从事科研、教学或创办新能源企业，建立多层次新能源产业人才支撑体系，共同打造产业发展研发平台。

B.20
南宁市闲置厂房招商运营与南宁园区经济发展研究

民建南宁市委会课题组*

摘　要： 标准厂房是南宁市承接外部产业转移、引导内部产业梯度转移、加速新型工业化和产业结构转型的重要载体。但南宁市产业园区标准厂房存在总量过剩、定位不准、结构失衡、招商不畅、运营服务准备不足等问题。文章在调研分析，借鉴贵港、珠海等地成功案例的基础上，提出"控供给、再定位、调结构、促招商、强运营"的相关对策建议，并提出标准厂房招商运营长效机制。

关键词： 闲置厂房　招商运营　南宁园区　经济发展

在国内经济进入新常态的大背景下，标准厂房在产业园区经济发展中充当着重要角色。虽然南宁市标准厂房在当前阶段存在总量过剩、结构失衡、较多闲置等问题，但未来仍是推动南宁市产业园区经济进一步发展的宝贵资源、助力园区经济弯道超车的有力武器。加快开展产业园区闲置标准厂房问题研究，盘活闲置厂房，用好闲置厂房，对南宁市产业园区经济实现倍增跨越发展具有重要意义。

---

* 课题组组长：卢秋凌，民建南宁市委会主任委员；课题组副组长：张国宏，民建南宁市委会议政调研委员会副主任；课题组成员：宾国宇、郑文革、农兰凤、梁勇、韦利婷、宁珑玲、梁祖贤、邓行。

一 南宁市产业园区标准厂房空置现状

截至2017年4月底,全市的七区、五县共建设产业园区12个,加上3个国家级开发区,总共有15个产业园区。南宁市自2014年以来开工建设的标准厂房中,已竣工面积474.7万平方米,空置面积284.5万平方米,总空置率为59.9%,静态消化周期达60个月,具体情况见表1。

表1 南宁市标准厂房竣工、招商、空置情况(2014年至2017年4月底)

序号	区域	已竣工面积（万平方米）	已租售面积（万平方米）	空置面积（万平方米）	租售率（%）	空置率（%）
一	开发区	264	89.3	174.7	33.8	66.2
1	高新区	110.6	31.8	78.8	28.8	71.2
2	经开区	76.7	36.4	40.3	47.5	52.5
3	东盟经开区	76.7	21.1	55.6	27.5	72.5
二	城区	153.2	64.9	88.3	42.4	57.6
1	兴宁区	20.9	7.9	13	37.8	62.2
2	江南区	63.2	11.3	51.9	17.9	82.1
3	青秀区	8	1	7	12.5	87.5
4	西乡塘区	9.6	8	1.6	83.3	16.7
5	邕宁区	14.7	12.5	2.2	85.0	15.0
6	良庆区	13.2	9.4	3.8	71.2	28.8
7	武鸣区	23.6	14.8	8.8	62.7	37.3
三	县域	57.5	36	21.5	62.6	37.4
1	横县	10.2	3.9	6.3	38.2	61.8
2	宾阳县	18.6	8.8	9.8	47.3	52.7
3	上林县	8.7	6	2.7	69.0	31.0
4	马山县	4	3.4	0.6	85.0	15.0
5	隆安县	16	13.9	2.1	86.9	13.1
	合计	474.7	190.2	284.5	40.1	59.9

注:1. 租售率=已租售面积/已竣工面积;
2. 空置率=空置面积/已竣工面积;
3. 静态消化周期=空置面积/2014年至2017年4月底的平均租售面积;2014年至2017年4月底的平均租售面积=已租售面积/40个月。
资料来源:由南宁市范围内国家级开发区、南宁市区县园区管委会提供。

从以上各级产业园区的平均空置率来看，国家级开发区空置率最高占66.2%，城区产业园区次之占57.6%，县域产业园区占37.4%。各级产业园区空置率与竣工面积和产业准入门槛成正相关。国家级开发区竣工量较大且产业准入较严，空置率高于区县产业园区。

二 南宁市产业园区标准厂房空置原因分析

经调研，发现南宁市标准厂房空置原因不仅有总量过剩问题，还存在定位不准、结构失衡、招商不畅、运营服务准备不足等问题。

（一）阶段性总量过剩

1. 阶段性集中供给

2014年至2017年4月底，南宁市规划建设的标准厂房已竣工面积达474.7万平方米。其中，2014～2015年是标准厂房集中供应期，建设面积超过330万平方米，占2014年以来南宁市开工标准厂房已竣工面积的70%。

2. 内外部需求不足

一方面，2014年以来由于国内经济进入新常态，企业向外扩充产能意愿下降，外部需求紧缩；另一方面，南宁市标准厂房招商方向主要围绕战略性主导产业、新兴产业开展，未能重视内部梯度转移的传统产业需求，因此，本土产业、本土企业需求未能在闲置厂房得到充分释放。

由于外部需求紧缩和内部需求被抑制，标准厂房消化速度较为缓慢。南宁市2014年以来建成的标准厂房中，已租售面积仅为190.2万平方米，月平均租售面积约4.755万平方米。根据静态经济测算，消化当前空置面积284.5万平方米需60个月，阶段性供给过剩特征明显。

（二）产业定位不准

1. 产业园定位研究不足，同质化严重

由于时间紧、任务重，标准厂房项目上马仓促，难以进行严谨、充分的市场调研和分析，其定位普遍简单复制所在区域产业定位，区域内的标准厂房招商定位同质化严重。

2.产业定位偏离当前主流产业需求

在努力推动产业转型升级的大背景下，标准厂房产业定位普遍追求"高精尖""高大上"，围绕电子信息、先进装备制造业、生物医药、新一代信息技术产业、节能环保产业等战略性主导产业、新兴产业展开，而在实际招商过程中缺乏整合产业链，难以形成产业集群统筹共享理念，使得在如何处理高端产业与传统产业、大企业与中小企业、加工制造业与生产性服务业的关系时模糊不清。

（三）物业产品结构不合理

标准厂房产业定位偏离市场需求，导致产品结构不合理，可用性差。不仅使得标准厂房难以承接外地产业转移，且与本地产业梯度转移需求不符。

1.外部产业转移承接乏力

承接外部产业转移不仅需要资金、人才、政策、环境等园区要素，而且需要有针对特定产业的相应产品配置。南宁市标准厂房规模普遍在30~100亩，规模不大，产品结构单一，对拟招产业的针对性需要考虑不够，承接外部产业转移乏力。

2.承接本地产业梯度转移不便

随着区域产业升级和城镇化快速发展，南宁市"退城入园""退市入县"等内部产业梯度转移需求逐渐增大，本该成为消化闲置厂房有力支撑点，但南宁市内部梯度转移中小企业结构与标准厂房"高精尖"产业定位存在较大错位，加上产业梯度转移引导不足，转移无序造成产业分散，无法形成新的产业集聚。

（四）招商关键环节不畅

南宁市标准厂房招商关键环节不畅主要包括招商政策、园区要素竞争力、配套政策和招商组织四个方面。

1. 招商政策协同性差，同质化竞争大

一方面，由于南宁市园区标准厂房产业结构趋同，各级园区在招商过程中有"互挖企业"现象，陷于相互比对优惠政策和廉价租金的同质化竞争格局中；另一方面，政府平台开发的标准厂房在招商政策灵活性、资金运用等方面皆优于民营开发的标准厂房，在招商过程中出现不对称竞争。

2. 园区要素竞争力弱，招商吸引力不足

一是园区基础设施建设滞后。由于园区基础设施建设融资渠道狭窄，对政府投入依赖性较强，没有形成商业化开发、多元化投入发展的良性循环；二是园区公共配套设施不足。大部分园区公共配套设施仍处在满足"吃住行"初级阶段，有规模的生活性服务设施、休闲娱乐设施、购物中心等较少，在区位较为偏远的区、县园区，公共配套设施缺失更为明显；三是专业人力资源缺乏。不仅高科技专业人才和经营管理人才难以引入，而且专业的产业工人缺口大，需要大量产业工人的大型生产企业仍存在较大的招工难问题。

3. 配套政策不够完善，办证、按揭、补贴难

一是项目办证难。标准厂房按《南宁市人民政府办公厅关于规范标准厂房销售管理的若干意见》（南府办〔2015〕9号）相关规定实行现房销售或预售，现销或预售办理条件及程序按照城市商品房现售或预售管理办法的有关规定执行，但标准厂房与商品房销售管理仍存在不同，照搬商品房销售管理办法，因制度与实操存在矛盾，影响办证效率。二是企业融资难。目前尚未出台标准厂房相应的配套按揭贷款政策，当前针对购买标准厂房的企业发放按揭贷款银行较少，且按揭贷款利率和还款年限无适用标准，主要通过双方商定，可商议空间较大，谈判周期长。三是租购补贴门槛较高，中小企业难受惠获益。中小企业租赁、购置标准厂房补贴门槛较高，使得政府出台的补助政策难以让急需租售补贴使用的中小企业真正获益和得到实惠。

4. 招商组织不力，招商效率不高

从招商主体上来讲，一方面，专业的园区开发商少，全程开发运营缺乏产业化思维。园区开发建设主要以产业为导向，要求开发主体具备产业

研究、产业规划、招商运营服务等专业技能。南宁市产业园发展处在初级阶段，专业的园区开发商少，一些开发主体欠缺产业认知与产业招商的相关经验，导致招商效率不高。另一方面，政府平台开发项目，结合市场化招商难。虽然已出台了《关于印发广西招商引资激励暂行办法的通知》（桂政发〔2016〕28号）等相关文件，鼓励园区招商模式从政府主导向政府与市场化招商相结合转变，但在实际执行过程中政策落地较难，存在客户界定不清、市场化招商奖励难以兑现等实际问题，导致社会力量参与招商积极性不高。

从信息化招商看，缺乏招商统筹平台，信息不对称造成资源闲置或浪费。南宁市标准厂房招商缺乏统筹的招商运营信息大数据平台，政府和企业资源未得到最大限度的运用。建立具有权威性和影响力的信息平台，整合匹配企业与标准厂房产品，充分运用互联网与大数据共享的现代化手段，建立系统、高效、数字化的信息服务平台，实现网络化、专业化、精准化招商是非常必要的。

（五）园区运营服务准备不足

园区运营服务水平是构成园区竞争力的"软实力"，国内先进园区已进入"服务驱动"阶段，已由1.0基础的物业服务、2.0政务服务、3.0孵化创新服务延伸至4.0产业链关键共性技术与设备共享服务（见专栏1），形成了完整的园区运营服务体系。而南宁市标准厂房除（高新区）中盟科技园、（邕宁区）中盟产业园、南宁创客城、华尔街工谷、力海综合产业园等个别项目建立或引进园区专业运营团队，提供公共采购平台、创业孵化等多样化运营服务外，大部分项目运营服务基本仅提供物业服务，有些项目甚至连基础的物业服务质量都难以保障。

专栏1 园区运营服务升级换代

1.0园区运营服务：主要包括保洁、水电、维修、环卫等基础物业管理服务。

2.0园区运营服务：在1.0物业管理服务基础上增加政务服务。

3.0园区运营服务：在2.0物业管理服务基础上增加技术、金融、信息、孵化、创新、创业等服务。

4.0园区运营服务：在3.0物业管理服务基础上增加产业关键共性技术共享服务与产业关键共性设备共享服务，促进"技术链、创新链、产业链"三链融合，引导产业集聚发展。

三 加快推动闲置厂房招商运营对策与建议

针对南宁市产业园区标准厂房存在"阶段性总量过剩、定位不准、结构失衡、招商不畅、运营服务准备不足"等问题，提出"控供给、再定位、调结构、促招商、强运营"的相关对策建议，并提出标准厂房招商运营长效机制。

（一）加强组织领导，强化考核督查，推进标准厂房去库存

1.强化组织领导

党委、政府要树立"去标准厂房库存，集约利用土地协调共享"理念，高度重视标准厂房建设、招商、运营工作。借鉴贵港经验做法（见专栏2），下功夫狠抓南宁市产业园区标准厂房去库存工作。发挥南宁市产业园区工作领导小组作用，制定出台各园区"去标准厂房库存工作方案"，各园区管委会对标准厂房相关工作负主体责任，园区所属县、区级人民政府负领导责任，市直各部门根据职能目标分解各负其责。园区"一把手"亲自负责抓好园区要素优化，园区基础设施建设，存量标准厂房规划调整、招商、运营与新标准厂房规划、建设等工作，切实解决标准厂房建设、招商、运营中遇到的困难和问题。

2.强化考核督查

严格考核问责机制，将标准厂房招商、运营相关指标纳入绩效考核体

系，并加强相关工作督查问责，强化考核评估。同时，完善招商运营激励机制，最大限度调动政府、企业和社会各方在推进标准厂房招商、运营工作中的积极性和主动性，推进标准厂房去库存。

专栏2 贵港市加强组织领导、强化考核推进招商工作的成功经验

围绕实施"招大商，大招商"活动，贵港市坚持抓"早"抓"实"，精心谋划，重力推进。大力实施招商引资"8084"工作机制，即将招商引资任务与责任分解落实80个党政部门、8个专业招商小分队、4个长期驻点招商工作站，形成了强有力的领导体系和工作体系，确保各招商主体共同承担任务指标，共同承担工作责任，共同接受奖惩。市委市政府把招商引资列为"一把手"工程，并作为年终绩效考评的重要内容。通过坚持高层推动，助力招商。书记、市长在一线招商引项目，创下了短期内谈成华奥、赛尔康、贝丰国际等多个重大项目的"贵港速度"。各县市区和各部门的主要领导也都披挂上阵，纷纷带队主动"走出去、请进来"，创新思路谈项目，想尽办法服务好项目。

（二）管好标准厂房供给侧，结合市场需求，推进标准厂房去库存

截至2017年4月底，南宁市2014年以来开工的标准厂房规划面积为637.1万平方米，仍有162.4万平方米未建设完成，占规划建设面积的25.5%，具体情况见表2。

表2 南宁市标准厂房规划建设、已竣工、未建设面积（2014年至2017年4月底）

序号	区 域	规划建设面积(万平方米)	已建设面积(万平方米)	未建设面积(万平方米)
一	开发区	296.2	264	32.2
1	高新区	122.3	110.6	11.7
2	经开区	76.7	76.7	0
3	东盟经开区	97.2	76.7	20.5
二	城 区	276.9	153.2	123.7
1	兴宁区	20.9	20.9	0

续表

序号	区 域	规划建设面积(万平方米)	已建设面积(万平方米)	未建设面积(万平方米)
2	江南区	105.3	63.2	42.1
3	青秀区	8	8	0
4	西乡塘区	27	9.6	17.4
5	邕宁区	26	14.7	11.3
6	良庆区	22.7	13.2	9.5
7	武鸣区	67	23.6	43.4
三	县 域	64	57.5	6.5
1	横县	10.2	10.2	0
2	宾阳县	18.6	18.6	0
3	上林县	8.7	8.7	0
4	马山县	4	4	0
5	隆安县	22.5	16	6.5
合 计		637.1	474.7	162.4

资料来源：由南宁市范围内国家级开发区、南宁市区县园区管委会提供。

由表1、表2可知，已建设面积中空置面积284.5万平方米，加上未建设面积162.4万平方米，共446.9万平方米，加上今后新增的工业用地，将进一步加大南宁市标准厂房供应量，如何增加切实符合本市产业转型升级发展需要的园区物业，管好标准厂房供给迫在眉睫。

建议根据市场需求和资源条件，管好区域标准厂房库存产品的供给类型。目前，南宁市标准厂房主要供给三种物业类型：（1）面向加工生产的多层标准厂房；（2）面向生产研发的研发写字楼；（3）面向企业总部办公的独栋企业墅。对当前消化周期在36个月以上的物业类型，暂缓未报建项目该物业类型供给和供地；对当前消化周期在12~36个月的物业类型，减少未报建项目该物业类型供给和供地；对当前消化周期在12个月以下的，增加和鼓励未报建项目的该物业类型供给和供地。

（三）按需优化产业定位，适应市场需求，推进标准厂房去库存

1. 优化标准厂房产业定位，避免同城盲目竞争

依托专业机构或专家力量，通过深入的市场调研，依托区域产业基础，

立足经济新常态下的市场需求,对标准厂房进行产业重新再定位与产业二次招商路径设计。按需优化南宁市产业定位,错位发展,突出园区的特色,避免县区和开发区无序、盲目竞争。可参照贵港做法,一方面,聘请专业第三方机构进行园区定位与规划,保障园区规划专业性与科学性;另一方面,由南宁市产业园区工作领导小组统筹各园区规划,每个园区规划主导产业不超过3个,且彼此间差异定位,从源头上规避内部盲目竞争。

2.适当调整准入口径和物业用途,加快去库存进程

根据新的产业再定位与招商路径,及时并适当调整标准厂房准入口径和物业用途。

适度调整主导产业准入比例,放宽产业准入。根据市场实际情况,适当降低主导产业准入比例,放宽准入,降低门槛,结合南宁市现代服务业集聚区发展等新机遇,实现标准厂房首次招商。后期根据市场形势变化,通过二次招商促进产业转型升级。

适当调整标准厂房物业用途,适应市场需求。根据市场需求,经相关部门审批,允许园区改变部分物业用途。一是"工改配"。允许将其配套建设后期的项目做调整,将现有部分闲置厂房改造成所需配套设施。为了避免出现"工改商"倾向,可制定相应约束条件。可参照珠海做法(见专栏3),如规定其改造后的新型产业用房所配套设施包括商业、餐饮、员工宿舍等建筑面积不得超过总建筑面积的20%或对临时改变用途给予一定的过渡期限。二是"工改产"。允许产城融合度较高项目,将闲置标准厂房改造成孵化器、众创空间等创新型产业用房,以适应创业创新为特征的新兴产业需求,为创业企业、中小企业转型升级提供合适的载体,营造"双创"环境。

专栏3　珠海香洲区旧工业区更新改造先进做法

为优化城市空间结构和产业布局,加快推进香洲区旧工业区升级改造,促进节约集约用地,香洲区政府制定《关于加快推进香洲区旧工业区更新改造的若干意见》,对旧工业区更新改造发布相应政策。

一是鼓励"工改产"。引导和支持创新要素向企业集聚,搭建公共技术

平台，完善基础配套设施，改善公共空间环境，积极发展与生产密切相关的新型产业。新型产业用房的配套设施（商业、餐饮、员工宿舍等）建筑面积占总建筑面积的比例原则上不应超过20%，具体比例根据用地规划设计条件及土地出让合同执行。

二是引导临时改变建筑使用功能向其他类型更新平稳过渡。临时改变旧工业建筑使用功能项目，以国有土地使用权证登记的宗地或整栋为单位实施，并给予不超过4年的过渡期，申报、审批和续期按照珠海市城市更新项目申报审批程序的规定执行。过渡期满后，可按以下方式进行处置。

（1）符合控规的，应当按照改建类更新申报审批程序并实施改建类更新；

（2）具备拆建更新条件的，可按照拆建类更新申报审批程序并实施拆建更新；

（3）仍符合临时改变旧工业建筑使用功能更新有关政策，需要继续维持临时改变建筑使用功能的，应当按照临时改变旧工业建筑使用功能更新有关规定申请续期。

（四）及时调整供需结构，引导本地产业转移，推进标准厂房去库存

针对存量厂房区位、产品特征和产业定位，结合本地转移企业需求，制订市内产业转移规划，有序引导市内产业梯度转移，盘活本地企业转移需求，加快标准厂房去库存步伐。

盘点转移企业情况，监控企业转移动态。结合南宁市旧城改造、重点项目建设等征地拆迁工作，联合拆迁部门，盘点了解和梳理当前本地企业转移数量、类型，收集企业对转移物业的要求，建立本地产业转移动态数据库。编制市内产业转移规划，引导企业有序"退城入园"。

针对产业转移类型，制定专项政策。一是制定"退城入园"相应奖补政策，鼓励城市内或被征地工业企业、生产性服务业"退城入园"；二是出台相应奖补政策，鼓励传统工业企业往产城融合度较低区域的郊区、县城产

业园区转移。

成立产业转移促进工作小组，落实转移引导安置工作。由分管副市长挂帅，联合有关部门，成立产业转移促进工作小组，对本地产业转移情况，开展调研摸底、盘点梳理、监控动态，制定、出台、落实相关政策，做好本地企业转移服务，有效引导企业进驻园区标准厂房集中发展，优化园区产业布局，形成产业集群。

（五）厘清招商障碍，促进招商组织实施，推进标准厂房去库存

1. 提高招商协同性，避免同质化竞争

探讨区域一体化发展的跨城区设计与协调招商机制。对资源禀赋、要素条件相同、区位相近的城区，在招商定位和政策上，由市一级政府部门负责统筹产业布局、功能区规划、招商政策等方面的管理与协调，建议在各个园区之间构建分工、互补的产业格局，统一招商政策，引导其差异化发展，打破原有的园区各自为政的局面。

健全引导企业专业化再入园发展机制。盘点已入园的企业，凡是与再定位的园区产业准入不符，或者对其他城区的园区主导产业有影响的企业都要有计划、有步骤地向所匹配的园区转移，推进园区专业化、特色化、集约化发展。通过园区再定位和产业二次招商来实现产业重整升级，推动标准厂房去库存。

2. 提升园区要素竞争力，加强园区基础设施配套建设

完善园区基础设施。通过PPP模式和设立基础设施建设基金，结合市场化力量，推动开发主体多元化，投融资主体多元化，使政府型投融资模式与市场化投融资模式并存。政府要制定鼓励和引导产业园区市场化运作的政策，加快完善产业园区供电、供水、供气、道路、环保、通信、消防等基础设施。

加快园区公共配套建设。注重产城融合，以"社区化思维"进行园区公共配套规划与建设，建立居住细胞—邻里中心—综合片区三级生态社区模式，打造"5分钟生活工作圈"，提升园区生活配套水平。园区公共配套社

区化,应根据各园区基础和条件进行前瞻性的规划并有计划地建设以下配套设施:(1)餐饮、超市、美容美发等生活性服务设施,满足员工基本需求;(2)配套住宅、社区医院等福利设施,满足员工的居住安全需求;(3)学校、图书馆、博物馆、音乐厅、歌剧院等文化设施,满足员工文化教育需求;(4)购物中心、游乐园、电影院、健身中心等娱乐设施,满足员工休闲娱乐需求;(5)咖啡厅、茶馆、酒吧等社交设施,满足员工社交需求。

培育、吸引和留住园区人才。一是要适应园区转型升级对人才的新需求和新生代农民工的新特点,鼓励产业园区采取"政府主导、市场运作"的方式,建设一批集人才公寓、新市民公寓等为一体的新型社区,把新市民公寓同保障房建设结合起来,配套建设生活服务设施,留住人才,聚集人气。二是要加强园区用工精准服务。创新用工培训机制,在巩固产业园区职业技能提升培训的基础上,建立自治区职业技术院校与产业园区对接培养机制,引导职业院校毕业生到南宁市园区企业就业创业。三是出台引进高层次技术人才和管理人才入园政策。对引进高层次人才的企业和人才给予住房、子女入学等补贴奖励。

3. 完善相关配套政策

成立园区股权投资基金。设立"政府引导,撬动社会资本"的股权投资基金,由政府承担小部分引导资金担保,专业基金公司运作,撬动大部分的社会资本,为产业园区具有发展潜力的中小企业提供股权融资服务,解决标准厂房企业融资难问题。

简化办证流程。帮助协调市规划、国土、住建等政府有关职能部门,对办证存在的问题进行专题研究,提出有针对性的解决方案,集中分批次解决办证手续问题,精简办证流程,缩短办证周期,提高办证效率。

制定贷款政策。协调政府有关职能部门和银行相关机构,出台标准厂房按揭贷款的专项政策,明确按揭贷款利率、还款年限等适用标准,优化相关办理流程,使企业愿意使用、方便使用按揭贷款,吸引中小企业入驻产业园区。

落实奖补政策。研究并明确《关于鼓励建设和使用标准厂房的指导意见》中补助政策的有效期限，针对现有标准厂房去库存问题出台相应奖补替代政策。通过适当提升补助额度、合理调整奖补办法等做法，使奖补适当惠及中小企业，切实落实奖补政策，降低入园企业启动成本，鼓励企业尤其是中小企业租赁或购买标准厂房。

4. 加强招商工作组织实施，整合市场招商专业力量

鼓励开发方与市场招商力量结合。发挥开发方自身招商力量，积极拓展渠道、创新招商方式。鼓励开发方以委托招商或顾问招商等形式，充分整合市场招商力量，提升招商效果。可参照合肥瑶海都市科技工业园做法（见专栏4），鼓励政府、园区开发企业与专业产业园招商企业进行三方合作，充分发挥市场招商专业力量。

专栏4　合肥瑶海都市科技园结合市场化招商的经验

2016年11月，合肥工投工业科技发展有限公司、瑶海区政府、亿达科技新城管理有限公司正式签订《瑶海都市科技工业园招商运营合作协议》，将招商引资服务外包给第三方专业公司——亿达科技新城管理有限公司，与第三方共同搭建专业化全球招商平台，形成政府主导建设、市场主导招商的模式。

其中，合肥工业科技发展有限公司依托强大的资金、人才、政策扶持优势，主要负责工业标准化厂房开发；而亿达科技新城管理有限公司则为瑶海区政府提供产业咨询规划与全程招商运营服务。

2017年3月，亿达科技新城管理有限公司与合肥市瑶海区政府、合肥市招商局共同举办亿达中国2017年领军企业高峰论坛暨合肥（瑶海）招商推介会，吸引了小米科技、美团点评、滴滴出行、德国SAP、德国博世等国内外近200家服务外包企业，近400名企业家参会共同出席了瑶海区招商推介会，并实地考察瑶海区。

亿达集团简介：亿达科技新城管理有限公司为亿达集团旗下子公司。亿达集团是中国领先的商务园区运营商，运营的商务园区主要包括软件园区与科技园区两个系列。自1998年起，亿达在全国开发、运营了大连软件园、

大连生态科技创新城、武汉软件新城、苏州高新软件园等二十几个知名的软件园和科技园项目，在大规模、高质量软件园区与科技园区开发运营方面积累了丰富的经验，凝聚了众多包括世界500强企业在内的企业客户和合作伙伴，形成了成熟的运营体系和商业模式。

实施政府招商与市场化招商相结合。根据中央《关于促进开发区改革和创新发展的若干意见》和《广西招商引资激励暂行办法》，研究相关细则，切实落实政府招商与市场化招商相结合。建立市场化招商资源信息数据库，采用招商渠道管理系统、客户管理系统、佣金兑现系统等信息化手段，解决客户界定不清和招商奖励兑现难等问题，推动政府招商和市场化招商落地落实，实现政府、企业、社会多方共赢。

建立统一大数据招商共享平台，实现精准、高效招商。建议由市工信委结合各县（区）、开发区标准厂房建设的实际情况，委托专业机构，建立南宁市产业园区招商运营服务大数据共享平台，完善招商信息资料库、招商项目库、行业资料库，通过信息化手段与大数据平台，有效连接"产品端"和"企业端"，高效匹配供需两端，实现"线上园区展示""线上企业咨询""线下企业服务"一条龙的招商服务链条，打破单一园区招商壁垒，打造精准推荐、专业服务、高效招商的大数据招商运营共享平台，统筹协调和加大指导推介力度，互通招商信息，并根据平台管控标准厂房消化情况，指导标准厂房投资开发建设进度，有效精准地促进标准厂房去库存。

5. 提高招商服务水平，加强项目跟踪服务，提升招商软环境

以企业需求为导向，完善招商服务体系。围绕企业需求，为企业提供更加专业化、更有深度的服务。在现有的政务服务体系基础上，构建涵盖项目招商阶段、项目落地阶段、项目运营阶段全方位服务体系，提供招商咨询、项目报建、优惠政策申请、产品注册申请、投融资服务、企业其他服务链接等一系列专业化服务。可参照南宁经开区做法，成立秘书公司，以此为载体连接专业服务。

建立服务长效机制，做好项目跟踪服务。一是建立服务长效机制，提高

服务水平。通过建立招商领导小组联席会议制度,企业意见"直通车"机制,集中办公、现场办公机制,服务捆绑机制,督查考核机制等一系列工作机制,从制度上保障企业服务实施。可参照贵港市做法(见专栏5)。二是优化规范项目落地流程。梳理项目审批中土地、环评等重点环节,缩短项目落地时限,实现审批环节提速提效。

专栏5 贵港市提升招商服务水平的经验做法

按照"企业需要什么就帮助解决什么"的总体要求,贵港市通过建立完善园区企业跟踪服务机制,减少中间环节和不必要的程序,形成企业与园区之间双向互动的长效机制,进而深入推进服务质量,不断提高园区服务效能和水平,具体做法如下。

(1)建立企业意见直达机制。实行园区人员联系重点企业制度,向重点企业发放"重点企业跟踪服务联系卡",告知园区联系企业人员的姓名、职务、联系方式及服务监督电话,联系责任人要经常走访企业,提供政策咨询和现场指导服务。开通"企业跟踪服务"热线,接受企业意见建议、反馈办理情况,确保企业的困难和问题能够及时反馈上来。

(2)建立集中办公、现场办公机制。实行规模以上企业办理事项周报制度,每周要向园区管委会汇总上报所辖重点企业需要解决的问题或办理的事项,并明确具体解决方案及完成时限。针对企业存在的同类困难和问题,以分园为单位,采取集中办公或现场办公的方式研究解决;对涉及整个园区范围内的共性问题,或需要在全市范围内予以解决的,由市委、市政府出面研究解决;对于重大或紧急问题,要采取"特事特办"的办法,及时予以解决。按照市"企业服务年"活动要求,各组每季度至少要集中办公或现场办公一次,切实为企业解决问题。

(3)建立捆绑机制。建立园区管委会、科室、公司三级捆绑服务机制。市政府确定的47家规模以上企业,都是园区重点跟踪服务的范围,实行园区分管领导进行重点跟踪服务。另外103家规模以下企业,由科室干部或公司领导实行责任跟踪、全程服务的捆绑机制。

（4）建立督查考核机制。园区纪工委对重点企业跟踪服务工作负有指导、督查、暗访和考核的责任。实行重点企业跟踪服务工作季度通报制度，及时指导、督促各地开展工作。园区纪工委将定期派出督查组掌握各组开展情况，暗访各组服务质量，深入园区企业，加大督查暗访力度，确保各项政策措施落到实处。

（六）探索多元化招商运营模式，提升园区服务专业水平，推进标准厂房去库存

去标准厂房库存，消化闲置厂房关键在招商，而园区长效价值在于运营与服务，是否能"引凤"成功，甚至"留凤"成功，在更大程度上取决于后期的运营模式，以及对入驻企业的服务水平。

实行以奖代补的市场化招商运营机制。实行"先干后补、多干多补、不干不补"以奖代补的激励机制，多元化引进第三方专业招商运营机构，在招商运营机构取得一定招商效果，为当地增加了产值和税收后，主管部门按税收额实行分档奖励。

加快推进园区专业运营服务平台建设。一是组织开展园区之间关于运营服务的学习交流活动，促进现有的园区运营平台提升服务意识与服务水平；二是鼓励引导专业公司进入园区运营服务领域，通过市场化筹建专业团队，打造专业的园区运营服务平台；三是学习国内先进地区先进经验，充分利用具有权威性和影响力的全市统一的产业园区招商运营服务大数据共享平台，为入园企业提供标准厂房一站式运营服务，以提升招商运营服务的效率与质量。

（七）探索标准厂房招商运营长效机制，促进南宁园区经济倍增发展

建议由市工信委、市投促局、市工商联、民建市委会、各园区管委会牵头，联合专业的园区招商运营公司成立南宁市产业园区标准厂房研究顾问小组，探讨标准厂房招商运营长效机制。

1. 动态跟踪标准厂房招商运营，实时建言献策

建立市场监测机制，通过全市标准厂房大数据共享平台实施动态跟踪标准厂房招商情况，对标准厂房招商中遇到的具体问题进行专题研究，及时提出切实可行的政策指导意见。

2. 研究南宁市园区经济实现弯道超车的有效措施

开展存量标准厂房内外部环境研究。结合市政府的园区经济倍增计划工作目标任务，抓住南宁市现代服务业集聚区战略布局新机遇，深入挖掘和研究分析标准厂房使用价值，出台有效解决闲置标准厂房去库存方案，为推进南宁现代服务业集聚区建设，促进园区经济倍增发展献计出力。

科学有效地开展南宁市外部、内部产业转移研究。立足内外部产业转移需求，推行"预约式""订单式"标准厂房建设模式，科学设计适合南宁市需求和产业发展的标准厂房，为项目"量体裁衣"，科学有效地提高标准厂房使用性。

开展先进地区先进园区案例研究。监测外省先进地区闲置厂房招商运营存在的问题和解决措施，研究适于南宁市产业园区建设的先进经验，不断优化南宁市园区相关规划，为园区今后科学发展探寻方向，供党委政府决策参考。

B.21
新时期南宁市提升县域经济发展水平研究

南宁市委政研室（改革办）课题组*

摘　要： 党的十九大对乡村振兴战略做出了全面部署，县域是实施乡村振兴战略的主战场。近年来，南宁市县域经济发展取得了一定成效，为推动全市经济发展做出了贡献。但与全市、全区发展态势相比，县域经济发展水平仍相对滞后。针对县域经济总量小、产业发展瓶颈、基础设施薄弱、城镇化进程缓慢、财力薄弱、扶贫攻坚任务重、对外开放不够等突出问题，文章提出进一步加强产业规划、加大投入、强力推进新型城镇化、创新财政管理、全力推进脱贫攻坚、深入推进改革开放等措施，实现加快南宁市县域经济发展，推动县域经济争先进位，增强首府引领带动作用。

关键词： 南宁市　县域　经济发展

党的十九大对乡村振兴战略做出了全面部署，县域是实施乡村振兴战略的主战场。习近平总书记指出，"县一级处在承上启下的关键环节，是发展经济、保障民生、维护稳定、促进国家长治久安的重要基础。"近年来，南宁市县域经济发展取得了一定成效，为推动全市经济发展做出了贡献。但是

---

* 课题组组长：赵雄鹰，南宁市委政研室（改革办）副主任；课题组副组长：梁智忠，南宁市委政研室（改革办）副主任；课题组成员：许候境、王雪琼。

与全市、全区发展态势相比，县域经济发展水平仍相对滞后。如何增强县域经济实力、推动县域经济争先进位，是摆在我们面前的重要课题。近期，市委政研室深入县区开展调研，客观分析县域经济发展现状，提出了加快南宁县域经济发展、推动县域经济争先进位的对策建议。

一 南宁市县域经济争先进位已有基础

南宁市县域包含横县、宾阳县、上林县、马山县、隆安县、邕宁区、武鸣区，共5县2区，人口489.23万人，面积1.68万平方公里。南宁市县域经济历经十几年发展，取得了较好的成绩。

（一）县域经济规模不断扩大

2016年，南宁市5县2区（以下简称"县域"）GDP实现1053.52亿元，其中GDP超过200亿元的县（区）有3个，横县位居全区第三。完成县域财政收入74.87亿元，横县、宾阳县、邕宁区、武鸣区等4个县（区）财政收入超10亿元。县域固定资产投资完成995.92亿元，横县、宾阳县投资额超200亿元。

（二）三次产业平稳发展

2016年，县域经济三次产业结构为27.34∶36.43∶36.13。其中，第一产业增加值为288.02亿元，占全市的71.9%；工业增加值为191.93亿元，占全市的18.05%；服务业增加值为380.67亿元，占全市的20.3%。武鸣区和横县工业基础较好，工业占GDP的比重分别为45.84%、40.32%。

（三）城乡建设持续推进

2016年全市城镇化率为60.23%，各县市政垃圾处理站、照明路灯等公共设施不断完善。宾阳县黎塘镇等特色名镇加快建设。全市各县（区）创建市（县）级以上示范区38个，获自治区认定现代特色农业（核心）示范区累计达10个，邕宁区和120个贫困村顺利摘帽，12.8万贫困人口实现脱贫。

（四）居民生活不断改善

2016年，县域城镇居民人均可支配收入26777.57元、农村居民人均纯收入10858元，分别低于全市城镇居民人均可支配收入、农村居民人均纯收入3950元、540元。其中邕宁区、武鸣区、宾阳县、横县4个县（区）农民人均纯收入突破10000元，高于全市、全区平均水平。随着居民收入的持续增长，居民生活条件得到改善，消费水平不断提高。2016年，县域社会消费品零售总额为354.28亿元，县域消费市场规模继续扩大。

二 客观看待南宁市县域经济存在的主要问题

南宁市县域经济虽然取得很大的发展，但与全市发展水平相比，与区内先进县区相比，仍存在一定差距，面临的问题和矛盾较为突出。

（一）县域经济总体实力不够大

2016年县域GDP仅占全市GDP的28.45%，与县域人口占全市65.08%、面积占全市75.95%的比例相比，县域经济规模偏小且呈现不断下滑趋势（见图1）。全市经济总量最大的县域——横县与排在全国百强县第100名的广东省惠东县相差333.23亿元（国家工信部赛迪县域经济研究中心榜单）。

（二）产业层次不够高

县域经济产业结构三次产业比例从2004年的41∶30.6∶28.4变化到2016年的27.34∶36.43∶36.13（见图2），工业支撑作用逐步增强，但"农业大县、工业小县、服务业弱县"格局仍然没有显著改变。

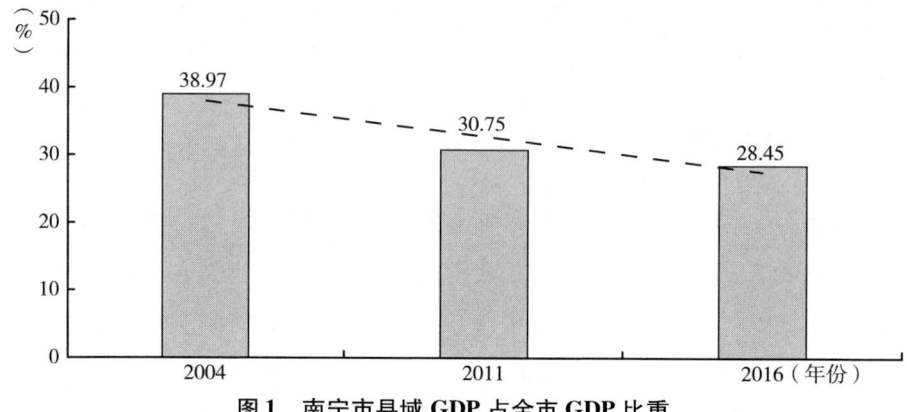

图 1　南宁市县域 GDP 占全市 GDP 比重

资料来源：根据南宁市统计局提供的数据整理计算。

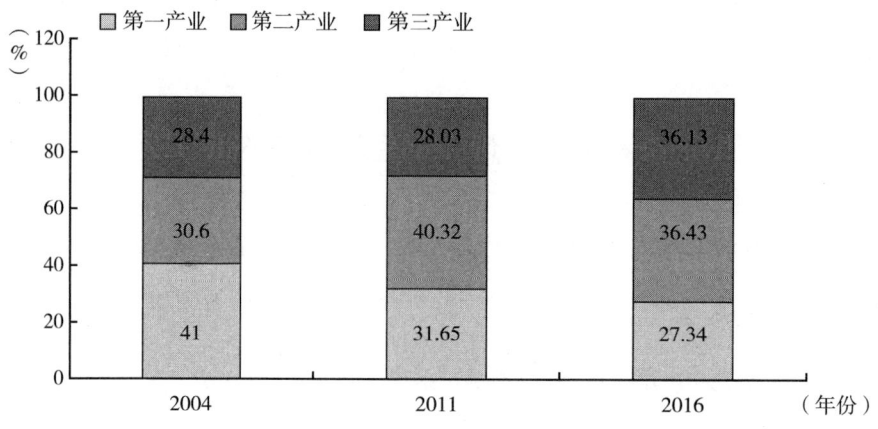

图 2　2004 年、2011 年、2016 年县域产业结构变化情况

资料来源：根据南宁市统计局提供的数据整理计算。

（三）县级财力不够强

2016 年县域财政总收入仅占全市的 12.2%。其中，马山县、上林县、隆安县财政总收入均低于 5 亿元。县域可用财力十分有限，财政保运转压力大（见图 3）。

（四）城镇集聚作用不够明显

2016 年，全市县域城镇化率仅为 39.7%，分别比全市、全区平均水平

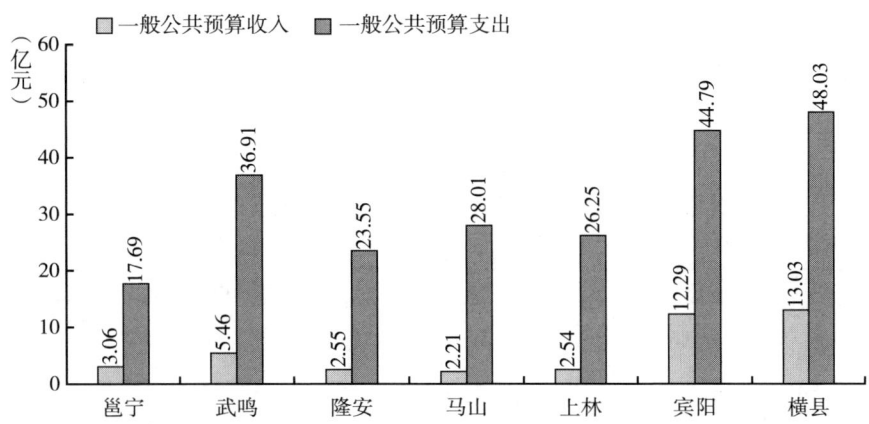

图3 2016年南宁市县域财政公共预算收支情况

资料来源：根据南宁市统计局提供的数据整理计算。

低20.5个和8.3个百分点。各县区之间发展不平衡（见图4）。县域基础建设相对薄弱，公共配套设施缺乏，集聚人口与产业的能力偏弱。

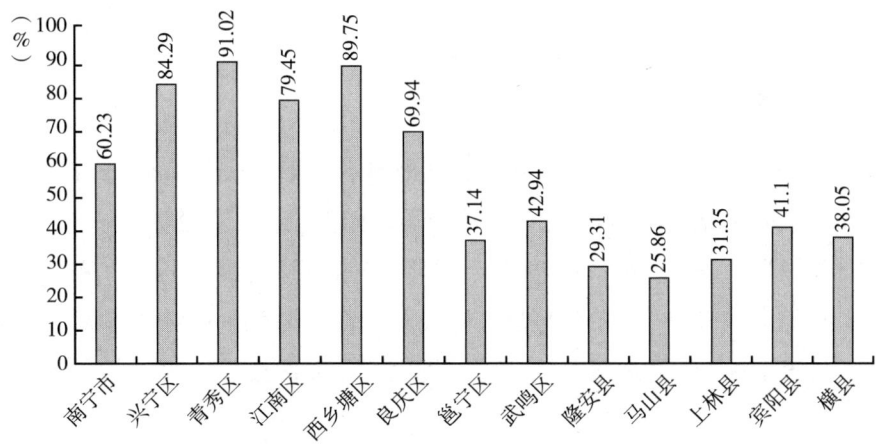

图4 2016年南宁市县区城镇化率情况

资料来源：根据南宁市统计局提供的数据整理计算。

（五）县域发展不平衡

2016年县域GDP最大的武鸣区为324.3亿元，比排位居后的隆安县、马山县、上林县、邕宁区4个县（区）GDP总和还大；财政收入最大的横县，2016年财政收入18.38亿元，比排位居后的隆安县、马山县、上林县3个县财政收入总和多6.41亿元（见表1）。

表1　2016年南宁市县域经济各县区主要经济指标对比

单位：亿元，%

名称	地区生产总值		财政收入		固定资产投资		规模以上工业增加值		社会消费品零售总额	
	总量	增速	总量	增速	总量	增速	总量	增速	总量	增速
全市	3703.39	7	613.83	7.22	3824.73	13.6	1028.55	5.70	1980.36	10.84
横县	278.47	6	18.38	0.52	245.77	12.63	79.76	0.70	92.94	10.88
宾阳县	203.33	8.3	17.44	1.15	244.23	13.65	36.45	3.20	103.04	10.85
上林县	53.26	2.5	4.05	-10.08	41.66	-26.14	4.87	-18.1	19.99	9.60
马山县	50.81	5	3.34	0.04	38.10	10.8	2.78	-1.00	23.04	9.60
隆安县	66.23	3.7	4.58	-16.88	53.48	-22.08	9.39	-7.20	19.18	10.00
邕宁区	77.12	9.8	12.84	25.09	176.18	37.36	7.22	20.80	20.56	10.30
武鸣区	324.30	8.9	10.5	6.73	199.39	13.74	51.46	-7.21	75.84	10.15

资料来源：根据南宁市统计局提供的数据整理计算。

（六）制约因素比较突出

经济发展基础薄弱，各类设施建设相对落后，交通不便。截至2016年底，南宁市县域中仍有3个贫困县和28.94万名贫困人口，打赢脱贫攻坚战和实现县域加快发展任务重。受"虹吸效应"影响，资源、土地、资金、人才等要素从县域流向城市中心区的趋势越来越大。推动县域发展的某些体制机制不够灵活，考核体制机制不够完善等，都在不同程度上制约县域经济发展。

三　南宁市县域争先进位与自治区、全国百强县的差距

（一）重点开发县区与全区排位前五位对比

邕宁区和横县属自治区重点开发县区。从2016年综合评定情况看（以下分析均为2016年数据），邕宁区、横县在同类28个县区中分别排在第6

位、第15位，各考核指标与名列前茅的北流市、鹿寨县相比，邕宁区除"农业及示范区建设"指标稍占优势外，其余各项指标均不突出，尤其是"城乡发展"指标排名靠后；横县各项指标得分均较低，差距不小，赶超的压力比较大（见表2）。

表2 2016年广西部分县域重点开发区主要考核指标对比

单位：分

县(市、区)	总分(100分)		一．经济发展与结构优化(35分)		二．农业及示范区建设(13分)		三．工业及园区发展(20分)		四．服务业及特色旅游发展(20分)		五．城乡发展(15分)		六．生态建设及环境保护(7分)	
	得分	排名	得分	排名	得分	排名	得分	排名	得分	排名	得分	排名	得分	排名
北流市	84.97	1	29.71	1	10.32	5	18.45	4	5.09	7	14.70	1	6.70	4
鹿寨县	82.88	2	28.80	11	11.38	2	18.45	5	6.33	5	12.47	9	5.50	19
钦南区	82.05	3	29.17	7	9.07	11	15.88	9	9.93	1	12.60	7	5.40	22
田阳县	80.18	4	28.24	17	10.42	4	19.00	1	4.45	9	11.77	15	6.30	11
东兴市	79.48	5	28.44	15	9.31	10	13.55	21	9.48	2	13.20	2	5.50	18
邕宁区	78.57	6	29.19	6	11.50	1	17.05	7	4.93	8	9.50	26	6.40	9
横　县	70.78	15	28.61	14	9.74	8	12.61	23	2.82	15	11.10	19	5.90	17

资料来源：根据南宁市统计局提供的数据整理计算。

（二）农产品主产县区与全区排名前四位对比

武鸣区、宾阳县、隆安县3县区属自治区农产品主产县区，在同类33个县区中，武鸣区、宾阳县、隆安县分别排在第7位、第19位、第28位。从六大类单项考核指标来看，除隆安县"农业及示范区建设"指标得分靠前、宾阳县"经济发展与结构优化"指标得分排第3位外，其他指标排名皆比较靠后，总体实力不强（见表3）。

（三）重点生态功能县与全区排名前五位对比

上林县、马山县属自治区重点生态功能县，在同类29个县中，上林县、马山县分别排第8位、第19位。上林县与第一梯队相差在10分之内，马山县则差距较大。两县六大类考核指标得分点不突出（见表4）。

表3　2016年广西部分县域农产品主产县区主要考核指标对比

单位：分

县（市、区）	总分（100分）		一．经济发展与结构优化（35分）		二．农业及示范区建设（18分）		三．工业及园区发展（15分）		四．服务业及特色旅游发展（15分）		五．城乡发展（12分）		六．生态建设及环境保护（10分）	
	得分	排名	得分	排名	得分	排名	得分	排名	得分	排名	得分	排名	得分	排名
容县	79.39	1	26.01	6	9.40	17	12.90	5	13.73	3	8.75	6	8.60	19
荔浦县	74.85	2	24.50	14	11.74	5	10.77	12	9.54	7	8.90	4	9.40	8
兴安县	73.69	3	23.73	17	11.17	6	7.15	28	13.44	4	8.20	14	10.00	1
桂平市	71.17	4	26.77	2	7.05	29	10.10	16	9.92	6	8.32	13	9.00	11
武鸣区	68.71	7	26.85	1	12.80	3	8.21	26	4.85	12	8.40	11	7.60	25
宾阳县	64.07	19	26.35	3	11.04	9	10.79	11	4.02	16	6.69	31	5.18	33
隆安县	56.06	28	17.68	32	15.04	1	5.82	32	2.37	31	7.00	28	8.10	23

资料来源：根据南宁市统计局提供的数据整理计算。

表4　2016年广西部分县域重点生态功能县主要考核指标对比

单位：分

县（市、区）	总分（100分）		一．经济发展与结构优化（25分）		二．农业及示范区建设（18分）		三．工业及园区发展（10分）		四．服务业及特色旅游发展（20分）		五．城乡发展（10分）		六．生态建设及环境保护（17分）	
	得分	排名	得分	排名	得分	排名	得分	排名	得分	排名	得分	排名	得分	排名
阳朔县	77.93	1	16.13	6	10.58	2	4.18	25	25.69	1	6.90	1	14.45	13
灌阳县	75.31	2	14.07	20	10.42	3	6.38	7	25.14	4	5.50	9	13.80	16
龙胜县	75.12	3	15.17	11	8.17	13	4.54	21	25.35	2	6.09	5	15.80	5
融水县	73.86	4	15.62	8	7.54	19	5.29	17	24.09	6	5.72	7	15.60	6
巴马县	71.55	5	19.58	2	7.37	20	5.05	18	17.85	10	4.70	19	17.00	1
上林县	68.20	8	13.67	25	7.91	16	5.97	11	24.00	7	3.50	29	13.15	20
马山县	53.59	19	14.13	18	7.93	15	6.09	10	9.64	17	4.60	20	11.20	28

资料来源：根据南宁市统计局提供的数据整理计算。

（四）城市主城区与全区排名前四位对比

南宁市兴宁区、江南区、青秀区、西乡塘区、良庆区5城区属自治区城市主城区，在同类21个城区中，这5大城区分别列第11位、第5位、第6位、第10位、第9位，冲击先进城区机会较大（见表5）。

表5 2016年广西部分城市主城区主要考核指标对比

单位：分

县(市、区)	总分(100分)		一．经济发展与结构优化(25分)		二．农业及示范区建设(18分)		三．工业及园区发展(10分)		四．服务业及特色旅游发展(20分)		五．城乡发展(10分)		六．生态建设及环境保护(17分)	
	得分	排名	得分	排名	得分	排名	得分	排名	得分	排名	得分	排名	得分	排名
玉州区	85.35	1	28.16	6	6.39	1	18.96	4	8.53	9	17.61	1	5.70	14
柳南区	84.27	2	29.20	4	—	—	22.50	1	9.81	5	16.61	8	6.15	9
鱼峰区	82.02	3	27.60	8	—	—	21.50	2	9.97	3	16.70	7	6.25	7
港口区	80.11	4	29.95	2	3.66	10	18.70	5	6.05	19	16.35	10	5.40	17
江南区	78.81	5	29.21	3	4.15	8	16.05	7	7.40	15	15.95	15	6.05	12
青秀区	78.09	6	31.56	1	5.54	4	9.75	16	8.69	8	16.50	9	6.05	11
良庆区	76.39	9	28.94	5	5.34	5	13.58	10	8.08	12	14.40	19	6.05	13
西乡塘区	74.58	10	26.34	17	5.91	2	13.30	11	7.63	14	15.70	16	5.70	15
兴宁区	70.82	11	27.41	9	5.27	6	8.53	17	8.01	13	16.15	14	5.45	16

资料来源：根据南宁市统计局提供的数据整理计算。

（五）南宁市县域大县与部分全国县域经济百强县主要经济指标对比

对照国家工信部赛迪县域经济研究中心编写的《2017年中国县域经济百强白皮书》，从主要经济指标来看，南宁市横县、宾阳县两个总体经济实力靠前强县，与全国百强县的差距是全面的，无论是从经济总量、财力规模、投资力度，还是从商品消费、居民收入来看，与百强末位的差距明显，与第一梯队相比更是难以望其项背（见表6）。

表6 2016年横县、宾阳县与部分全国百强县主要经济指标对比

县(市、区)	人口(万人)	GDP(亿元、%)		公共财政预算收入(亿元、%)		固定资产投资(亿元、%)		社会消费品零售总额(亿元、%)		城镇居民可支配收入(元)	农民人均纯收入(元)	百强县排名
		总量	增长	总量	增长	总量	增长	总量	增长			
昆山市	82.35	3160	7.4	318.9	12	757.4	-6.6	815	14	46339	28178	1
江阴市	124.8	3083	7.4	229.9	5	1133	0.4	776.1	10.1	54631	28181	2
兴化市	158.2	748.9	10.1	37.06	-9.3	419.7	20	172.2	11.4	33614	16877	98
枣阳市	110	580	—	37.5	—	459.1	20.2	197	—	29799	15737	99
惠东县	109.26	611.7	12.5	36.8	5.9	382.5	23.5	247.1	12.8	23649	17673	100
横　县	126.92	278.5	6	13.03	2.93	245.8	12.6	92.94	10.9	29574	11538	—
宾阳县	105.79	203.3	8.3	12.29	0.48	244.2	13.7	103	10.9	29103	11644	—

资料来源：根据南宁市统计局提供的数据整理计算。

四 推动南宁市县域经济争先进位具体工作建议

（一）针对县域考核指标、主要经济发展指标靠后等问题，要提高站位，全面对标，做好县域发展顶层设计和谋划部署

一是树立赶超思想。提出"争创广西科学发展排头兵""率先在全区进入全国百强县"争先进位目标，制订行动计划或行动方案，以争创排头兵、百强县的目标定位统一思想，凝聚力量，营造推动县域经济加快发展的良好氛围。

二是加强组织领导。充实完善南宁市县域经济发展工作领导小组，进一步明确部门和单位推进县域经济发展职责与工作机制。实施县域经济发展县区长工程，切实发挥县区加快县域发展的主体责任。

三是抓紧谋划部署。邀请全国县域经济评估机构负责人来邕，介绍培训百强县评价指标体系、权重等有关情况，指导南宁市争创百强县的具体做法。召开争创"广西科学发展先进县（城区）"专题会议，专题研究争先进位思路措施。针对差距制订科学合理的争创方案，对标制定百强县评价指标体系和方法，按步骤分阶段全力推进。

（二）针对经济总量小、产业层次低、特色产业不突出等问题，要进一步加强产业规划，统筹产业发展，提高县域经济竞争力

1. 以园区发展为重点，做大做强工业经济

一是进一步完善各县区工业园区规划，突出改造传统产业与承接产业转移并重，引进和培育适应本地发展的战略性新兴产业，着力培育发展一批产品特色明显的中小企业，努力打造2~3个主导产业。二是创新园区招商方式方法，实施精准招商，提高招商引资成功率。三是完善园区基础设施和配套综合服务功能，设立县域园区基础建设专项资金，支持园区加快完善"五通一平"和文教卫生等配套设施，提高园区综合承载能力。四是推进园

区体制机制改革，探索推行全员聘任（用）制改革和岗位绩效工资制度，试行以岗定薪，建立重实绩、重贡献，向优秀人才和关键岗位倾斜的园区薪酬分配制度。进一步简化审批流程，提高入园企业项目决策和办事效率。五是加强园区人才双向交流，选派园区干部到上级机关或先进地区园区挂职，安排机关干部到园区任职，提高园区管理人才队伍素质。

2. 以特色旅游为龙头，加快第三产业发展

一是完善县域旅游交通，改造升级景区道路和通往县域主要旅游景区、乡村旅游区道路，全力推进"厕所革命"。二是实施"旅游品牌打造计划"，结合现代农业核心示范区建设和脱贫攻坚战，打造农业旅游、文化旅游、生态旅游、养生旅游、体育旅游等品牌。三是深入实施"产业＋旅游"战略，促进各类产业与旅游深度融合，统筹推进环大明山、环弄拉等重点景区景点开发，不断丰富游山、玩水、健身的旅游内涵。四是完善县域旅游产业要素，围绕吃、住、行、游、购、娱，积极开发旅游产品，延伸产业链条，壮大县域旅游规模，带动住宿、餐馆、物流、购物等关联产业协调发展。

3. 以农业示范区为载体，因势利导发展特色农业

一是加强政府规划引领、机制创新、政策支持、协调服务，引入"示范区＋N"合作与经营管理模式，探索土地托管、土地股份合作、技术入股等新模式，引导金融资金和社会资金投向示范区建设，以示范区成功创建，辐射带动农业提质增效。二是加强产业指导，引导各县区大力发展具有比较优势的特色农产品及加工、乡村旅游、传统民族手工业、大健康医药产业、生态产业等特色产业，推动农业"接二连三"。三是加强龙头带动，通过发展壮大农业龙头企业、农民专业合作社和家庭农场等，依托多元化产业主体带动，促进农业生产、加工、物流和服务等相互融合发展。四是加强农业品牌培育，围绕优势特色产业打造一批知名品牌，推动产品地理标志证明商标的注册、使用和管理，打造区域特色农业品牌。五是创新营销策略，依托大数据、互联网等，大力发展农村电子商务、商贸物流等产业，开拓农产品市场；同时，通过发展农村电商倒逼特色农产品加工业加快发展，扩大产品规模。

4.放手发展民营经济，壮大县域经济发展新引擎

一是实施"抓大壮小扶微工程"和"中小企业上规模工程"，引导、扶持一批民营企业上规模、上水平、上档次。二是创新扶持筹融资平台，由政府出面建立信贷诚信机构，完善中小企业信贷担保体系，设立财政专项扶持资金，解决民营企业融资难题。三是扶持发展众创空间等新型创业服务平台。设立各类众创空间主体，吸引社会力量参与创客空间、创新工场等新型创业孵化机构的投资、建设和运营管理。

（三）针对县域基础设施薄弱、交通瓶颈突出等问题，要进一步加大投入，强化支撑，夯实县域经济发展后劲

1.加快完善县域公路网络

一是完善各县域与中心城区高等级路网建设，规划建设连接横县、宾阳县、上林县、马山县、隆安县的都市圈高速公路环线，提高互联互通能力，推动县域经济融入都市经济。二是实施县乡道路升级攻坚战，以县区为实施主体，全力推进村村通双车道公路，力争在全区率先实现乡乡通二级（或三级）公路、村村通双车道公路。三是大力推进上林—武鸣二级路、环大明山公路等重点交通项目，沿线布局各类经济发展带或体育赛道等，培育打造交通—产业生长轴，打造县域经济最具潜力增长极。

2.超前谋划通达县域轨道交通建设

加快推进规划建设中心城区通达武鸣、宾阳、横县及大明山等轨道交通项目，合理布局轨道交通枢纽站场。统筹推进现代有轨电车线网规划及试点线路向县域延伸。加强规划控制，对轨道交通干线周边提前介入，严格控制沿线两侧300米半径以及车站周边500米范围的用地，提前谋划区域用地构成和开发强度，为后续开发做好土地储备工作。建议近期重点支持宾阳县建设黎塘集装箱中转站，打造现代物流产业园。

3.加强农田水利建设

全面提升以县域为重点的城乡水源保障能力，大力推进县域内大中型重点水利工程建设。加强供水能力和供水安全建设，建立城乡供水安全保障体

系。加强以水利为主的农业基础设施建设，加速推进高标准农田建设，着力提升农业生产能力。全面开展重点城镇防洪堤工程，实施中小河流综合治理，尽快建成较为完善的流域防洪排涝减灾体系。

4. 提升电力、信息通信等保障能力

加快县域电力基础设施建设和农网改造，提高输电能力和供电质量。全面落实"宽带广西"行动计划，加大城乡网络基础设施建设力度，加快农村"三网融合"，推动"村屯通宽带"，打造群众用得起、用得好、用得放心的信息网络。

（四）针对城镇化进程缓慢、城乡一体化发展滞后等问题，要强力推进新型城镇化，突出特色小镇建设，促进县域集约化发展

1. 完善城镇体系

一是实施"大县城"战略，加快县城新区建设，改造提升老城区，以县城为重点布局教育资源、产业园区，完善配套功能，增强县城辐射带动能力。二是将中心镇作为县域总体规划的战略节点，有计划、按步骤、有选择地建设一批小城镇，重点投入、重点发展，引导加工制造和农业产业化项目向小城镇集中，使之成为产业聚集地。三是推进户籍、教育、医疗、社保和住房等方面的制度创新，有序推进农业转移人口市民化和就近城镇化，完善小城镇发展体系。

2. 打造特色小镇

落实推进百镇示范工程，根据各县区的区位优势和特点，统筹推进产业、生态、文化、旅游、配套公务服务设施，努力打造一批工业主导型、商贸推动型、旅游开发型、移民安置型等特色小城镇。

3. 加快推动横县、宾阳县撤县设市

一是加强规划引领，将横县、宾阳县两县放到北部湾城市群发展大局，抓紧修编城乡总体规划、土地利用规划、经济社会发展规划等各类规划，科学谋划城市"成长坐标"。二是继续统筹推进两县道路、供排水、燃气、电力、通信等城市基础设施建设，着力推进宾阳高铁广场、横县跨河大桥等重

大项目，不断完善城市功能。三是持续推进六景工业园、黎塘工业园等重点园区建设，大力发展文化旅游、商业购物、金融服务、餐饮娱乐等城市业态，夯实现代产业发展基础，挺直城市发展脊梁。

4. 做好"乡村"文章

通盘考虑城乡发展规划编制，推动城镇基础设施向乡村联通、公共服务向乡村覆盖，提升乡村教育、医疗卫生、社会保障水平，推进城乡基本公共服务均等化。加快推进"产村相融"，大力发展村级集体经济。深入实施"美丽南宁"建设，培育打造一批"宜居乡村"、生态综合示范区。加强传统村落、民俗民居村屯和乡村古树名木保护，加快建设农业强、农村美、农民富的幸福美丽新村。

（五）针对县域财力薄弱、财权事权不匹配、自治区管县财政体制有所缺失等问题，要创新财政管理，严格落实市管县财政政策，加大财政扶持县域发展力度

1. 深化区市管县财政管理机制改革

建议以新一轮市管县财政管理体制改革为契机，调整完善市管县财政体制，适度提高县级财税收入留存比例，减小县域重大交通基础设施、重要公务服务设施项目配套资金比例。完善财政转移支付制度，提高对贫困县财政转移支付水平，建立县级最低财力保障机制和重点支出保障机制，调动各县抓改革、促发展的积极性。

2. 完善财税收入增长激励机制

将因县域财税收入等工作获得的各类上级奖励，全部用于支持县域发展。制定财政收入奖励政策，对财政收入增幅达到一定水平、对县区上市企业数量增加等给予资金奖励。

3. 进一步加大财政资金投入力度

认真落实关于财政支农投入的增量要明显高于上年、政府固定资产投资用于农村的增量要明显高于上年、政府土地出让收入用于农村建设要明显高于上年的政策要求，确保财政支农资金稳定增长。建议设立县域产业发展专项资金，从 2018 年起进一步加大对县域企业在科技研究与开发、中小企业发展、科技型中小企业创新、现代农业发展等财政性资金安排，支持县域经济加快发展。

4. 进一步完善财政资金管理办法

加大财政资金监管力度，建立健全财政资金管理办法，完善以财政绩效评价为核心的"跟踪问效"制度，确保财政资金的安全与合理使用，切实提高财政资金的使用效益。

（六）针对县域产业发展缺乏要素支撑、发展瓶颈突出等问题，要进一步创新方式方法，努力破解关键因素制约，增强县域经济发展动力和活力

1. 破解"融资"制约

建立中小企业贷款工作联席会议制度，健全适应市场需求的中小企业贷款服务机制，支持商业银行与中小企业融资对接。创新县域投融资体制，支持、指导各县通过企业债券、股权融资等方式，通过政府和社会资本合作PPP 模式、"政府基金＋金融资本＋民间资本"模式融资。创新县域融资方式，在 2017 年财政部 50 号文和 87 号文的政策规定下，拓宽融资思路，扩大融资渠道，搭建企业融资平台，引导各类资本进入各项投资领域。

2. 破解"土地"制约

加快调整完善市本级及县区土地利用总体规划，促进土地利用规划与城镇建设规划相互衔接，为县域经济发展留足空间。继续推进农村土地综合整理，推进城乡建设用地增减挂钩、工矿废弃地复垦利用等，充分挖掘用地潜力。加强土地节约集约利用，引导各类产业项目向园区集中，清理"僵尸企业"用地，提升闲置土地的使用效率。加强建设项目前期工作，力争更多项目纳入自治区层面，统筹推进重大项目的总盘子，同时用好用足自治区下达南宁市的新增建设用地计划指标，避免计划用地指标的浪费。优化供地结构，提高县区用地比例，对县区承担的自治区级和市本级统筹推进的重大项目的用地给予倾斜支持，优先将县域产业园区内具备用地报批条件、符合

节约集约用地要求的项目列入土地利用年度计划,提高县域用地保障水平。

3. 破解"人才"制约

创新人才工作机制,参照武汉市成立招才局"虚拟机构、实体运作",组织实施县域人才引进计划、大学生回县创业就业计划等,大力开展招才引智活动。创新人才培养,结合县情推动园区、企业与学校、机构合作办学,实现人才"订单式"培养。支持各县区与科研院所、高等院校建立长期稳定的协作关系,加大农村实用技术人才培养培训力度。加强人才政策创新,指导各县在人才引进权限、职称评定、住房、配套资金等方面制定灵活政策,吸引更多人才,特别是科技、管理、资本运营等高层次人才。加强市级机关与县、乡干部双向交流,鼓励机关干部到园区、重大项目建设管理机构任职。加强基层干部业务能力学习培训,选派干部到珠三角、长三角等先进地区学习交流,让基层干部开阔视野、提高素质。

(七)针对扶贫攻坚任务重、社会民生落后等问题,要全力推进脱贫攻坚,加快县域民生改善

1. 全力推进脱贫攻坚

将脱贫攻坚作为推动县经济发展的头等大事,精准对标到2020年消除绝对贫困的目标,大力推进"七个一批""七大工程"。加大对深度贫困乡镇和深度贫困村资源、资金、项目、政策等要素倾斜力度,积极推广电商扶贫、"空店入村"、"合作社(龙头企业)+经济能人"等模式,每个贫困村发展1~2个特色产业。做大做强村集体经济,确保脱贫摘帽的贫困村集体经济收入达5万元以上。强化县级部门联动工作机制,全力推进易地扶贫搬迁,依托县城、产业园、重点镇、旅游景区、中心村引导其进中心村或就近安置。

2. 着力提高民生水平

加强创业就业服务工作,用好国家支持农民工等人员返乡创业的政策,制订实施"回邕创业"行动计划,让农民工在家乡创业和就业。抓好教育事业发展,扎实推进基本普及15年教育工作,特别是要大力发展中等职业

教育，促进各类教育协调发展。抓好医疗卫生事业，加快完善医疗卫生服务体系，推动优质医疗资源向乡村延伸。加快推进农村综合文化站、文化活动室、农家科技书屋、公共健身场所建设和综合利用，不断丰富人民群众精神文化生活。统筹推进住房、社会保障、养老服务、食品安全、环境保护等工作。

3. 营造和谐稳定社会环境

深入推进城乡居民社会保障体系建设，完善社会救助体系、社会福利制度，加快构建覆盖城乡的民生保障体系。完善社会多元主体相互补充和合作的公共服务供给机制，以业务合同出租、购买服务、特许经营、委托代理、委托外包等方式，鼓励和吸纳各类市场主体和社会组织参与县域公共服务。建立健全重大决策社会稳定风险评估机制和畅通有序的诉求表达机制，从源头上防范和化解不稳定因素。建立健全广泛覆盖的矛盾调处机制，让矛盾纠纷在规范的程序中解决，切实维护群众合法权益。

（八）针对对外开放不够、联动融合发展不足、改革落实不到位等问题，要深入推进改革开放，完善体制机制

1. 着力扩大开放层次

更深层次、更宽领域推进县域对外开放合作。江南区、邕宁区、良庆区3城区向南与北钦防三市主动对接，深度融入北部湾经济区融合发展。武鸣区、马山县、上林县等县区向北积极参与河池市、贵州省的区域产业分工，推动特色产业提档升级。横县、宾阳县两县和兴宁区、青秀区两城区向东加强与玉林市、贵港市联动，大力发展高铁经济，深度融入珠江—西江经济带、泛珠三角区域合作发展。西乡塘区、隆安县向西依托云桂铁路、南昆高速公路等加强与百色市、云南省对接，积极融入桂西资源富集区、滇中经济区共赢发展。

2. 推动中心城区与县域联动发展

创新工业园区管理体制机制，支持鼓励国家级开发区采取托管、联合开发等方式与县区工业园区合作共建，推动"一区多园""飞地经济"模式发

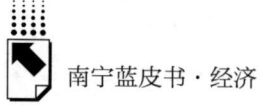

展。发挥南宁·中关村创新示范基地平台优势,以高新区为核心,辐射带动周边县域发展。做好"腾笼换鸟"文章,统筹推进"三旧"改造,引导中心城区内老工业企业向县域园区转移。

3. 继续深化"放管服"改革

进一步扩大县级经济社会管理权限,最大限度向县区下放审批权限。加强对县域投资项目审批指导服务,进一步优化县域经济发展环境。减少对县域的检查、评比,不同执法部门对同一事项的检查实行联合检查、信息共享,做到一家为主、多家认可。积极推进扩权强镇改革,赋予大镇部分县级的管理权限,最大限度为县域各层级"松绑给力"。

4. 完善体制机制

建立重大项目协调机制,对环大明山、邕江两岸、三江口片区等跨县区重大项目和重点区域发展,加强市级统筹,统一协调前期工作,探索项目联合申报、联合招商,共同推进项目建设。进一步完善县域经济综合评价考核制度,深化差异化考核机制,每年度向社会发布县域经济发展综合考核排序结果,鼓励先进、鞭策落后。

社会科学文献出版社　　　　　　　　　　　　　　　**皮书系列**

❖ 皮书起源 ❖

"皮书"起源于十七、十八世纪的英国,主要指官方或社会组织正式发表的重要文件或报告,多以"白皮书"命名。在中国,"皮书"这一概念被社会广泛接受,并被成功运作、发展成为一种全新的出版形态,则源于中国社会科学院社会科学文献出版社。

❖ 皮书定义 ❖

皮书是对中国与世界发展状况和热点问题进行年度监测,以专业的角度、专家的视野和实证研究方法,针对某一领域或区域现状与发展态势展开分析和预测,具备原创性、实证性、专业性、连续性、前沿性、时效性等特点的公开出版物,由一系列权威研究报告组成。

❖ 皮书作者 ❖

皮书系列的作者以中国社会科学院、著名高校、地方社会科学院的研究人员为主,多为国内一流研究机构的权威专家学者,他们的看法和观点代表了学界对中国与世界的现实和未来最高水平的解读与分析。

❖ 皮书荣誉 ❖

皮书系列已成为社会科学文献出版社的著名图书品牌和中国社会科学院的知名学术品牌。2016年,皮书系列正式列入"十三五"国家重点出版规划项目;2013~2018年,重点皮书列入中国社会科学院承担的国家哲学社会科学创新工程项目;2018年,59种院外皮书使用"中国社会科学院创新工程学术出版项目"标识。

权威报告·一手数据·特色资源

皮书数据库
ANNUAL REPORT(YEARBOOK) DATABASE

当代中国经济与社会发展高端智库平台

所获荣誉

- 2016年，入选"'十三五'国家重点电子出版物出版规划骨干工程"
- 2015年，荣获"搜索中国正能量 点赞2015""创新中国科技创新奖"
- 2013年，荣获"中国出版政府奖·网络出版物奖"提名奖
- 连续多年荣获中国数字出版博览会"数字出版·优秀品牌"奖

成为会员

通过网址www.pishu.com.cn访问皮书数据库网站或下载皮书数据库APP，进行手机号码验证或邮箱验证即可成为皮书数据库会员。

会员福利

- 使用手机号码首次注册的会员，账号自动充值100元体验金，可直接购买和查看数据库内容（仅限PC端）。
- 已注册用户购书后可免费获赠100元皮书数据库充值卡。刮开充值卡涂层获取充值密码，登录并进入"会员中心"—"在线充值"—"充值卡充值"，充值成功后即可购买和查看数据库内容（仅限PC端）。
- 会员福利最终解释权归社会科学文献出版社所有。

卡号：881727343921
密码：

数据库服务热线：400-008-6695
数据库服务QQ：2475522410
数据库服务邮箱：database@ssap.cn
图书销售热线：010-59367070/7028
图书服务QQ：1265056568
图书服务邮箱：duzhe@ssap.cn

S 基本子库
SUB DATABASE

中国社会发展数据库（下设 12 个子库）

全面整合国内外中国社会发展研究成果，汇聚独家统计数据、深度分析报告，涉及社会、人口、政治、教育、法律等 12 个领域，为了解中国社会发展动态、跟踪社会核心热点、分析社会发展趋势提供一站式资源搜索和数据分析与挖掘服务。

中国经济发展数据库（下设 12 个子库）

基于"皮书系列"中涉及中国经济发展的研究资料构建，内容涵盖宏观经济、农业经济、工业经济、产业经济等 12 个重点经济领域，为实时掌控经济运行态势、把握经济发展规律、洞察经济形势、进行经济决策提供参考和依据。

中国行业发展数据库（下设 17 个子库）

以中国国民经济行业分类为依据，覆盖金融业、旅游、医疗卫生、交通运输、能源矿产等 100 多个行业，跟踪分析国民经济相关行业市场运行状况和政策导向，汇集行业发展前沿资讯，为投资、从业及各种经济决策提供理论基础和实践指导。

中国区域发展数据库（下设 6 个子库）

对中国特定区域内的经济、社会、文化等领域现状与发展情况进行深度分析和预测，研究层级至县及县以下行政区，涉及地区、区域经济体、城市、农村等不同维度。为地方经济社会宏观态势研究、发展经验研究、案例分析提供数据服务。

中国文化传媒数据库（下设 18 个子库）

汇聚文化传媒领域专家观点、热点资讯，梳理国内外中国文化发展相关学术研究成果、一手统计数据，涵盖文化产业、新闻传播、电影娱乐、文学艺术、群众文化等 18 个重点研究领域。为文化传媒研究提供相关数据、研究报告和综合分析服务。

世界经济与国际关系数据库（下设 6 个子库）

立足"皮书系列"世界经济、国际关系相关学术资源，整合世界经济、国际政治、世界文化与科技、全球性问题、国际组织与国际法、区域研究 6 大领域研究成果，为世界经济与国际关系研究提供全方位数据分析，为决策和形势研判提供参考。

法律声明

"皮书系列"(含蓝皮书、绿皮书、黄皮书)之品牌由社会科学文献出版社最早使用并持续至今,现已被中国图书市场所熟知。"皮书系列"的相关商标已在中华人民共和国国家工商行政管理总局商标局注册,如LOGO( )、皮书、Pishu、经济蓝皮书、社会蓝皮书等。"皮书系列"图书的注册商标专用权及封面设计、版式设计的著作权均为社会科学文献出版社所有。未经社会科学文献出版社书面授权许可,任何使用与"皮书系列"图书注册商标、封面设计、版式设计相同或者近似的文字、图形或其组合的行为均系侵权行为。

经作者授权,本书的专有出版权及信息网络传播权等为社会科学文献出版社享有。未经社会科学文献出版社书面授权许可,任何就本书内容的复制、发行或以数字形式进行网络传播的行为均系侵权行为。

社会科学文献出版社将通过法律途径追究上述侵权行为的法律责任,维护自身合法权益。

欢迎社会各界人士对侵犯社会科学文献出版社上述权利的侵权行为进行举报。电话:010-59367121,电子邮箱:fawubu@ssap.cn。

社会科学文献出版社